浙江省哲学社会科学重点研究(培育)基地项目《提升大学生党员党性修养的路径研究》(16JDZD08YB)及中国高教学会大学素质教育研究会课题《以"明理学院"为平台的高职一年级学生人文素质教育案例研究》(CALE201661)阶段性研究成果

U0749525

学生"千日成长"工程
理论与实践研究

主　编　方　华

副主编　张鹏超　谢　峰　吴德银
　　　　李　佐　许　杰

浙江工商大學出版社
ZHEJIANG GONGSHANG UNIVERSITY PRESS

图书在版编目(CIP)数据

学生"千日成长"工程理论与实践研究 / 方华主编.
—杭州：浙江工商大学出版社,2018.6
ISBN 978-7-5178-2125-0

Ⅰ. ①浙… Ⅱ. ①方… Ⅲ. ①大学生－德育工作－研
究－中国 Ⅳ. ①G641

中国版本图书馆 CIP 数据核字(2017)第 083353 号

学生"千日成长"工程理论与实践研究

主　编　方　华

责任编辑	刘　韵
责任校对	邹接义
封面设计	许寅华
责任印制	包建辉
出版发行	浙江工商大学出版社
	(杭州市教工路 198 号　邮政编码 310012)
	(E-mail:zjgsupress@163.com)
	(网址:http://www.zjgsupress.com)
	电话:0571-88904980,88831806(传真)
排　　版	杭州朝曦图文设计有限公司
印　　刷	虎彩印艺股份有限公司
开　　本	787mm×1092mm　1/16
印　　张	11
字　　数	261 千
版 印 次	2018 年 6 月第 1 版　2018 年 6 月第 1 次印刷
书　　号	ISBN 978-7-5178-2125-0
定　　价	32.00 元

前　言

2010 年党中央、国务院颁布《国家中长期教育改革与发展规划纲要(2010—2020 年)》，把素质教育上升到了教育改革发展战略主题的高度，提出"坚持以人为本、全面实施素质教育是教育改革发展的战略主题，是贯彻党的教育方针的时代要求，其核心是解决好培养什么人、怎样培养人的重大问题，重点是面向全体学生、促进学生全面发展，着力提高学生服务国家、服务人民的社会责任感、勇于探索的创新精神和善于解决问题的实践能力"。高职院校学生由于在校时间相对较短、文化基础相对薄弱，如何遵循学生成长成才规律和教育规律，加强素质教育体系建设和学生素质教育培养，对于高职院校而言具有十分重要的意义。

浙江金融职业学院作为国家首批示范性高职院校，在深化教学内涵建设的过程中，将学生综合素质培养体系建设与财经类专业内涵建设有机结合，针对学校学生群体特点，推行了"千日成长"工程，将学生在校三年约 1000 天时间做了统筹规划，坚持以学生发展为主线、以素质教育协同机制和素质教育平台建设为支撑，凝练形成了富有高职财经类专业特色的素质教育体系。

"千日成长"工程将学生从入学到毕业的约 1000 天时间进行科学设计、予以他们悉心指导，将学生在校三年规划为：一年级"金院学子"，突出学业规划，强调懂做人；二年级"系部学友"，突出职业方向，强调精专业；三年级"行业学徒"，接轨行业岗位职业能力要求，强调能做事。2007—2010 年，该成果经过了先期的三年试点，取得了明显的成效；2010 年，浙江金融职业学院全面推行学生"千日成长"工程，下发了《关于全面实施"千日成长"工程，切实提升人才培养质量的若干意见》和《学生"千日成长"工程课外教育实施方案》，开始全面深入实施学生"千日成长"工程，积极探索立体化育人体系。自学生"千日成长"工程在学校范围内全面推行以来，在构建素质教育体系、提升学生就业竞争力和可持续发展能力、开展素质教育理论研究和实践探索等方面形成了系列教育教学成果，在浙江省乃至全国高职院校形成了广泛影响。

本书从"千日成长"工程的基本内涵着手，深入分析了学生"千日成长"工程的理论基础和现实需要，并展示了校园十佳大学生、成才先锋、优秀退伍士兵学生等类型学生成长成才的典型案例。2017 年是学校"千日成长"工程实施的第十个年头，回望过去的十年，在"千日成长"工程的指引下,学院教育工作结出了丰硕成果,积累了宝贵经验,赢得了学生、家长、行业部门、社会以及党和政府部门的广泛赞誉和普遍好评。

十年征程如何再出发,"千日成长"如何谋新篇是摆在我们面前的新课题。"千日成长"如何深入实施,需要正确引导、精准发力,必须抓实抓到位。所谓抓实抓到位,必须是面向人人、人人成长;必须是立足每一天、天天成长;必须是积极向上、健康成长、快乐成长、幸福成长;必须是坚持不懈、持续成长。以"千日成长"诠释最大增值,以人人成长彰显人人皆可成才,人人尽展其才,以健康、快乐、幸福、持续增长展示高品质幸福金院的风采和魅力,把习近平总书记系列重要讲话精神和全国、全省高校思想政治工作会议精神贯彻到底!

方 华

2017 年 7 月

目　　录

第一章 学生"千日成长"工程实施的基本内涵

《国家中长期教育改革与发展规划纲要(2010—2020)》(以下简称《教育规划纲要》)明确提出:"坚持以人为本、全面实施素质教育是教育改革和发展的战略主题。"如何在高等职业教育中实施素质教育,如何科学规划、统筹安排、合理使用高职学生三年的在校时间,促进学生健康成长、顺利毕业、优质就业、可持续发展是高职院校办学的重要任务。

2010年初,浙江金融职业学院以学生"千日成长"工程为抓手,在全院深入实施学生素质教育。该工程坚持"立德树人",树立人人成才观念和多样化人才观念,面向全体学生,鼓励个性发展,培养了一大批"懂做人、精专业、能做事"的优秀金院学子,他们"行业操守好、岗位适应快、动手能力强",深受用人单位欢迎。

一、素质教育的含义

素质教育的概念肇始于20世纪80年代的教育思想大讨论,最初主要是针对中小学应试教育提出的,后来,高等教育界开始探讨大学素质教育,1999年6月《中共中央国务院关于深化教育改革全面推进素质教育的决定》明确指出,素质教育应当贯穿于各级各类教育中。经过近20年的探讨和实践,人们对素质、素质教育的认识更加清晰了。

何谓素质?田建国认为:"素质就是知识加能力,再加上能使知识和能力发挥作用的动力品质——做人。素质作为人的一种基本品质结构,具有很强的复合性。它实际上是人的品格、智力、智慧、能力的综合。素质一定要包括知识、能力,但它又建立在知识、能力之上,更强调人的内在素养和品格。"[①]田建国认为素质"包括知识、能力,但它又建立在知识、能力之上,更强调人的内在素养和品格",却忽略了人的先天生理结构。人的先天生理结构是素质的重要组成部分,我们强调的素质教育,是基于学生先天生理结构基础之上的后天的养成。赵磊认为:"知识与能力是一个人最基本的素质。此外,素质的含义还包括先天的生理结构和后天的知识能力、思想意识和道德品质等,具体来说,就是政治素质、思想素质、心理素质和道德素质等。"[②]赵磊给出的素质教育的定义强调了素质的先天因素和后天的养成作用,但在素质的内容划分上却不十分科学。袁贵仁认为:"大学生的基本素质包括思想道德素质、文化素质、专业素质、身心素质四个方面。"[③]同时指出:"我们把素质教育的内容划分

① 田建国:《素质教育新视野》,《现代大学教育》2002年第2期,第3页。
② 赵磊:《高职院校素质教育内涵探析》,《武汉船舶职业技术学院学报》2016年第1期,第66页。
③ 袁贵仁:《转变教育思想观念 全面推进素质教育 构建中国特色的高等教育人才培养体系》,《中国大学教学》2003年第5期,第5页。

1

为四个方面,主要是从研究问题、指导工作的角度强调的,并不意味着这四个方面的素质教育是各自独立、互不相关的。受教育的人是一个整体,人的大脑是一个整体,人的素质及其教育也是一个整体,各个方面是相互渗透、相互支撑、相互转化的。"[1]

何谓素质教育?宋晓燕认为:"素质教育是培养适应现代社会需求、有创新能力、能促进学生的全面发展、又能尊重和发展学生个性的教育。"[2]赵磊认为:"素质教育,是依据人的发展和社会发展的需要,以全面提高全体学生的基本素质为根本目的,以尊重学生主体和主动精神,注重开发人的智慧潜能,注重形成人的健全个性为根本特征的教育。"[3]笔者认为,宋晓燕给出的素质教育的定义简洁,突出了学生的个性发展和社会需求;赵磊给出的素质教育的定义则在强调人的发展和社会发展的需要的基础上,关注了全体学生的素质提升。但宋晓燕和赵磊在素质教育的定义中均忽略了遗传和环境的作用。"素质教育是一种教育思想,它以提高学生总体素质进而提高国民素质为最终目标,强调综合运用遗传和环境的正面作用,调动学生认识和实践的主观能动性,形成理想的教育合力,促进学生生理与心理、智力与非智力、认知与人格等因素主动而和谐地发展,促进人类文化向学生个体身心品质的内化及个体精神境界的提升,为学生进一步发展奠定良好的基础。"[4]

关于大学素质教育的研究突出了高等教育的特点,且已经较为完善。"大学素质教育思想主张,将传授知识、培养能力与提高素质在人才培养过程中融为一体,而且在传授知识、培养能力的同时,要更加注重素质的提高。"[5]

二、高职院校实施素质教育的必要性

"高等职业教育规模的扩张发端于20世纪90年代中期,高峰出现在2005年前后,此后逐渐趋于一种动态的稳定。这10年左右的时间,可以说是高职教育不断探索发展路径、不断探寻自身价值的10年。强调生存,强调规模,是这10年高职教育发展的主旋律。"[6]经过10余年的快速发展,高等职业教育学校的数量和学生的数量均占高等教育的半壁江山,高等职业教育的发展取得了巨大的成就。在看到成绩的同时我们也要看到,一些高职院校在强调数量时忽略了质量的提升,一些高职院校"过分强调就业导向,一定程度上弱化了育人功能,致使高职院校的人才培养出现功利化的趋势"[7]。深入实施素质教育是高等职业教育提升办学质量、深化内涵建设的措施之一,是高等职业教育在当前和今后很长一段时期内的主要任务。瞿振元认为:"高职院校和高职院校的毕业生,正在为我们国家的新兴工业化以及我们工业的升级换代,发挥非常重要的作用。这个过程中,高等职业教育确实已经步入了从重数量到重质量、从重规模到重内涵发展阶段,素质教育越来越成为各高等职业院校推动

① 袁贵仁:《转变教育思想观念 全面推进素质教育 构建中国特色的高等教育人才培养体系》,《中国大学教学》2003年第5期,第7页。

② 宋晓燕:《试析"阶段性层次化递进式"素质教育内涵》,《广西教育学院学报》2013年第6期,第113页。

③ 赵磊:《高职院校素质教育内涵探析》,《武汉船舶职业技术学院学报》2016年第1期,第66页。

④ 贾永堂:《走出误区 推进高校素质教育深入发展》,《中国高等教育》2011年第15/16期。

⑤ 曹叔亮:《大学素质教育:内涵解读与概念辨析》,《山东高等教育》2015年第7期,第65页。

⑥⑦ 孙晓峰、吴一鸣:《找准方向 推进高职教育区域化发展》,《中国高等教育》2011年第17期。

内涵发展、提高教育质量、提高人才培养质量的重要追求。"①周建松认为:"高等职业教育研究和重视素质教育非常必要、需要加强","非常必要:高职教育已占据半壁江山,处在内涵建设阶段,重视和加强素质教育既重要又必要,更是贯彻立德树人的重要行动。需要加强:经过了30年发展,增规模、设专业、铺摊子,任务基本完成。主要是内涵建设,而素质教育是最为重要的内涵"。②

瑞士著名教育家裴斯泰洛齐曾说:"为人在世,可贵者在于发展,在于发挥各人天赋的内在力量,使其经过训练,使人能尽其才,能在社会上达到他应有的地位。"对于高职素质教育,我们认为可以用裴斯泰洛齐这句话给以更好的诠注,那就是做好教育培养工作,最大限度地开发学生的潜能,创造一个有利于激发学生潜力、激活学生内涵的体制机制和氛围环境。高职素质教育的核心是强调学生思想道德素质、科学文化素质和健康素质的全面提高,是德智体美的全面发展。对于学校而言,促进大学生全面发展的关键是牢固树立"以生为本"的理念,尊重教育规律和学生身心发展规律,构建素质教育载体,整合教育资源,形成教育合力,创造一个有利于激发学生潜力、提升学生内涵的体制机制和氛围环境。

三、学生"千日成长"工程的含义及实施

(一)学生"千日成长"工程的含义

浙江金融职业学院实施的学生"千日成长"工程,以提高人才培养质量为目的,科学设计学生在校1000天时间,以"行业、校友、集团共生态"办学模式改革为统领,以"品德优化,专业深化,能力强化,仪表美化"为内容,统筹规划学生成长成才途径,切实加强学生的文化知识学习和思想品德修养,不断提高学生的创新思维和社会实践能力,注重学生的全面发展和个性发展,通过创新机制和载体,将学生培养成为既能面向基层一线,又有一定可持续发展能力的高素质应用型人才。

浙江金融职业学院实施的学生"千日成长"工程,是经过顶层设计、实践检验并不断完善的学生素质教育体系建设工程。该工程深化素质教育理念,坚持以"披沙拣金,融会贯通"的校训为指引,强化学生的自主学习、主动适应、创新创业、批判性思考等能力的培养,促进学生的触类旁通、六业贯通,实现学生"千日成长"的知与行相统一、人格完善与个性培养相统一、特长培养与全面发展相统一、文化素质养成与职业技能提升相统一、就业竞争力与可持续发展能力相统一。

(二)实施学生"千日成长"工程坚持的基本原则

学院要求实施学生"千日成长"工程要坚持三项基本原则:一是社会主义核心价值观教育行动。以社会主义核心价值观为引领,以"中国梦"为强大感召,根据社会经济发展和高职教育发展的新要求,以课程建设项目、校园文化活动项目和社会实践项目为主要途径,引领全体学生树立正确的世界观、人生观、价值观,融合人文情怀和科学精神,强化个人修养和职业能力,促进健全人格的养成,实现学生职业生涯适应性和创造性的结合,以"品德优化,专业深化,能力强化,仪表美化"为内容,支撑学生的可持续发展,满足社会对高职人才更高、更多样化的需求。二是做好"三全育人"工作。"千日成长"工程是一个把全员育人、全面育人

---

① ②　练玉春:《高职素质教育:培养高素质职业人》,《光明日报》2014年5月6日第14版。

等要素结合到学生在校1000天时间的全程育人工程。该工程的主要任务是动员教师、家庭、校友、行业、企业和社会各方面的力量,形成齐抓共管的机制,将学生党建、团学组织、学生骨干队伍建设和社团、订单培养等环节融入其中,真正形成立体化育人体系。三是巩固"以生为本"理念,形成爱生文化。深化学生"千日成长"工程,完善立体化育人体系的关键在于用真心、真情真抓真干,在于进一步落实"以生为本"理念,巩固形成具有金院烙印和特色的爱生文化。

(三)实施学生"千日成长"工程的保证机制

1.加强组织领导

一是成立工程领导小组。为进一步深化学生"千日成长"工程,完善素质育人体系,学院成立了由党委书记任组长,分管教学、学生工作副院长为副组长,教务处、宣传部、学工部、科研师资处、招生就业处、计划财务处、基建后勤处、各系主任、党总支书记为成员的领导小组,领导小组办公室设在学工部。二是加强组织领导。学院要求各职能部门要在党委领导下,把握育人方向,进一步修改完善管理办法和细则,构建"千日成长"工程组织工作体系,发挥综合成效,做到各部门各司其职、齐抓共管;各系(部)要结合实际情况调整系(部)学生"千日成长"工程领导小组,加强工作领导;以健全的工作机构保障学生"千日成长"工程的良性运行。

2.成立工程研究中心

为进一步加强研究,以研究提升工作的针对性和实效性,学院成立了由党委书记任组长,分管学生工作副院长为副组长,学工部、各系分管学生工作的书记、宣传部副部长为成员的学生"千日成长"工程研究中心,以研究提升学生"千日成长"工程的针对性和有效性。

3.保障经费支持

在日常工作经费的基础上,学院继续设立100万元学生成长专项经费,加大有利于学生健康成长、素质提升、优质就业和可持续发展的项目经费投入力度,做好学生"千日成长"工程的资金保障。

4.加强工作考核

学院要求各部门要建立目标管理机制,狠抓落实,加强学生"千日成长"工程推进情况和学生收益情况的考核,将各种理念、号召和好的构思落在实处,让学生真正受益。

(四)学生"千日成长"工程的主要特征

作为深入实施素质教育的学生"千日成长"工程,主要具有以下五个特征:

1.贯彻"三全育人"理念

一是全员育人,该工程既注重校内师资队伍建设和管理队伍建设,又注重校外兼职教师建设;二是全过程育人,该工程科学设计学生在校1000天时间,贯穿学生入学至毕业的全过程;三是全方位育人,该工程既有机协调一、二、三课堂,创新载体,既做好马克思主义学院、明理学院、银领学院、淑女学院、国际交流学院各具特色的育人工作,又注重诚信文化、金融文化、校友文化育人,形成了多维度、立体式融会贯通的素质教育体系。

2.工程的科学性

一是加强基于工作的研究。积极开展基于学的教、基于需的育等研究工作,鼓励教师多出研究成果,出好研究成果,以成果总结凝练经验,以成果引领学生成长,以成果深化学生"千日成长"工程。二是做好分层分类教育引导。面向全体学生,树立人人成才观念,是"千日成长"工程的应有之义。将学生按照不同年级、不同专业、不同生源、不同特点进行分层分类教育引导,创新工作载体,增强工作的科学性。三是在抓好学院顶层设计的基础上推进各系(部)的工作创新。学生"千日成长"工程的推动,需要有学校的顶层设计,要在党委领导下,通过各种路径,分析学情、了解需求、关注发展、优化内容,在此基础上设计出更为有效的载体,鼓励各系部从专业特色出发创新工作。

3. 工程的系统性

一是深化教学活动的主体功能。由教务处牵头,扎实推进微观教学改革和实践,通过课程改革、教学方法改革,进一步提高课堂教学质量,从而增强学生的学习参与意识和参与程度,让学生真正成为学习的主体。积极营造多样化、开放式的学习环境,充分发挥学生的主体性、积极性与参与性,培养探究问题的能力和实事求是的科学态度,提高创新意识和实践能力。二是完善课外育人体系。由学生处负责梳理整合课外育人活动载体,使各项活动横向相通,相互促进,纵向相连形成系统,既全面覆盖有效衔接,又高效轻负相互促进。三是促进教育教学深度融合。各系(部)是学校教育教学工作的主体和具体实施部门,是人才培养核心活动的实施者。在完善《千日成长指南》《千日成长记录》《千日成长评估》的基础上,各系(部)应有效整合资源,科学设计载体,创新工作举措,抓好工作落实,积极开展实践育人工作,进一步推进教育教学工作深度融合,进一步完善"千日成长"工程的系统性。

4. 工程的成长性

一是加强学生自我教育。主体自我教育是教育主体以自身为对象的教育。当学生把自身作为教育对象时,教育的主客体融为一体,构成了主体自我教育的内在机制。学院积极发掘学生中的典型,做好高年级学生引导低年级学生、有特长学生帮助其他同学、优秀学生带动其他同学的工作,倡导开展学生的朋辈教育,引导好学生的成长。二是加强学生自我管理。学生自我管理的内容包括自我认知、自我计划、自我控制和自我激励四个方面。学院进一步完善学生自我管理体系,发挥各级学生组织自我管理的作用。积极组织开展社会实践和职业生涯规划设计等活动,引导学生开展文明修身工程,进一步加强学生的自我管理,规范学生的成长;三是加强学生自我服务。学生的自我服务是个体性自我服务、群体性自我服务和社会性自我服务的有机结合,自我服务体现为大学生主体性与创造性的发挥。学院积极发挥各级团组织、学生组织的自我服务作用,使学生在自我服务中实现发展、提升能力、提高素质。

5. 工程的发展性

一是以品牌项目带动发展性。深入实施"育人工作品牌培育项目",进一步深化学院"三关"服务体系,大力实施面向基层、覆盖全体的素质教育。发挥教育部辅导员工作精品项目"培育'金手指'成就新'银领'——浙江金融职业学院'金手指'工程"和学院品牌项目带动引领作用,深化品牌项目的育人功能。二是以品质学生引领发展性。深入开展"五百个榜样"培养工作,继续深化"金鹰银雁"学生骨干培养工程、卓越人才培养计划,培育品质金院学子,树立学生身边可亲可学的榜样,进一步引领学生"千日成长"工程发展性。三是以优质就业彰显发展性。学生培养质量体现在职业素养上,彰显在优质就业上。在进一步做好学生的人才培养质量工作的同时,落实就业一把手工程,细化全员就业的理念和行动,做好学生的就业工作,以优质就业彰显了学生"千日成长"工程的发展性。

第二章　学生"千日成长"工程的理论基础

　　"千日成长"工程是一个充满教育理想精神并融入高职院校教育实践的工作框架,是素质教育、专业教育、生涯教育的有机融合。就此而言,"千日成长"工程其实是融合多种教育理念与理论的系统工程,从思想内蕴上看,是现代教育理念在高职教育中的延伸;从内在逻辑上看,是教育活动基本要素的有机组合;从理论支撑来看,与素质教育理论、人的发展阶段理论、体验教育理论、学习心理学以及大学课程理论息息相关;从发展愿景来看,又与终身学习的倡导一致。这些结合既是一种整体设计,也是一种实践探索,更是一种理论与实践互相催化、互相促进、螺旋提升的过程。因此,"千日成长"工程也可以视作一个开放性的系统,于不同的视角、不同的阶段、不同的主体,有不同的意味与解释。本章旨在进一步梳理"千日成长"工程顶层设计中的相关理念与理论;同时,对于具体实践层面的理论探索部分进行归纳。

一、"千日成长"工程与"现代教育四大支柱"

　　"千日成长"工程的重要目标是"懂做人""精专业""会做事"。从这个角度来说,"千日成长"工程体现的是一种理念。虽然上述三项分别是大一、大二和大三学生的培养重点,但实际上这三点之间有许多联系与重叠,只是就学生而言,在某一个阶段何者突出罢了。这三大核心内容中,"懂做人"重点是大学生的基本素养,特别是与人沟通、合作;"精专业"是强调有效学习与自主学习,更好地掌握获取知识与技能的方法;"会做事"则更多强调面向行业、企业的岗位职业能力的强化;这三者合起来,其实有一个共同的诉求,那就是更强的就业竞争力和可持续发展能力,更好地面对社会生活各种挑战的能力。"千日成长"工程将做人与做事,通识教育与专业教育,素质教育与生涯教育相结合,既是对普通高等教育往往重视专业学习,忽视动手能力的纠正;也是对职业教育往往重视技能训练,忽视人格健全与综合素质养成的修正,其主旨思想与"现代教育四大支柱"的基本理念不谋而合。

　　1996年联合国教科文组织(UNESCO)由雅克·德洛尔任主席的国际21世纪教育委员会提交了一份报告《教育——财富蕴藏其中》。报告提出:"教育应围绕四种基本学习加以安排;可以说,这四种学习将是每个人一生中的知识支柱:学会认知(Learning to know),即获得理解的手段;学会做事(Learning to do),以便能够对自己所处的环境产生影响;学会共处(Learning to live together),以便与他人一起参加人的所有活动并在这些合作中进行合作;

最后是学会生存(Learning to be),这是前三种学习成果的主要表现形式。"[1]同时,所谓"现代教育四大支柱"也不是割裂的,"这四种获取知识的途径是一个整体,因为它们之间有许多连接、交叉和交流点"[2]。

"现代教育四大支柱"一经提出,便得到了全球的认同,不只是教育界,连同政府、产业界也认为这是一次教育理念的重大革新。而《教育——财富蕴藏其中》也体现了对今后教育的一种展望,那就是"每个人在人生之初积累知识,尔后就可无限期地加以利用,这实际上已经不够了。他必须有能力在自己的一生中抓住和利用各种机会,去更新、深化和进一步充实最初获得的知识,使自己适应不断变革的世界"[3]。

学会生存既是学会认知、学会做事、学会共处的自然结果,也是高职教育作为一种"生计教育"的必然诉求,是以"就业为导向"的高职教育宗旨的生动体现。就"千日成长"工程而言,学会生存正是懂做人、精专业、会做事之后的目标;而且,这里的"生存"也不仅是简单的职业领域,还存在于社会生活领域,要求学生不仅作为员工而存在,还要作为公民、家族成员等角色而存在。正如联合国教科文组织另一份报告《学会生存——教育世界的今天和明天》中强调的一样:"人类发展的目的在于使人日臻完善;使他的人格丰富多彩,表达方式复杂多样;使他作为一个人,作为一个家族和社会的成员,作为一个公民和生产者、技术发明者和有创造性的理想家,来承担各种不同的责任。"[4]

二、"千日成长"工程与教育的基本要素

基于"懂做人、精专业、会做事"的培养目标,"千日成长"工程致力于建立各种教育要素之间的内在联系。从这个角度来说,"千日成长"工程是一种纽带,将一个个宛如珍珠般的教育要素连接成一串串美丽的珠链。这些"珍珠"是一位位学生,也是一位位教师,还是各种教学影响、资源、手段、方法等。因此,"千日成长"工程不是单一指向主体的工作体系,也不是单一指向客体的工作体系,更不是单向度地忽视"主体间性"的单一教育主体工作体系。在多年的实践中,"千日成长"工程已经不再纠结于对"以教师为主导"或"以学生为中心"的单一教育主体理论,而更倾向于复合主体或者教学共同体理论。同时,对各种教育媒介所涉及的教学内容、方法、手段等也有更新的理解。因此,要进一步理解或者深化"千日成长"工程,必须更好地把握各教育要素的内涵与联系。

从现有的研究来看,传统抑或通常所指的教育要素主要包括三个方面:教育者、受教育者和教育影响。比如南京师范大学教育系编写、人民教育出版社 1984 年出版的《教育学》,又比如全国十二所重点师范大学联合编写教育科学出版 2002 年出版的《教育学基础》都是如此表述的。但对于"千日成长"工程而言,受教育者的概念并不合适,因为,其"特有属性是

---

[1][3] 国际 21 世纪教育委员会:《教育——财富蕴藏其中》,联合国教科文组织总部中文科译,教育科学出版社 1996 年版,第 76 页。

[2] 国际 21 世纪教育委员会:《教育——财富蕴藏其中》,联合国教科文组织总部中文科译,教育科学出版社 1996 年版,第 77 页。

[4] 联合国教科文组织国际教育发展委员会:《学生生存——教育世界的今天和明天》,教育科学出版社 1996 年版,第 2 页。

'接受',是现实中任何一个尚未具备某种理想素质而能动地接受他人影响(传授蕴含这种理想素质的内容)的人"①。而以"学习者"来代替"受教育者"或许更合适,更能体现高职学生具备了一定认知能力与结构,并能主动完成教育活动过程中的任务探究与经验建构,从而确认自身的主体地位与价值的特点。同时,教育者与学习者也不是绝对的,在适当的条件下,两者有可能相互转换。所以,"千日成长"工程中的三大要素具体可以分析如下:

(一)教育者

教育者是能够根据自己对于个体身心发展及社会发展状况或趋势的认识,明确地以"引导""促进""规范"个体发展为主要任务或使命的人。那些无意间对学生身心发展产生影响的人不能称之为"教育者"。当然,这表明"教育者"是一类人;而具体到不同的"教育者"身上,其促进学习者身心发展的能力、服务社会发展的能力还是存在着"千差万别"的。从这个角度来说,"教育者"也存在着整体素质或个体水平的"质"的差别。在"千日成长"工程中,"教育者"可以是授课教师、班主任、辅导员、学生社团导师、竞赛指导教师甚至宿舍管理员等等。当然,"教育者"也可能是学习者自身,比如浙江金融职业学院金融系"朋辈育人"项目中的"小先生"——其本身是在综合素质或技能等方面优秀的高年级学生,但在该项目的框架下,也成为帮助学弟学妹成长的"教育者"。

(二)学习者

"学习者"自然是抱有一定的学习目的,以完成学习任务或学业要求为主要任务和使命的人。比起教育者来,"学习者"有其自身的特点:教育活动的对象往往是他人,而学习活动却只能是个体自身的,所以教师可以代课,学生却不能"代学"——有趣的是,这个看似再简单不过的道理却未必是每一个人都明白的。不同的人有不同的学习目的,学习动机也有不同的强弱程度;不同的人有不同的学习背景或基础,并由此影响到各自的学习兴趣、能力或风格;不同的学习者对自身学习行为的反思和管理意识与能力不同,从而影响到他们各自的学习效率和质量。因此,学习是一种高度个性化的活动——所以,与教育者一样,"学习者"也是一个"类"与"质"并存的概念。在"千日成长"工程中,"学习者"主要是指学生,但学生却未必都是"学习者"。所以,在某种程度上说,"千日成长"工程是教育者引导学生成为真正的"学习者"的系统设计。比如浙江金融职业学院国际商务系"基于学的教"育人机制,便是通过研究学生的学习特点、需求以及未来行业企业工作的挑战,从而完善专业课程体系和教学方法,以不断丰富学生学习体验,强化学生学习效率和适切性的有益尝试。

(三)教育影响

也有部分学者将"教育影响"称为教育媒介。虽然措辞不同,但内涵和外延上仍然是相似的,意即教育影响是教育活动中教育者作用于学习者的全部信息。教育影响可以是教育内容,也可以是教育手段,还可以是教育方法和教育组织形式;可以体现为教材、教案,也可以体现为教育管理制度;可以体现为实际的教室、实验室,也可以化为虚拟的网络空间。从这个意义上来说,"千日成长"工程最为核心的内容是如何系统整合这些"教育影响",建立起教育者与学习者之间的联系,建立起学习者与学习行为的联系。因而,从"千日成长"工程的初心,即促进学生在校1000天的成长来说,可能更重要的是把教育活动切切实实地变成学

---

① 陈浩:《"受教育者"概念研究:批判与分析》,《中国教育科学》2016年第1期,第75页。

生的学习活动。这样,教育手段才可能变成学习手段,教育环境才可能变成学习环境……再进一步讲,"千日成长"工程的根本目的便是在于通过不断优化"教育影响",使学习者能成为更完善的人、更有个性的人、更富理想的人——这是个体寻求的意义,也是教育寻求的意义。而对意义的寻求是人之为人的特性。在"千日成长"工程中,这种意义是否以及如何被有意识、有系统地探究、建构、考量,是判断"千日成长"工程中的教育影响有没有意义的重要标准,不然所谓"成长"也就失去了"路向"。

而"千日成长"工程的意义或许便是在不断探索、追求中实现学生"成长的自觉"。这种自觉,是教育者的理想,更应该是学习者的理想。

三、"千日成长"工程与素质教育理论

从人才培养的现实选择来看,"千日成长"工程自身有两个可供选择的着力点、两个需要同时兼顾的着眼点。就着力点而言,一是学生的全面发展,二是学生的个性发展;就着眼点而言,一是全体学生的素质提升,二是个体学生的素质提升。这两个方面都十分现实,前者是方向性的选择,后者是现实性的考量——这也正是不同素质教育理论或流派的争论之处。

"千日成长"工程是"共性+个性"的素质教育体系,既要求学生具备德智体美劳等领域的基本素质,又鼓励学生结合自身天赋和兴趣,发展个性和特长。素质教育领域其实一直有全面发展还是个性发展的分歧,从 20 世纪 90 年代素质教育概念提出以来便一直有争论,但整体还是全面发展的素质教育占据主流——在《资本论》中,马克思指出,未来社会是"以每个人的全面而自由的发展为基本原则的社会形式"①。全面发展的素质教育从马克思主义"人的全面发展"论述出发,要求德、智、体、美、劳等各方面并重,要求全面发展学生的思想政治素质、文化科学素质、劳动技能素质、身体心理素质和审美素质等,使诸方面教育相互渗透、协调发展,促进学生的全面发展和健康成长。但是作为教育理念或是理想的全面发展固然没错,但马克思所说的"人的全面发展"其实也是与更高级社会形态的发展息息相关的。就理性水平仍然承受着"生命中不可承受之轻"的当代社会的现实个体来说,全面发展的纵向极限在哪里?横向的边界又在哪里?考虑现阶段的社会条件、个体有限的理性甚至其先天基因,全面发展会不会导致全面平庸?个性化的发展是不是会更现实一些?能在个体和环境条件下最大限度挖掘潜能是否也是素质教育切实道路?这些也是个性化素质教育要考点的基本问题。其实无论是全面发展的素质教育还是个性化的素质教育都没有错。20 世纪 90 年代,最早的素质教育倡导者之一、原国家教育委员会副主任柳斌就曾经说过,素质是"后天通过环境影响和教育训练所获得的稳定的、长期发挥作用的基本品质结构,包括人的思想、知识、身体、心理品质等"②。这其实就是告诉大家,全面发展也是先天禀赋基础上的全面发展,而个性化也是在全面发展基础上的个性化——就像你不能让先天嗓音不好的人去成为歌唱家,但可以让他懂得欣赏音乐;你不能强求一个数学家去拿撑杆跳冠军,但他应

---

① 马克思:《资本论》,中共中央马克思恩格斯列宁斯大林著作编译局编译,人民出版社 1975 年版,第 649 页。

② 蕴珍:《柳斌谈素质教育》,《教师博览(文摘版)》1995 年第 11 期,第 7 页。

该具备一定的体育锻炼习惯和身体素质。两者在根本上没有什么矛盾,但需要切记的是不能在实践中将两者撕裂。共性寓于个性之中,个性又受共性制约。从这个角度来说,全面发展,"实质上是个性发展"①。

"千日成长"工程也是"全体+个体"素质教育的结合。素质教育首先是面向人人的教育——这事实上是对原有的"选拔教育"或"淘汰教育"的纠正。正如美国著名心理学家、教育家布鲁姆所说的那样:教育者的基本态度应是选择适合儿童的教育,而不是选择适合教育的儿童。同时,每个学生都是存在差异的,都有其性格特点。教育工作需要尊重这种差异,给不同的学生以不同的教育,让学生拥有更多自主空间与学习选择权。对于高职院校而言,或许展现其素质教育成果的往往是少数"高素质学生";但是对于学习困难学生、家庭困难学生如何开展教育而言,弥补育人工作中的短板同样是素质教育的基本原则。在这个方面,"千日成长"工程进行了有益的尝试:在入学新生中选择了若干成绩优秀、外省生源、贫困家庭、学生干部等不同类型的学生进行跟踪,通过一个个体来"管窥"某一类型学生的成长规律与轨迹,并对他们进行不同的教育引导,使其能够获得独特的教育体验和收获。

结合前文及以上的两个着眼点和着力点所述,可以进一步明确,"千日成长"工程是一种素质教育体系,但不是额外的教育,不是知识教育之外的教育,不是在专业教学之外,让辅导员、班主任去负责学生的思想政治教育、才艺提升等孤立的育人工作,"并不是要抛开眼下的教育另起炉灶,而是要对现有的教育作些调整,包括视角的调整、结构的调整乃至教师角色的调整等,以期达到更好的教育效果"②,而是对教育理念、教育要素及素质教育体系的重构。

四、"千日成长"工程与课程理论

前文已经说过,"千日成长"工程的重要目标是"懂做人、精专业、会做事"。为了实现这三个重要目标,需要通过课程开发予以支撑。这涉及三类主要的课程理论:一是现代与后现代课程开发理论;二是通识课程理论;三是显性与隐性课程理论。

就课程开发理论而言,最具代表性的是以泰勒为代表的现代课程观和以多尔为代表的后现代课程观。泰勒的现代课程理论提出了课程开发的四个基本问题:确定教育目标——学校应该达到哪些教育目标;选择学习经验——学校应提供哪些教育经验才能达到这些目标;组织学习经验——这些经验如何才能有效地加以组织;评价教育计划——如何确定这些目标正在得到实现。③ 为了实现三大目标,"千日成长"工程的背后其实是学院课程体系的整合——"懂做人",即以通识课程支撑,包括思想政治课、体育、军事教育、英语、计算机文化基础、形势与政策、优秀传统文化、大学生心理健康指导、学习生活指导、职业生涯规划以及

---

① 张楚廷:《全面发展实质即个性发展——重温马克思全面发展学说的启示》,《北京大学教育评论》2004 年第 2 期,第 70 页。

② 张楚廷:《素质教育不是额外的一种教育——兼论素质教育与知识教育的关系》,《中国教育学刊》2006 年第 6 期,第 17 页。

③ 张华等:《课程流派研究》,山东教育出版社 2000 年版,第 198—223 页。

校本通识课程(个人理财、现代金融概论、点钞与反假货币技术、诚信文化理论与实践);"精专业"即包括各专业基础课和专业选修课程;"会做事"即与订单合作企业共同开发、定制的"订单课程"。这些课程的教学组织形式、考核方式各不相同,授课老师也是专兼结合,给予了"千日成长"工程以坚实的支撑。

作为对现代课程观的进一步补充,多尔的后现代课程观提出了"4R"课程理论,即丰富性(Richness)、关联性(Relations)、回归性(Recursion)和严谨性(Rigor)[①]。丰富性指课程的深度、意义等;回归性即一个人通过与环境、与他人、与文化的反思性相互作用形成的自我感知的方式;关联性指课程与教育和文化的联系;严密性意味着努力指导各种可能的可供选择的联系,保证课程的不确定性和丰富性。从这一课程理论出发,"千日成长"工程框架下的课程体系不以认知为唯一目标,而且更关心学生的整体体验,更关注大学文化和职业文化的浸润,更关注学生之间和师生之间的沟通,更关注学生是否找到大学甚至人生的意义。

"千日成长"工程相关的另一个课程理论是通识课程理论,这与前文所讲到的素质教育有很大联系。实际上,"千日成长"工程框架下的通识课程也是学院素质教育的重要组成部分:既包括英语、思想政治课、形势与政策、计算机文化基础、体育、军事教育、中华优秀传统文化等公共基础课,还包括点钞与反假货币、个人理财、现代金融概论以及诚信文化理论与实践等校本通识课程。这里的两类通识课程其实针对的是综合素质和职业素质。因而,从某种程度上说,素质教育是通识课程的精神内核。

通识教育(General Education)的源头可以追溯到古希腊柏拉图创办学园(Academy)时所开设的"七艺"(Seven Arts),包括文法、逻辑、修辞、几何、算术、天文、音乐,教授内容十分广泛,其目的是培养自由、理性的哲学家。因此,西方人最早谈到通识教育,其名称为"Liberal Education"。我们今天将之翻译成"文雅教育"或"博雅教育",其实译为"文雅教育"比较贴近其义,与国内的素质教育有相似之处。目前,通识课程的设计与开发主要有三种理论。一是精义论,主张以经典著作作为通识教育课程的主要内容,认为人类的文明虽然与时俱进,但在变迁中有其永恒不变的价值存在,这种核心价值尤其保存在经典文献之中。通识课程要体现人类的永恒不变的核心价值,因而经典著作便成为课程设计的中心。二是均衡论,认为知识是一个不可分割的整体,只有各种知识都统筹兼顾、均衡发展,才能避免20世纪以来学术过于分化所导致的视野狭窄,心灵缺陷,因此,必须以通识教育课程为学生提供均衡的视野、平衡的心智。三是进步论,强调教育必须为学生解决问题,对他们的生活有所裨益。因此,通识教育课程的内容必须与学生未来的生活相结合,为未来的生活做好准备。[②] 就"千日成长"工程而言,上述三个方面都有涉及,从时间线索而言,学校的"千日"是为了让学生更好地迎接未来社会与职业的挑战;从横向线索而言,学校的"千日"是为了拓展学生的综合素质,避免成为"单向度的人"。

"千日成长"工程相关的还有一个理论是显性课程与隐性课程理论。课程有显性课程(Overt Curriculum)和隐性课程(Hidden Curriculum)之分。我们一般讲的课程为显性课程。显性课程一般以有目的、有组织的知识传递或活动组织的形式呈现,通常都会在人

---

① 多尔:《后现代课程观》,王红宇译,《教育科学出版社》2000年版,第250页。

② 黄俊杰:《大学通识教育的理念与实践》,华中师范大学出版社,2001年版,第13—42页。

才培养方案中予以体现。但是教师所传授的远不止是显性课程,教师的一举手、一投足,教师的声音、语调,教师的风度、气质,教师的情感、意念,教师的信仰与追求,所有这些都可以构成文化意义上的内容,只是这些多以隐性的特点存在,因而可称之为隐性课程。[①]隐性课程是在显性课程中所呈现的意识形态信息和潜意识信息。隐性课程和课堂文化密切相关,某种隐性课程必然内含着某种课堂文化甚至是校园文化。这种文化是在课堂教学实践、校园生活过程中形成的风气、规范、心理环境、价值观念、思维方式与行为方式的综合体。[②] 课堂文化、校园文化实实在在地存在着,而且对学生影响深远。我们可以引进哈佛大学、牛津大学的教学计划、教材,但很难达到哈佛大学、牛津大学的教学效果,因为我们无法引进他们的课堂文化、校园文化。课堂文化要靠我们去创建、培育,而创建、培育的形式是多种多样的。这是一般显性课程难以达到的。因此,"千日成长"工程在设计之初就强调不仅要重视课堂教学,还要关注文化育人功能,强调通过校友文化、金融文化与诚信文化熏陶学生,每年开展访校友、下企业与讲诚信的第二、第三课堂活动,使隐性课程的育人价值得以突显。

五、"千日成长"工程与学习心理学

"千日成长"工程以学生的成长为主线,内在隐含着以学生为主体的视角。因为成长归根到底是学生自己的事。所以,教育工作如何设计,最后还是要体现为学生的学习行为,需要符合学习的各种规律。因此,研究学生学习的心理机制也是"千日成长"工程的内在要求。

学习金字塔是美国缅因州的国家训练实验室的研究成果,它用数字形式形象显示了:采用不同的学习方式,学习者在两周以后还能记住内容(平均学习保持率)的多少——最早它是由美国学者、著名的学习专家爱德加·戴尔于1946年首先发现并提出的。

在塔尖,第一种学习方式——"听讲",也就是教师在上面说,学生在下面听,这种我们最熟悉最常用的方式,学习效果却是最低的,两周以后学习的内容只能留下5%。

第二种,通过"阅读"方式学到的内容,可以保留10%。

第三种,用"声音、图片"的方式学习,可以达到20%。

第四种,是"示范",采用这种学习方式,可以记住30%。

第五种,"小组讨论",可以记住50%的内容。

第六种,"做中学"或"实际演练",可以达到75%。

最后一种在金字塔基座位置的学习方式,是"教别人"或者"马上应用",可以记住90%的学习内容。

具体详见图2-1:

---

① 张楚廷:《关于理论课程的若干问题》,《大学教育科学》2013年第2期,第125页。

② 刘华海:《高校课堂文化建设面临的"锁定效应"与对策》,《江苏高教》2011年第5期,第74页。

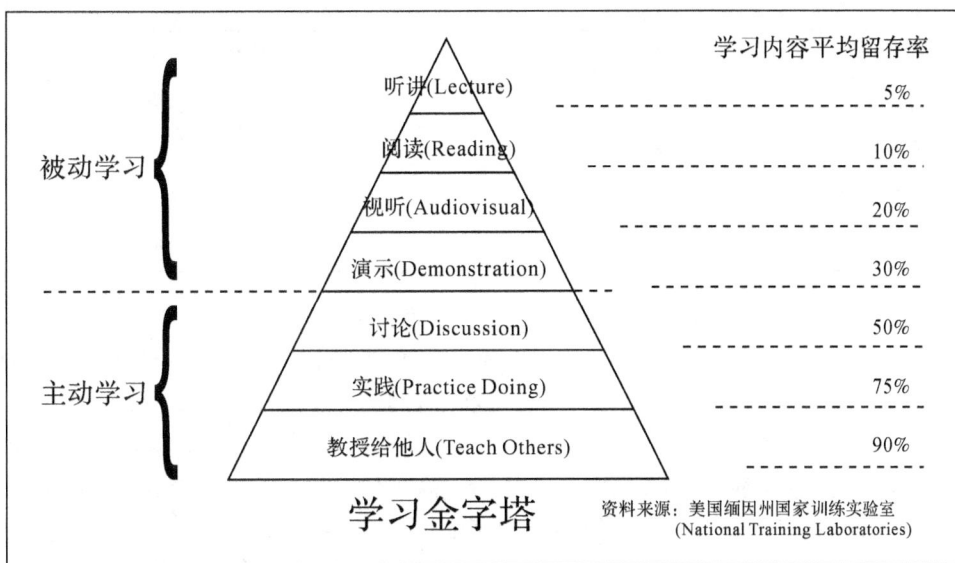

图 1　学习金院塔

爱德加·戴尔提出,学习效果在 30％以下的几种传统方式,都是个人学习或被动学习;而学习效果在 50％以上的,都是团队学习、主动学习和参与式学习。

因此,"千日成长"工程强调学生的"参与",建立各种师生合作、生生合作的团队,建立学生组织、学生社团等载体,开展各种有利于学生展示的科学文化艺术节活动和创新创业实践,并以项目为载体推动师生合作研究项目建设,打造师生学习共同体。

六、"千日成长"工程与人的发展阶段理论

"千日成长"工程将高职三年视作三个阶段,每个阶段突出一个重点。当然,这三个阶段或者三个重点也不是绝对的,只是相对而言突出某一方面。此外,大学作为人的一个发展阶段,其重要性在多种人的发展阶段理论中都有述及。"千日成长"工程更多地吸收了"人格发展八阶段理论"和"职业发展阶段理论"的养分。

"人格发展八阶段理论"由美国著名精神分析学派代表人物埃里克森提出。他认为,人的自我意识发展持续一生,他把自我意识的形成和发展过程划分为八个阶段,这八个阶段的顺序是由遗传决定的,但是环境对每一阶段能否顺利发展有着决定性作用,所以这个理论亦称心理社会阶段理论,具体见表1:

表 1　人格发展八阶段

阶段	年龄	心理特点
1.婴儿前期	0—1.5 岁	基本信任—不信任
2.婴儿后期	1.5—3 岁	自主—害羞、怀疑
3.幼儿期	3—6 岁	主动—内疚的冲突
4.童年期	6—12 岁	勤奋—自卑

续　表

阶段	年龄	心理特点
5.青少年期	12—18岁	自我同一性—角色混乱
6.成年早期	18—25岁	亲密—孤独
7.成年中期	25—65岁	生育—自我专注
8.成年后期	65岁后	自我调整—绝望期

埃里克森认为,青少年期的主要任务是建立一个新的同一感或自己在别人眼中的形象,以及他在社会集体中所占的情感位置。这一阶段的危机是角色混乱。而进入成年早期,青年人会注重自己的真实情感,努力设计自己的将来,其主要发展任务是获得成功的情感生活和良好的人际关系,避免孤独感,体验爱情。没有形成有效工作与亲密能力的人会离群索居,回避与别人亲密交往,因而就形成了孤立感。高职学生基本处于从青少年期向成年早期过渡的阶段,因而"千日成长"工程首先强调"懂做人"——具备基本的法律素养与道德水平,懂得交流与合作,懂得管理自己的生活。用更直白的方式来说明就是,学生必须懂得从"我"转变到"我们"。

"职业发展阶段理论"由美国著名职业管理学家萨柏提出,是一种纵向职业指导理论,旨在对个人的职业倾向和职业选择过程本身进行研究。该理论将生涯发展阶段划分为成长、探索、建立、维持与衰退五个阶段。

成长阶段:由出生至14岁,该阶段孩童开始发展自我概念,开始以各种不同的方式来表达自己的需要,且经过对现实世界不断尝试,修饰自己的角色。

探索阶段:由15岁至24岁,该阶段的青少年,通过学校的活动、社团休闲活动、打零工等机会,对自我能力及角色、职业做了一番探索,因此选择职业时有较大弹性。探索阶段又分为三个时期:一是试探期(15岁至17岁),考虑需要、兴趣、能力及机会,做暂时的决定,并在幻想、讨论、课业及工作中加以尝试;二是过渡期(18岁至21岁),进入就业市场或专业训练,更重视现实,并力图实现自我观念,将一般性的选择转为特定的选择;三是试验并稍做承诺期(22岁至24岁),生涯初步确定并试验其成为长期职业生活的可能性,若不适合则可能再经历上述各时期以确定方向。

建立阶段:由25岁至44岁,由于经过上一阶段的尝试,不合适者会谋求变迁或做其他探索,因此该阶段较能确定在整个事业生涯中属于自己的"位于",并在31岁至40岁,开始考虑如何保住这个"位子",并固定下来。

维持阶段:由45岁至65岁,个体仍希望继续维持属于他的工作"位子",同时会面对新的人员的挑战。

衰退阶段:65岁以上,由于生理及心理机能日渐衰退,个体不得不面对现实从积极参与到隐退。这一阶段往往注重发展新的角色,寻求不同方式以替代和满足需求。

高职学生主要处于职业探索阶段,具体处于过渡期和试验并稍做承诺期阶段。因此,"千日成长"工程强调通过专业能力的强化以确认自身的职业发展方向,并通过大三的企业定制课程与岗位实习去强化职业体验,去初步确立自身的职业生涯。

七、"千日成长"工程与终身学习理念

前文已经提到,"千日成长"工程所聚焦的是高职学生在校 1000 天的成长,但是更希望学生通过这 1000 天来支撑其今后的可持续发展,希望能够支撑其职业和家庭,支撑其幸福的人生。因此,1000 天的成长轨迹背后,是一种习惯,是一种能力,是一种信念,这其实也是一种终身学习的倡导。

终身教育(Lifelong Learning)理念是 20 世纪 60 年代后期至 70 年代初由联合国教科文组织和有关专家保罗·郎格朗、埃德加·富尔等先后提出并在国际上推动实施的,受到了教育界甚至各国政府层面的高度关注。他认为:"终身教育所意味的,并不是指一个具体的实体,而是泛指某种思想或原则。"其内涵主要是:第一,每个人都要实现自己的抱负,发展自己的可能性,也都要适应社会不断投向他们的课题。因而,未来的教育不再是由"任何一个学校毕业之后就算完结了,而应该是通过人的一生持续进行"。第二,现行的教育是"以学校为中心的",而且是"闭锁的、僵硬的",未来的教育则将对社会整个教育和训练的全部机构和渠道加以统合,从而使人们"在其生存的所有部门,都能根据需要而方便地获得接受教育的机会"[1]。

但是随着信息技术的发展以及企业、社会对个性素质要求的不断提升,对于"终身教育"的强调慢慢转向为"终身学习"(Lifelong Learning)。联合国教科文组织终身学习研究所所长阿达玛·旺安提出,从 20 世纪 90 年代开始,联合国教科文组织从强调终身教育转向强调终身学习,这表明终身学习关注的重心正从强调教育的供应方(终身教育强调教育授予者的责任)向强调学习者本身的需求转变,也就是强调终身学习应是学习者自觉的学习过程。[2]

因此,"千日成长"工程把"懂做人、精专业、会做事"融入学校整个人才培养过程,其实不仅是把学习看作是促进知识经济发展和人力资源开发所做的努力,而且是更加关注学习者对于精神生活的需求和乐趣,更加关注学习对个人以及家庭生活所带来的改变,以及在此基础上对社会进步和整合的促进。所以,"千日成长"的过程,其实也是学生不断强化自身发展主体地位和责任的过程,是从被动学习到学会学习再到享受学习的过程,是一个不断赢得社会生活与职业领域挑战的过程。

八、"千日成长"工程之思:教育等于成长吗?

"千日成长"工程是一个素质教育工程,是一个高职院校系统化的育人工程。但是仍然有几个问题可以追问:教育等于成长吗?"千日成长"工程的唯一目的就是为了促进成长吗?

其实,这个世界有教育,也有非教育,甚至还有反教育。教育一般都是指促进人的成长的系统实践;非教育则是无关学生发展的活动;反教育则是对学生成长具有反作用的

---

[1]　A. Thibault:*Les principes and ragogiques de l'activité éducative*. Université de Montréal,1985, p74.

[2]　中国教育发展战略学会学术部:《终身学习的进展、发展趋势和制度建设——上海国际终身学习论坛综述》,《教育研究》2010 年第 10 期,第 107 页。

活动。很多时候,教育者苦心孤诣,却又适得其反。比如,课堂手机管理,有时候教师严格管理反而让学习心生厌恶,还不如教师利用手机开展教学互动的效果来得更好;又比如我们往往教育孩子要更懂事,却又往往催化了孩子的早熟,甚至让他们因此变得世故而失去童心、本心。

"千日成长"工程有一个美好的愿景,那就是让学生"人人成长、天天成长、快乐成长、健康成长、全面成长、持续成长"。那么在"千日成长"工程框架下,是不是每一个学生时刻都在如此成长呢?我们知道,每一个人从青少年走向成年,都要经历不同的心理、生理、性格等发展阶段,从确立自我到融入社会,每一次冲突的解决,每一个角色的转变,都有可能面临困难与矛盾。因此,哪怕这个过程中,有学生走了弯路,哪怕他确实在某个阶段成长"停滞"了,甚至"逆成长"了,我们也要看到,这或许是成长中一个"插曲"或是"间奏"——迷惘与挫折总是与青春不期而遇,但这些或许也是成长路上的珍贵回忆与宝贵财富。因为这些,学生不断逗留又不断前行。"千日成长"不就是这样一个虽有兜兜转转,却又始终向上的道路么?

第三章　学生"千日成长"工程实施的现实需要

　　学生"千日成长"工程涉及学生在校 1000 天的时间,贯穿学生入学至毕业,对学生的成长和成才起着至关重要的作用,因而"千日成长"工程除了在制定之初拥有相应的理论基础,更要以学生成长成才的现实需求为主要依据。针对学生在学校所处阶段的不同,我们分别做了 2015 级新生学情调研、2008 届毕业生调研等,同时结合麦可思权威报告加以分析。

一、新生学情调研

(一)调研

1.背景及目的

　　十年寒窗苦泛舟,终得梅花扑鼻香。对于刚放下高考重担,步入大学校园的浙金院 15 级新生来说,大学是一个梦工场,这里描绘着未来,编织着梦想。

　　2015 级大一新生怀揣梦想、满怀期待地踏进了浙金院的校门,一段崭新的大学生活又开始了。新的校园,新的老师,新的同学给新生们带来了一种新的感觉,但并不陌生,这是一种亲切的、热情的、朴实的、让人温暖的感觉。

　　我院 15 级总在校人数为 3236 人,其中金融系占总人数的 22.48%,投资与保险系占 14.27%,会计系占 19.87%,经营管理系占 15.52%,国际商务系占 17.67%,信息技术系 6.57%,人文艺术系占 3.10%,互联网金融占 0.52%

　　新学期开始为了更好地开展各项学生工作,更加全面客观了解学院大一新生的现状,准确把握学院 15 级大一新生在进入大学初期的适应情况及思想动态,及时掌握学生反映的各类问题,加深学院与学生之间的交流,增强院团委及学生会组织工作对大一新生的针对性和主动性,使其更好地为学生服务,我院进行了新生学情调研。

2.调研时间和对象

　　时间:2016 年 3 月

　　对象:浙江金融职业学院 2015 级全体学生

3.调研方法

　　方法:问卷调查形式,以专业班级为单位,每个专业由专人负责问卷的发放及回收。

4.主要调研数据分析

　　据核算,实发问卷 3236 份,回收 3146 份,回收率为 97.2%,其中有效问卷 3046 份,无效问卷 90 份,问卷有效率为 94.1%。

（1）性别

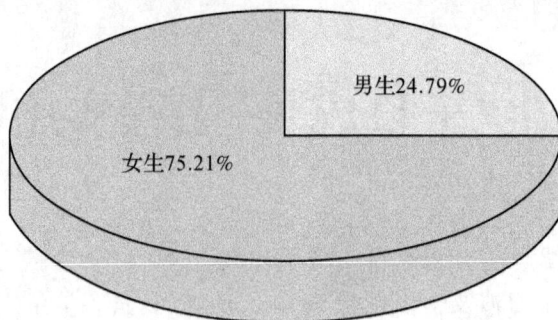

图 1　性别情况

（2）独生子女比例

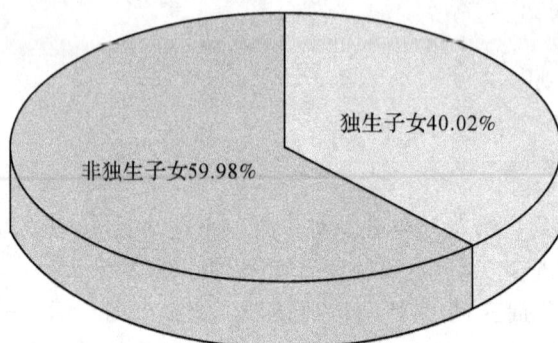

图 2　独生子女情况

（3）籍贯

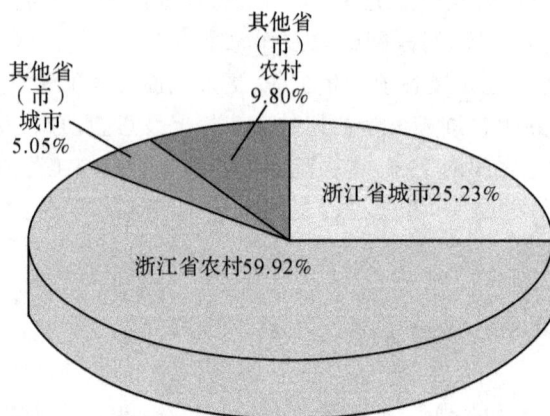

图 3　籍贯情况

　　根据图 3 数据显示，受访者中，来自农村的占所有受访者的 69.73％，来自城市的占 30.27％。通过比较分析，我校生源地主要为农村。

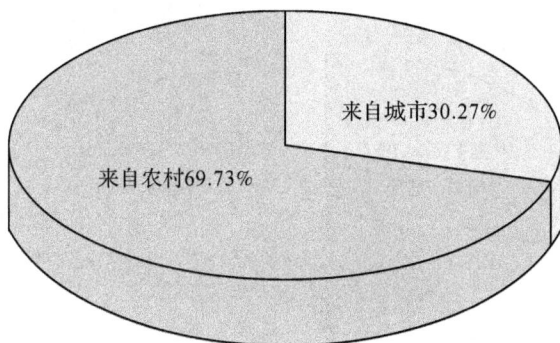

图4　农村、城市生源情况

（4）生源背景

受访者中，高中时期就读于普通高中的有 1836 人，占 62.0%，就读于职业高中的有
1138 人，占 38.0%。普高生与职高生在进入大学之前对部分专业的熟悉程度有一定的
差异。

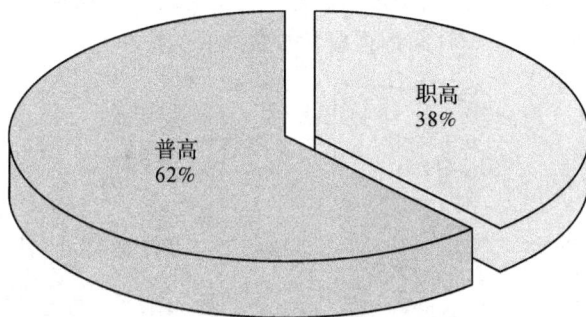

图5　高中情况

（5）父母文化水平

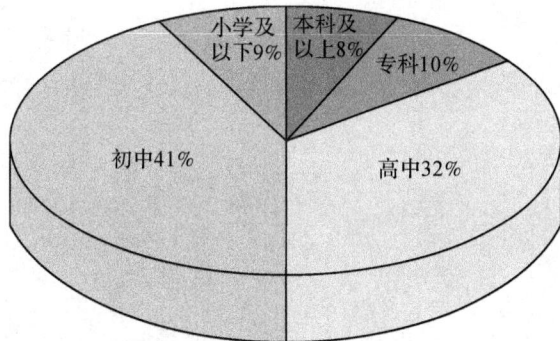

图6　父母文化水平情况

(6)班干部经历

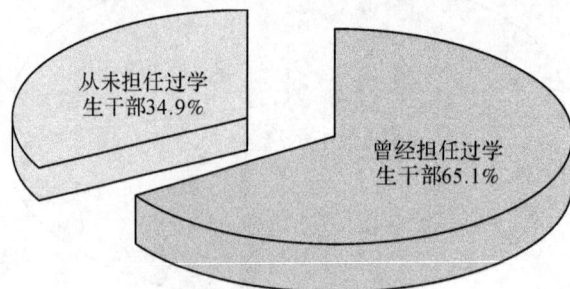

图7 班干部经历

65.1%的受访者在中学期间拥有学生干部工作经历,只有34.9%的受访者在校期间未曾担任任何学生干部。学生干部是广大学生的带头人,学生干部的培养对学生工作有效完成和正常运转起着重要的作用。

(7)高中住宿情况

学生住集体宿舍有利于培养同学之间的感情,根据调研数据反映,在我校,71%同学都住过集体宿舍,这有利于其在短时间内适应学校的生活。

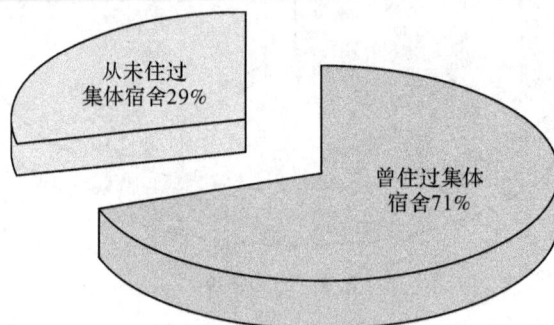

图8 高中住宿情况

(8)宗教信仰

据数据反映,受访者中,有宗教信仰的学生占10%,无宗教信仰的占90%,故本院学生绝大多数无宗教信仰。

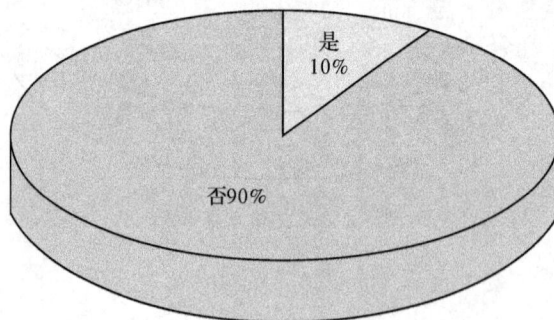

图9 宗教信仰情况

(9)在校开销情况

调查显示,受访者中,5％的学生月开销额为0—500元,32％的学生月开销额为500—1000元的,42％的学生月开销额为1000—1500元,15％的学生月开销额为1500—2000元,6％的学生月开销额为2000元,故多数学生的月开销额为1000—1500元,说明本院学生生活水平普遍较高。

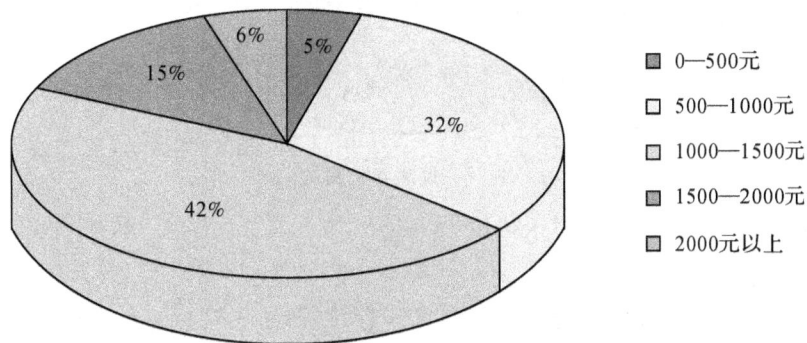

图 10　在校开销情况

(10)倾诉对象

据调研数据反映,主要倾诉对象为朋友的占到了样本总量75.27％,表明我院学生倾诉的第一对象是朋友。在众多倾诉对象中,选择老师为倾诉对象的人最少,只占9.96％。在烦恼时选择倾诉对象问题上,5.40％的同学无倾诉对象。

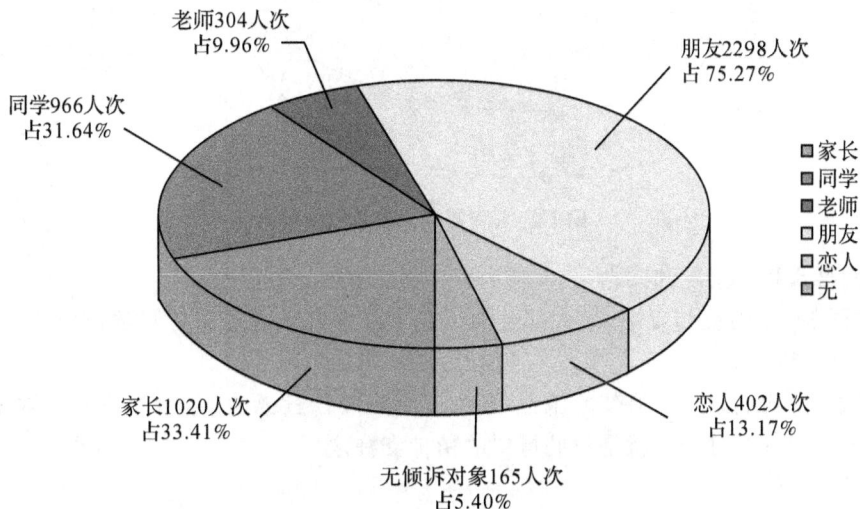

图 11　主要倾诉对象情况

(11)读大学的目的

根据调查数据显示,所有受访者对于读大学的目的有着不同的理解。其中,以"找一份满意的工作"和"实现自我理想"为目的的人数占了总数的半数以上。而以"报效社会"为目的的仅占了所有受访者的一小部分。我院学生主要以未来生存及实现自我理想为目的读的大学。

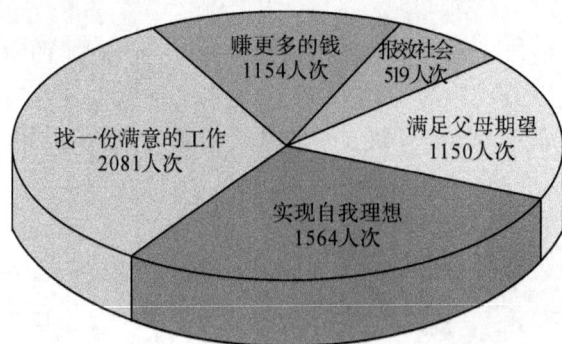

图12 读大学的目的

5. 相关问题分析

(1) 我喜欢我的专业

大一新生中20%的人对自身的专业非常满意,35%的人对自身的专业比较满意,31%的人对自身的专业基本满意,11%的人对自身的专业不太满意,3%的人对自身的专业非常不满意。

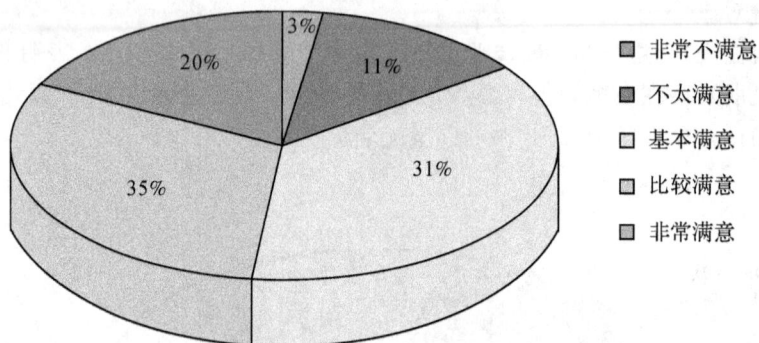

图13 对自身专业的满意情况

(2) 我喜欢我的室友和同学

根据图14,所有受访者中,绝大部分同学表示喜欢自己的室友与同学,只有少数同学对室友或同学不满。

离开家乡,我们踏上了追梦的旅程,这个过程是痛苦且孤独的,因此我们时常觉得孤单寂寞,而大学的室友、朋友,就是我们重要的精神支柱之一。

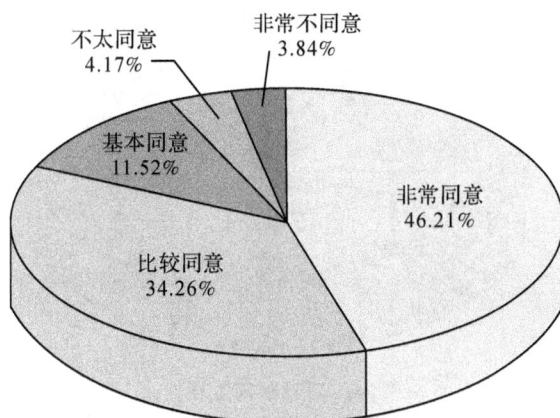

图 14　对室友和同学满意情况

(3)我还是依赖我的父母

根据图 15 显示,约 71%的学生表示虽然步入大学但还是很依赖父母,而剩下的学生表示自己在大学能够独立生活,不必过度依赖父母。

只有舍弃依赖之心,鼓起自主自立的勇气,走出过分依赖别人的误区,独立自主地干好自己的事,享受自己的劳动成果,尽好自己的责任,当好自己的主人,那才是生活的强者。

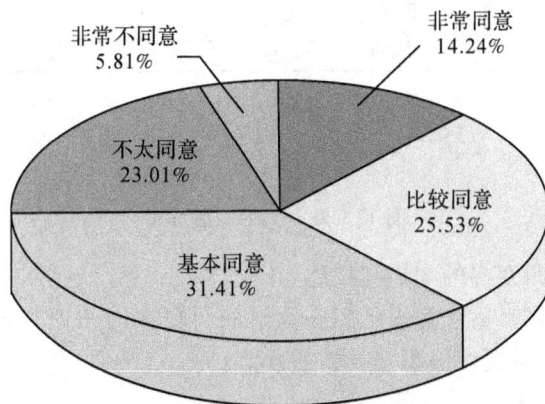

图 15　对父母依赖程度

(4)我想回到过去

如图,约 71%的学生有想回到过去的想法,希望回到过去,有 29%的同学对现状表示满意。

非常同意　比较同意　基本同意　不太同意　非常不同意

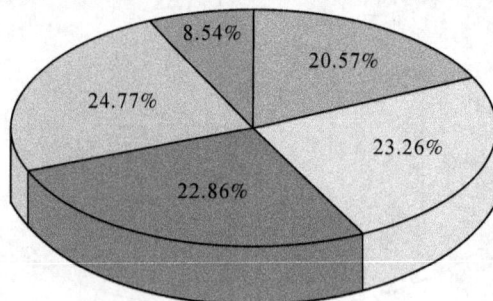

图16　对现状满意程度

（5）我愿意积极融入大学生活

大多数同学表示想积极融入大学生活，度过人生中最重要的一个阶段。少部分学生对大学有着抵触心理，不愿意融入大学生活中去。

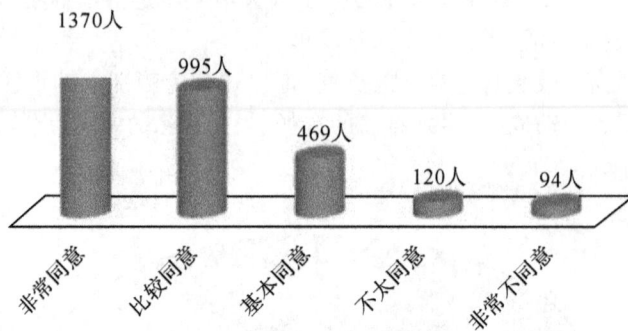

图17　融入大学生活程度

（6）我想在大学获得更多的知识与技能

如图18所示，93.73％的学生表示想在大学获得更多的知识与技能，而6.27％的学生没有明确的想在大学获得更多知识与技能的意愿。

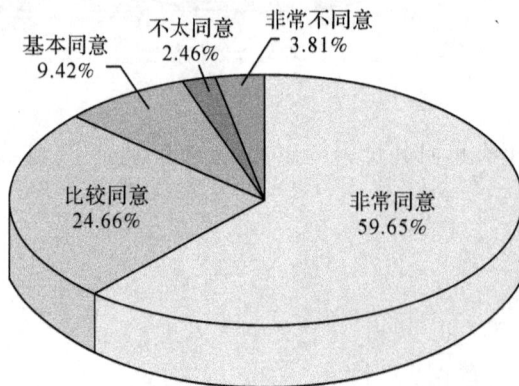

图18　在大学获得更多的知识与技能意愿

(7)我想在大学提升学习和思维能力

如图 19 所示,大多数的学生想要在大学提升学习和思维能力,只有 6.60% 的学生不想在大学提升学习和思维能力。

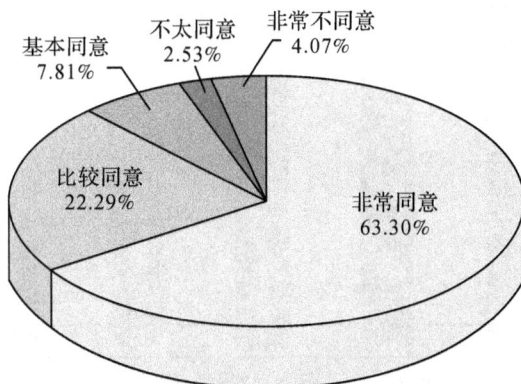

图 19 在大学提升学习和思维能力意愿

(8)我想在大学建立良好的人际关系

从图 20 中可以了解到,93.14% 的受访者非常重视在大学中建立良好的人际关系,只有少数人对建立良好的人际关系还没有足够的重视。

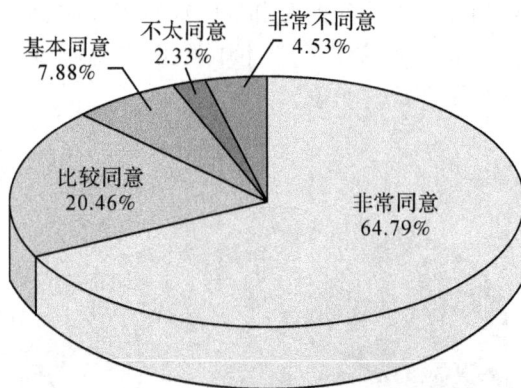

图 20 建立良好的人际关系意愿

(9)我想在大学获得真挚的爱情

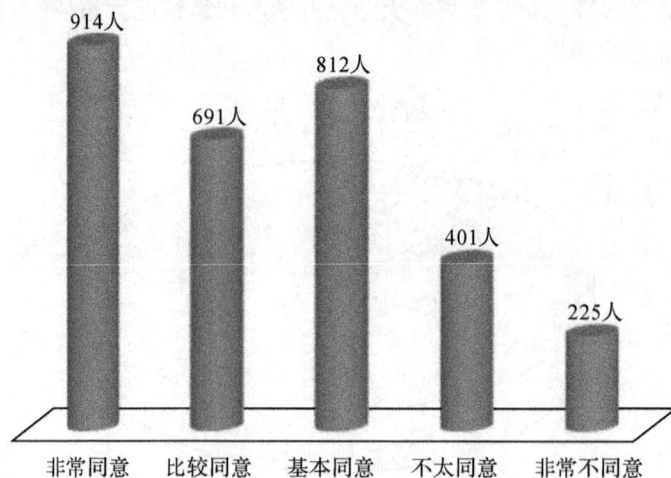

图 21　在大学获得真挚的爱情意愿

根据图 21 数据统计显示,有约 79.35%2417 位同学想在大学获得一份真挚的爱情,但还有 20.7%的学生对大学获得真挚的爱情表示不赞同。

(10)我想在大学拥有丰富的学生干部经历

大多数学生希望通过担任学生干部提高自身的综合素质,或者希望通过学生干部这个平台,展示个人的能力、才干和风采,提高在学生中的威望,使自我价值得到充分的实现,而少部分同学不愿意担任学生干部这一职位。

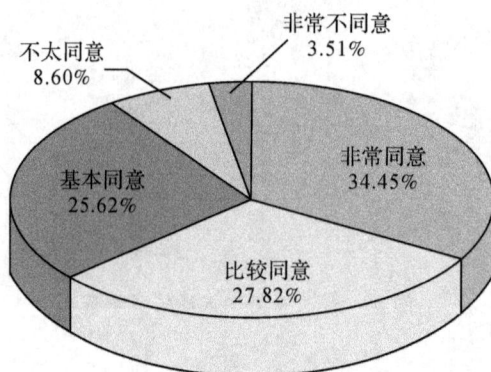

图 22　担任学生干部意愿

(11)我喜欢运动和锻炼

生命在于运动,据图所知,49.02%的学生愿意在大学期间积极运动与锻炼,50.98%的学生不愿意运动与锻炼。

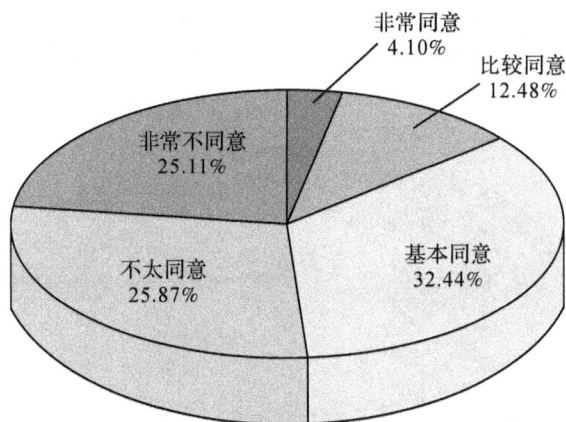

图 23　运动与锻炼意愿

(12)我喜欢宅在寝室

调查显示,有 59% 的学生喜欢宅在寝室,41% 的学生不喜欢宅在寝室。

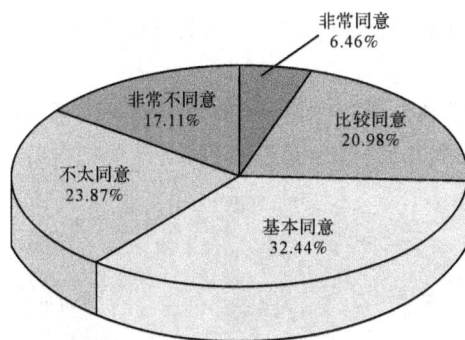

图 24　宅在寝室意愿

(13)我喜欢参加校园活动

根据图 25 显示,对校园活动有兴趣的同学大约占一半。

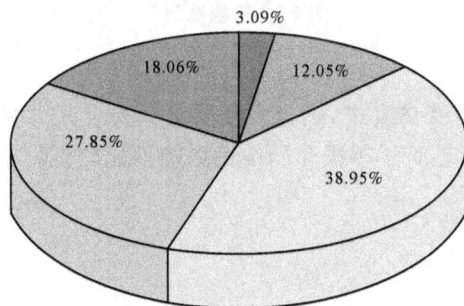

图 25　参加校园活动意愿

（14）我喜欢阅读人文或专业类书籍

调查分析，约 60％的学生对阅读有较大的兴趣，而近 40％的学生对阅读缺乏兴趣。

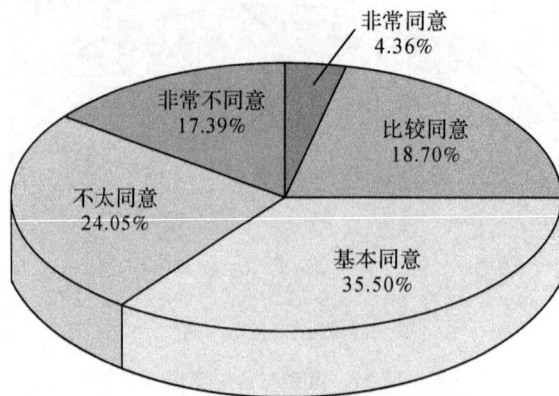

图 26　阅读人文或专业类书籍意愿

（15）我喜欢追剧

根据图 27 显示，在所有的受访者中，约 46％的同学表示不是特别喜欢追剧，占约 54％的同学对追剧表示认同。

大学生中追剧之风若是刮得堪比龙卷风，影响了学习生活，那就是莫大的罪过了。若是为了放松或是其他，平时稍微追追剧，也未尝不可，但是要把握好"度"。

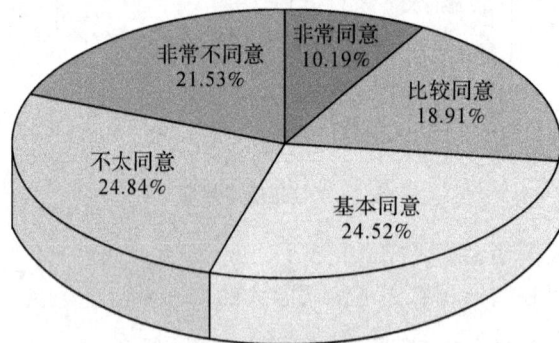

图 27　追剧意愿

（16）我依赖网络和手机

根据图 28 反映，在所有受访者中，绝大多数同学认为自己对网络和手机有一种依赖感。仅仅约 15％的同学认为，自己对于手机和网络的依赖性比较低。

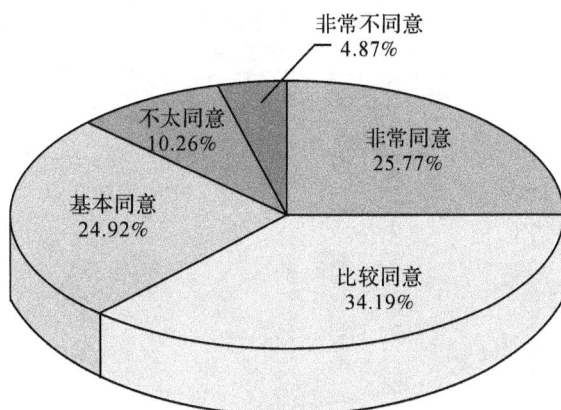

图28　依赖网络和手机程度

（17）我想要入党

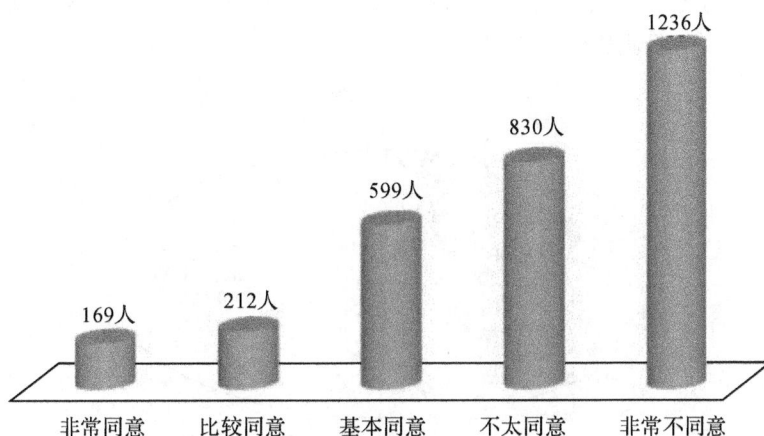

图29　入党意愿

根据调研信息反馈,在所有的受访者中,占约52%的同学对于入党的意愿不是很强烈。有约48%的同学表现出了入党的意愿。

（18）我想毕业后从事金融相关的工作

根据图30反映,在所有受访者中,约60%的受访者表示对今后从事金融相关的工作无多大兴趣。希望从事金融相关的工作的同学占了约40%。

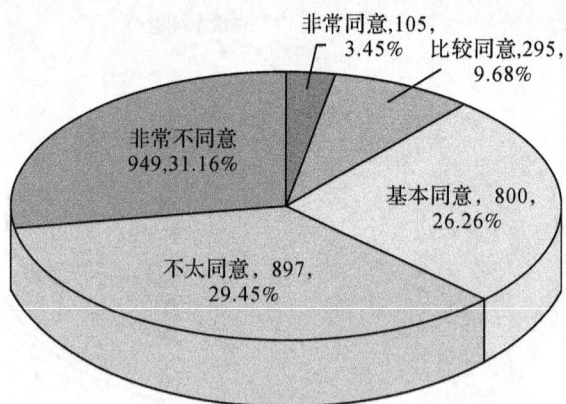

图30 毕业后从事金融相关的工作意愿

（19）我想在大学期间考取更多的职业资格证书

在所有的受访者中，大多数受访者希望在大学期间考取更多的职业资格证，只有约8%的同学对考取更多的职业资格证不感兴趣。

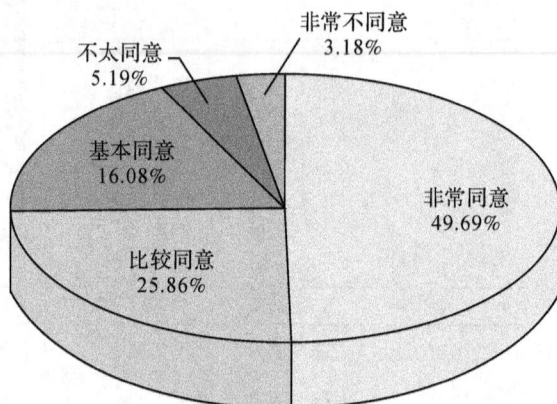

图31 在大学期间考取更多的职业资格证书意愿

（20）我想要自主创业

根据图32反映，在所有受访者中，有超过80%的学生有意愿进行自主创业，加之政府对大学生自主创业的优惠政策，使得25%的学生对自主创业有强烈愿望。

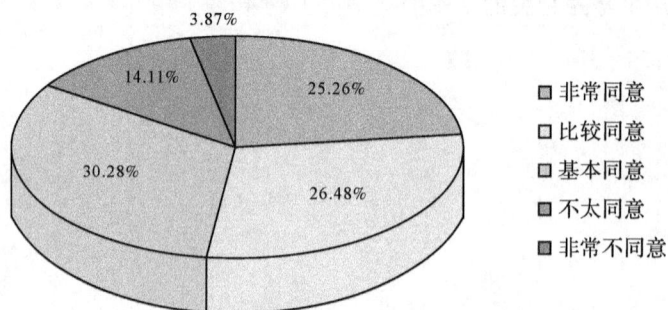

图32 自主创业意愿

(21)我有较强的学习动力

在所有的受访者中,有87.4%的同学认为自己有一定的学习动力,仅有不到13%的同学认为自己在学习方面没有动力。

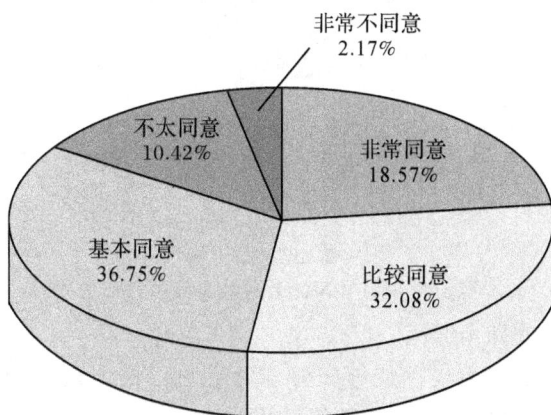

图33 学习动力程度

(22)我有较好的学习方法

据图34可知,2015级新生中约84%的学生都有较好的学习方法,只有约14%的学生的学习方法还需改进,只有极少数学生的学习方法出现问题。

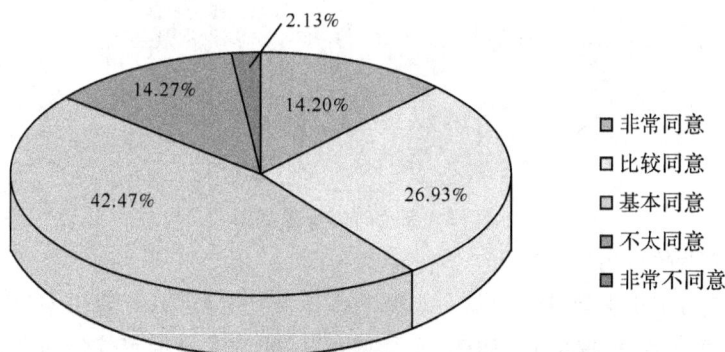

图34 掌握学习方法情况

科学测试证明:95%的人智商介于70—130间,只有2.5%的人智商低过70。因此,智力绝不是成绩的决定因素,关键还是在于学习方法,"差生"差就差在学习方法,不同的学习阶段、学习环节需要不同的学习方法,不同的学科、不同的知识类型也需要不同的学习方法,只要方法好,绝大多数学生都能够取得优异成绩。

(23)我制订学习计划并能良好执行

我院2015级新生中35.77%有好的学习计划并能执行,41.65%有基本的学习计划并能基本事实施,20.22%的学生学习计划模糊,执行力不足,并且2.36%的学生未能制订学习计划。

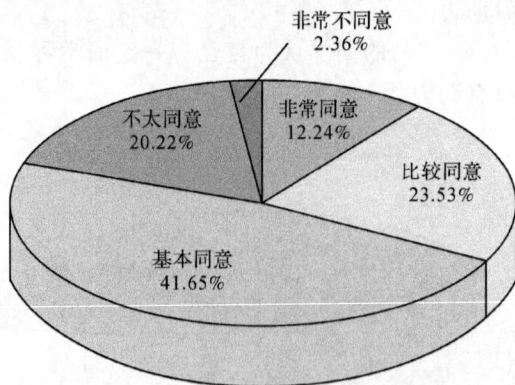

图35　制订学习计划并能良好执行情况

(24)我能管理好我的课余时间

如图36所示,大多数学生表示能够较好地管理自己的课余时间,充分利用课余时间,16.81%的学生表示不能很好地管理自己的时间。

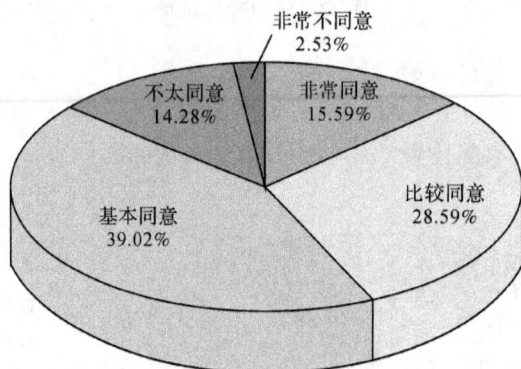

图36　课余时间管理情况

(25)我有较强的自我控制能力

自我管理能力是指受教育者依靠主观能动性按照社会目标,有意识、有目地对自己的思想、行为进行转化控制的能力。如图36所示,83%的学生表示有较强的自我控制能力,约17%的学生表示不能很好地自我控制。

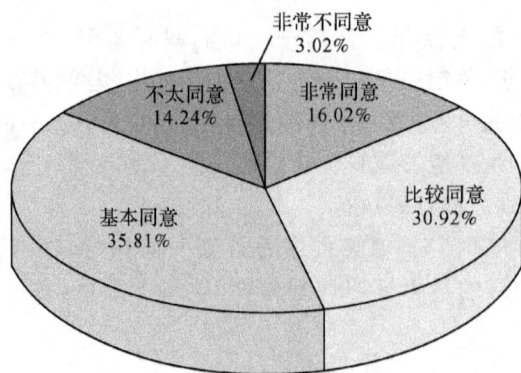

图37　自我控制能力程度

(26)课程内容与社会实际紧密结合

人生的目标给自身确立正确的发展方向,使自身为之思考和奋斗不会迷失自我,能为了这个目标不懈地奋斗,在完成目标的过程中享受生活、感受人生。根据图38所示,约88%的学生表示在大学期间有明确的奋斗目标,并为之努力,而约12%的学生表示在大学期间并没有明确的奋斗目标。

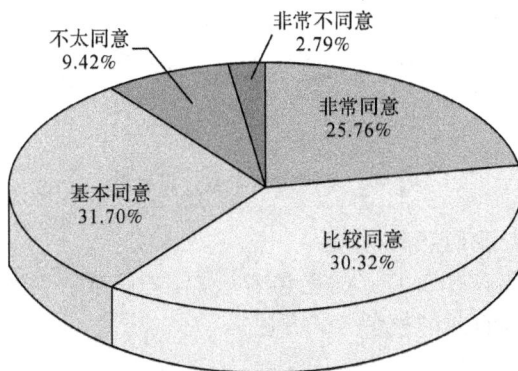

图38 课程内容与社会实际紧密结合程度

(27)任课老师知识渊博、经验丰富

据数据反映,受访者中,约71%的学生对任课老师的专业程度表示满意,约29%的学生对任课老师的专业程度表示不满意。

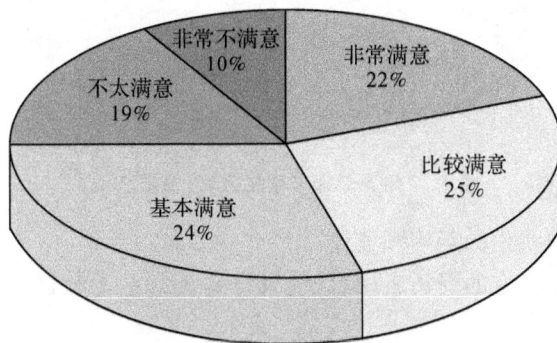

图39 任课老师的专业程度

(28)老师对待学生公正公平

据图40所示,调查显示受访者中,约85%的学生认为老师对待学生是公平、公正的,约15%的学生认为老师对待学生不公平。

□非常满意　□比较满意　□基本满意　□不太满意　■非常不满意

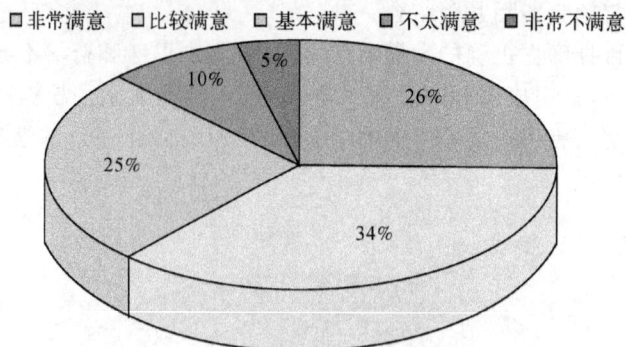

图40　老师对待学生公正程度

(29)任课老师注重与我们互动、交流

根据图41显示,仅仅只有8.17%的受访者认为,老师与学生缺乏必要的互动和交流,绝大部分的学生认同老师目前的教学方式方法。

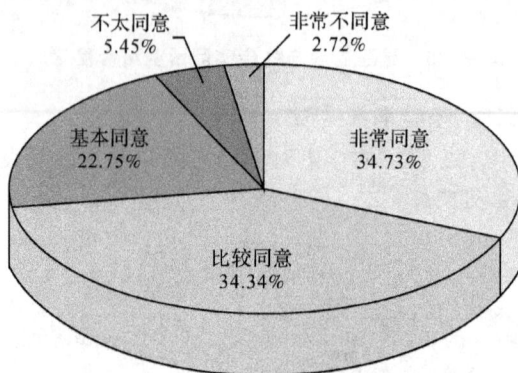

图41　任课老师与学生互动、交流情况

(30)任课老师重视我们的疑问和建议

根据图42所示,在所有的受访者中,仅仅只有8.54%认为任课老师不重视同学们的疑问和建议。

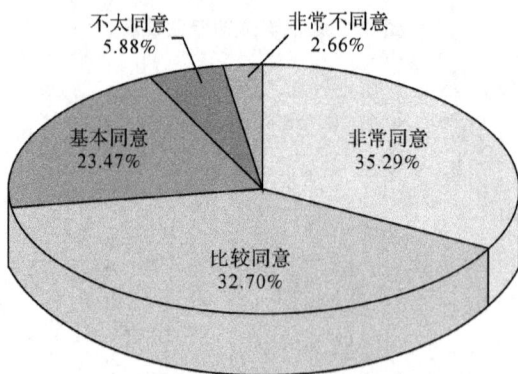

图42　任课老师重视学生的疑问和建议情况

(31)我认为学习成绩很重要

根据图43所示,40.77%的受访者认为学习成绩不是特别重要,有近60%的受访者比较认同这个观点。

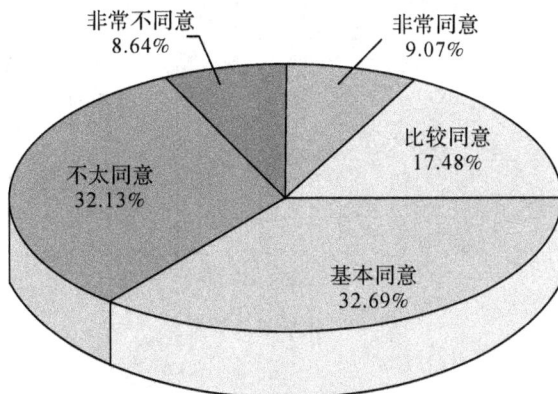

图43 学习成绩重要度

(32)我在学习上没有困难

在所有的受访者之中,仅仅只有40.77%的受访者认为在学习上有困难,大部分的受访者还是认为学习相对容易。

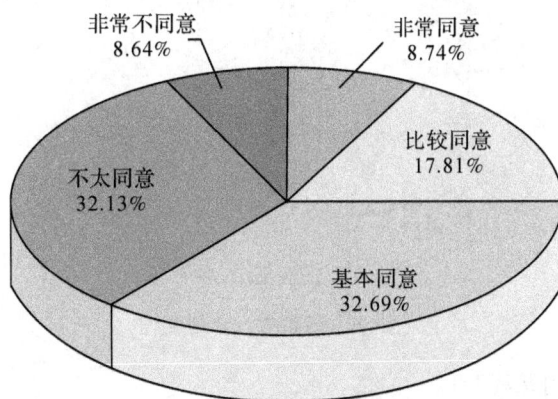

图44 学习困难程度

(33)我喜欢老师的教学方法

据统计,在所有的受访者中,有17.73%的人对老师的教学方法非常满意,与之相反的是3.12%的同学对老师的教学方法十分不满意。总的来说,绝大部分的同学认为老师的教学方法没有问题,可以接受。

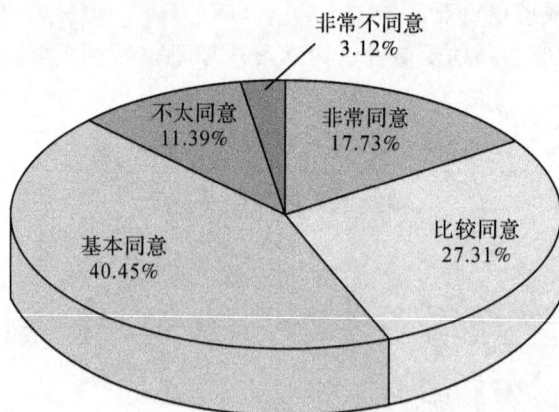

图 45　教学方法满意度

（34）我觉得课程安排合理

据调查了解到，约 23％的同学对课程安排不满意，大部分的同学认为，课程安排还是能够接受的。

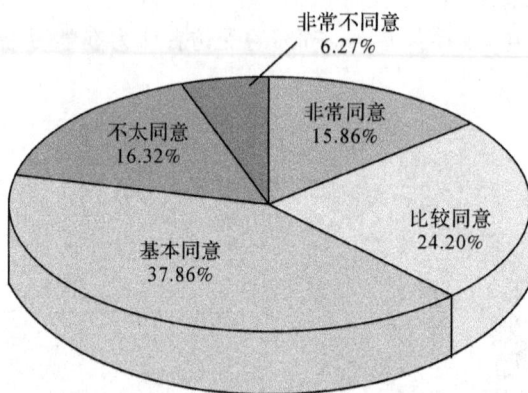

图 46　课程安排合理度

（35）我喜欢大学的课程

在所有的受访者中，有 17.06％的学生对目前大学课程感到不喜欢。而对目前课程非常喜欢的人也只占约 18％，约 65％的学生对目前课程安排表示既不讨厌也不喜欢。

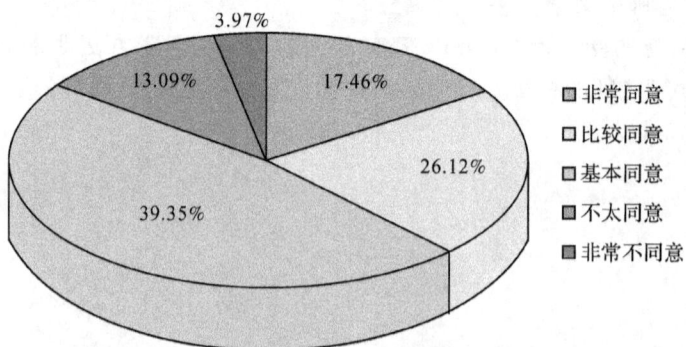

　图 47　课程设置满意度

(36)班主任、辅导员经常深入我们的生活

在所有的受访者中,绝大部分的同学对于班主任、辅导员深入同学们的生活的情况是认可的,只有约17%的同学对此表示不满意。

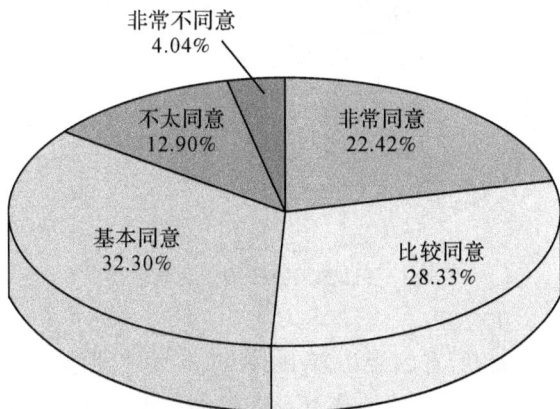

非常不同意
4.04%

不太同意
12.90%

非常同意
22.42%

基本同意
32.30%

比较同意
28.33%

图 48　班主任、辅导员深入同学们的生活满意度

(37)班主任、辅导员能在学习和成长上给予指导

根据调研数据,在所有的受访者中,85.15%的受访者认为班主任、辅导员能在学习和成长上给予一定的指导,仅有小部分同学对此不认同。

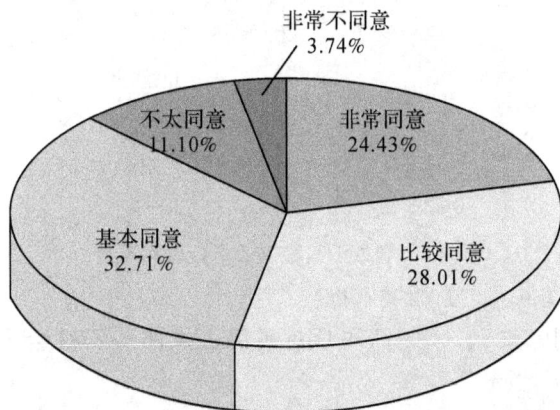

非常不同意
3.74%

不太同意
11.10%

非常同意
24.43%

基本同意
32.71%

比较同意
28.01%

图 49　班主任、辅导员在学习和成长上给予指导满意度

(38)管理部门办事的流程简单、明了

对于管理部门办事流程方面,大部分同学都认为能接受,有约17%的同学不认同,认为管理部门办事在流程方面还具有一定改进的可能性。

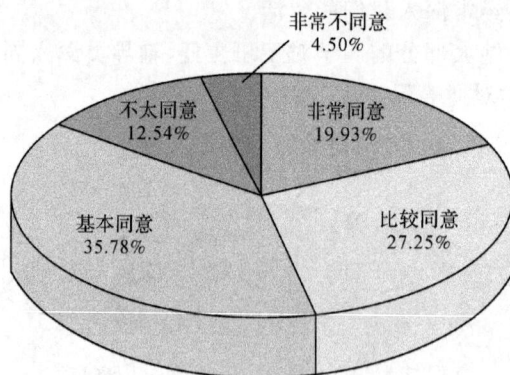

图50 管理部门办事的流程满意度

（39）学生干部选拔公正公开

在学生干部选拔这方面，所有的受访者中，有 4.24% 的同学对学生干部选拔的公正公开极其不满意，有 9.46% 对学生干部的选拔有一定的意见。除此之外，绝大部分的同学认为学生干部的选拔在公正公开方面可以接受。

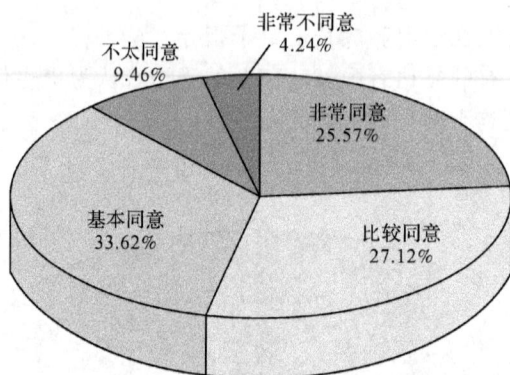

图51 学生干部选拔公正公开满意度

（40）系部为学生提供了充分的展示机会

在所有的受访者中，有 57.45% 的同学对系部提供的展示机会表示比较满意，只有约 11% 的同学对此表示不认同。

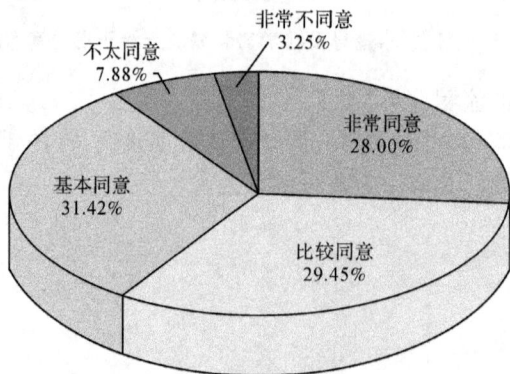

图52 系部为学生提供了充分的展示机会满意度

(41)班级学习氛围浓厚

在所有的受访者之中,50%的受访者对于班级氛围表示满意,只有14.65%的受访者对班级现状不满。

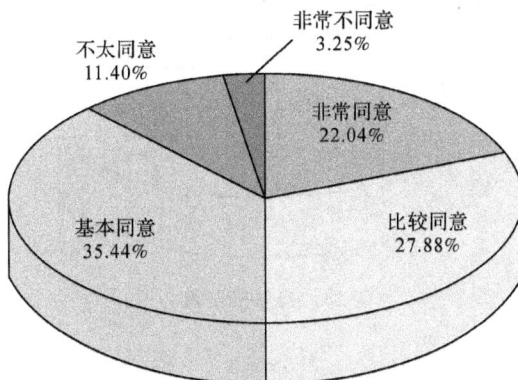

图53 班级学习氛围情况

(42)班级同学团结、和谐

根据图54所示,在所有的受访者中,对于班级团结有约57%的受访者感到比较满意,有约11%的受访者不认同,觉得班级的团结、和谐存在一定的问题。

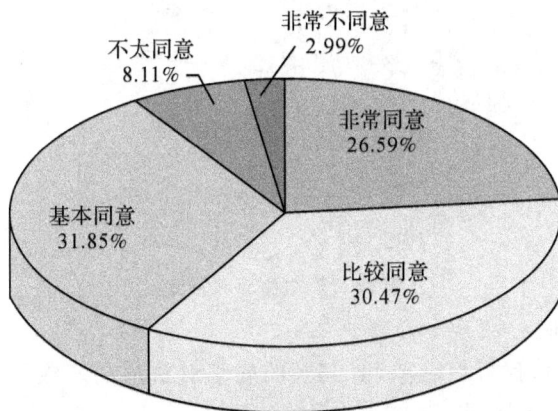

图54 班级同学关系情况

(43)班干部能凝聚全班同学

从本次问卷的统计来看,在大部分的班级中,班干部能够做到凝聚全班同学的作用。

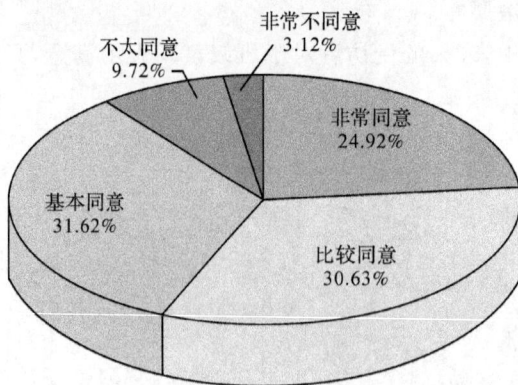

图 55 班干部凝聚力

（44）班级生活丰富多彩

根据下图显示，在所有受访者中，仅仅只有 3.68% 的同学对班级的生活非常不满意，52.92% 的同学对于班级生活的满意程度表示认可。

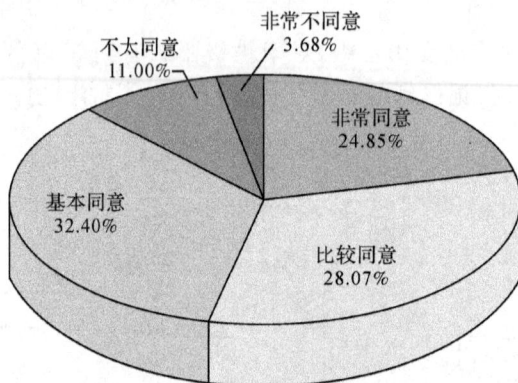

图 56 班级生活满意度

（45）我喜欢我的班级

在所有的受访者中，我们发现有 14.65% 的同学对目前的班级不太满意。大部分的同学对自己目前的班级表示认同。

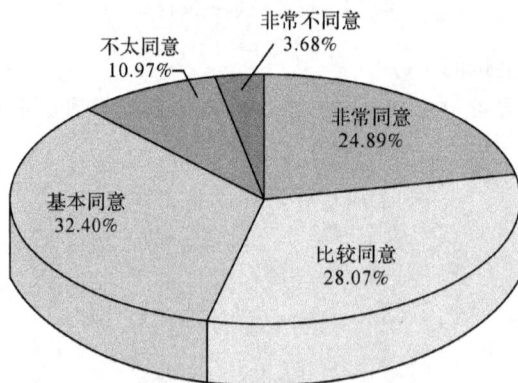

图 57 对班级喜爱程度

(46)我了解专业人才培养目标

在所有的受访者中,对专业人才培养目标相对比较了解的同学约占48%,而对专业人才培养目标不了解的仅约占16%。

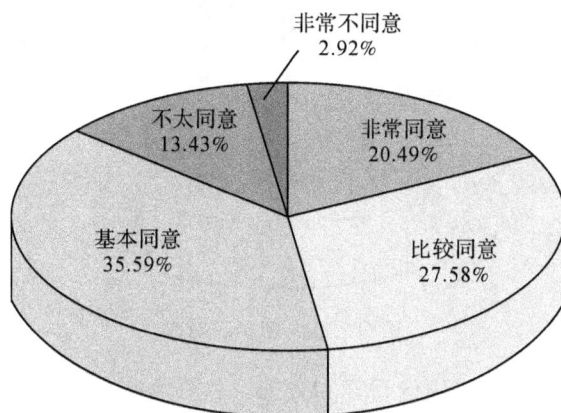

图 58　了解专业人才培养目标程度

(47)我了解大学三年要学的课程

根据调研报告显示,所有的受访者,约17.08%的同学对专业要学的课程并不了解,而相对比较了解的同学占48.47%。

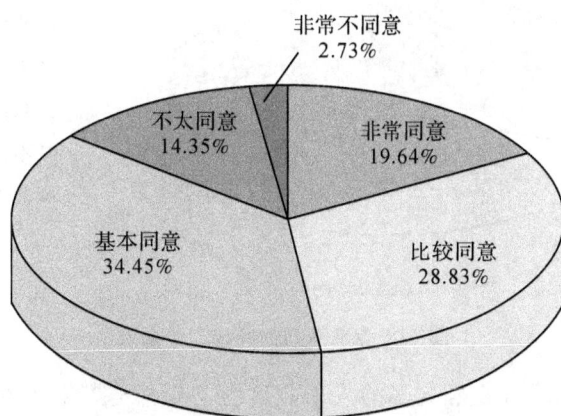

图 59　了解大学三年要学的课程情况

(48)大学阶段,我有明确的奋斗目标

在所有的受访者中,约88%的学生表示在大学期间有明确的奋斗目标,并为之努力,而约12%的学生表示在大学期间并没有明确的奋斗目标。

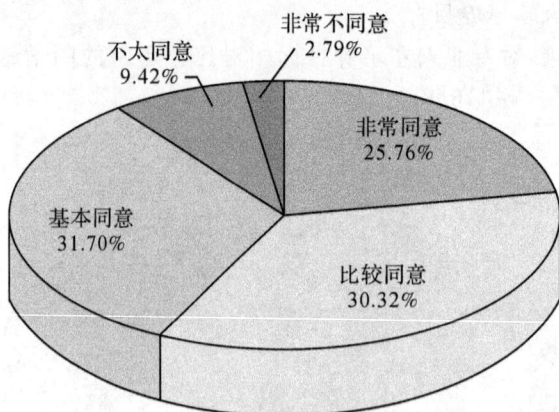

图 60　奋斗目标明确度

人的一生不能没有一个明确的目标和方向。目标与方向主导了我们一生的命运与成就,它是驱使人生不断向前迈进的原动力。若一个人心中没有一个明确的目标,就会虚耗精力与生命,就如一个没有方向盘的超级跑车,即使拥有最强有力的引擎,最终仍是废铁一堆,发挥不了任何作用。

(49)毕业后我想在专业对口的岗位工作

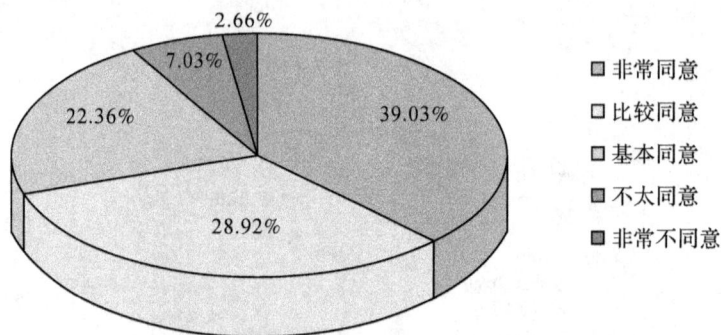

图 61　专业对口的岗位工作意愿

在当今的就业形势下,虽然 90%的人毕业后的工作都与专业不对口,但大学的专业与未来职业以及长远的人生规划是直接相关的,用人单位在招聘新职员时,一般情况下首先考虑的是应聘者的就业素质和所学专业、特长及相关经历,据图 61 所示,所有受访者中仍有约90%的人希望毕业后能找与专业对口的工作。

(50)我想提升自己的学历

在所有受访者中,约 9%的学生非常想提升自身学历,约 51%的学生想提升学历,只有约 10%的学生仅想获得一个专科文凭。

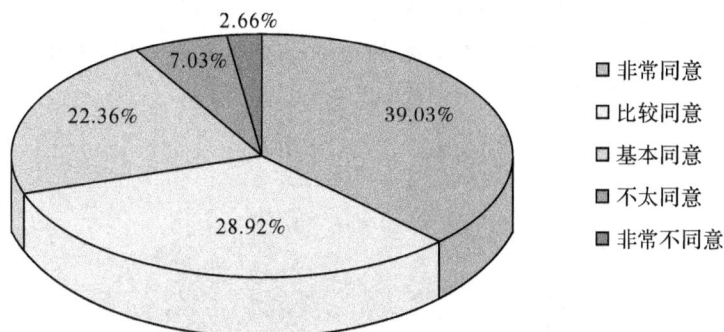

图62 提升学历意愿

(51)我能够为实现自己的目标付出努力

根据图63显示,在所有的受访者中仅有7.78%的受访者认为,自己不太能够为实现自己的目标付出努力。绝大部分受访者表示愿意为实现自己的目标付出努力。

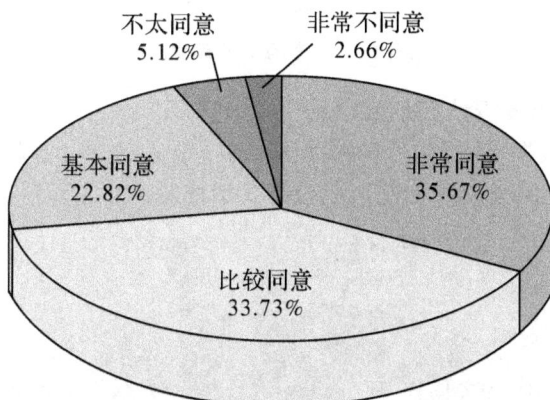

图63 实现目标努力程度

(52)我能独立解决自己在学习、生活中的问题

根据图64所示,在所有受访者中,有30.26%的同学认为自己能独立解决学习、生活中的问题,有34.69%的同学比较认为,有2.66%的同学不认为自己能独立解决学习、生活中的问题。

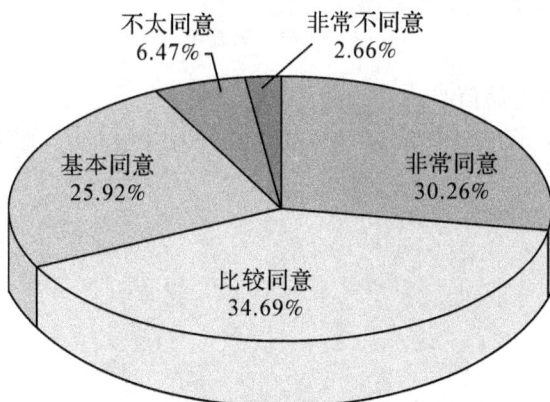

图64 独立解决学习、生活问题情况

(53)到目前为止,我挺喜欢大学的学习

根据图65所示,在所有的受访者中,有约90%的受访者对"目前喜欢大学的学习"这点表示同意。仅约10%的同学对此表示不同意。

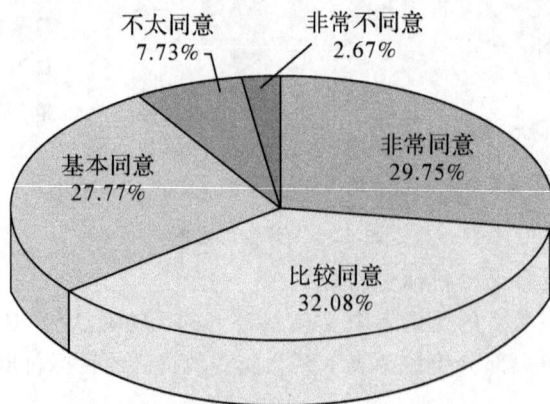

图65 大学的学习喜爱度

(54)到目前为止,我挺喜欢我们的学校

根据调研问卷的数据反映,在所有的受访者中,有10.46%的同学对学校不太满意,相反地,大多数的同学还是同意这一观点,比较喜欢学校。

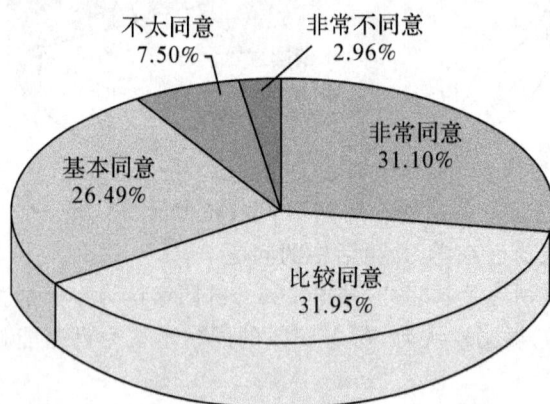

图66 学校喜爱度

(55)我对大学生活充满信心

在所有的受访者中,约66%的受访者对大学生活比较有信心,而有10.24%的受访者则对大学生活没有信心。

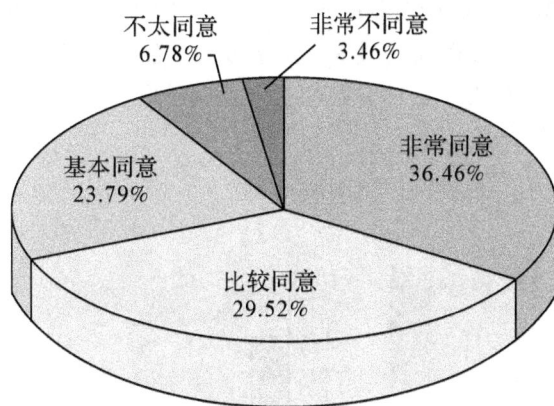

图 67 大学生活信心程度

6. 主要问题差异性分析

(1)普职高学生比例

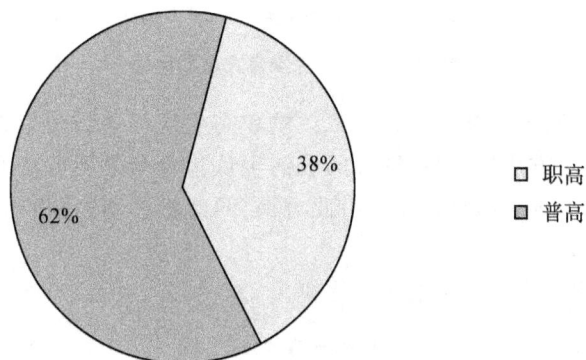

图 68 普职高学生比例

(2)普职高生专业喜爱程度

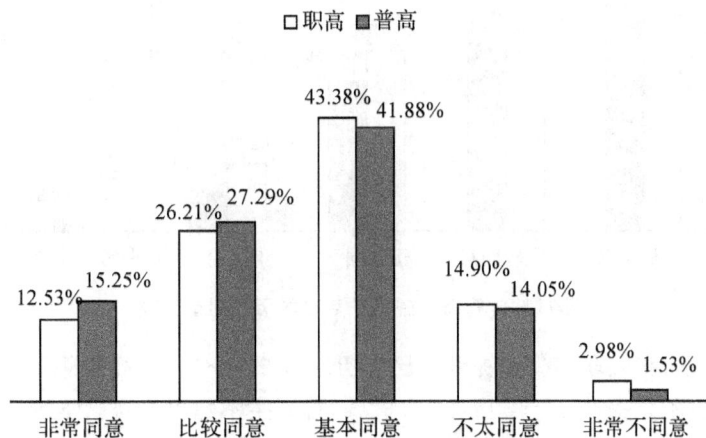

图 69 普职高生专业喜爱程度

根据调查,我院职高生喜欢自己目前专业的占 82.12%,普高生喜欢自己目前专业的占 84.22%,职高生不满意自己目前专业的占 17.88%,普高生不满意自己目前专业的占 15.58%。比较可得,普高生对于目前自己所选专业的认同度略高于职高生。

(3)普职高生学习方法的比较

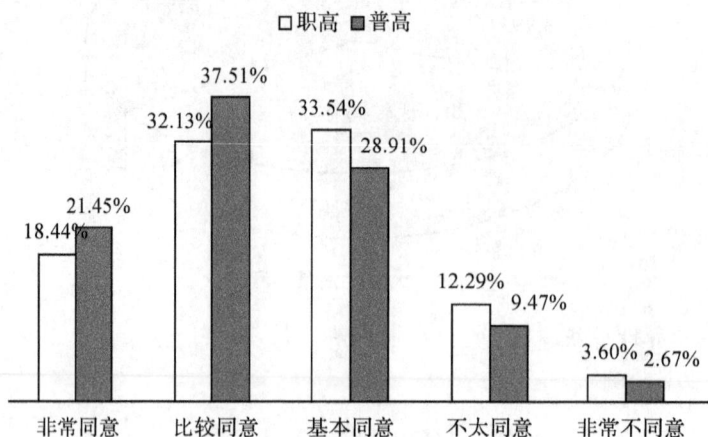

图 70 普职高生学习方法的比较

根据问卷反映,我院大一新生中,84.11%的职高生认为自身学习方法较好,87.86%的普高生认为自己的学习方法好。17.88%的职高生认为自身学习方法有所欠缺,12.14%的普高生认为自己的学习方法相对较差。由此可得,两者相差不大,相比之下,普高生认为自己的学习方法相对较好。

(4)普职高生想提升自己学历的愿望比较

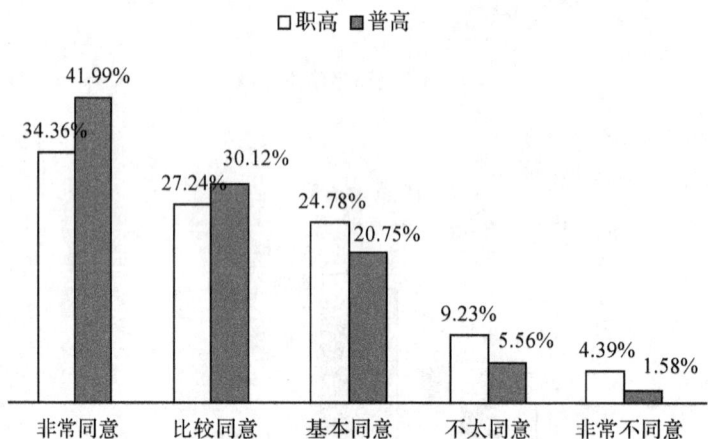

图 71 普职高生想提升自己学历的愿望比较

根据调查显示,我院职高生想提升自己学历的占 86.38%,普高生想提升自己学历的占 92.86%。职高生不想提升自己学历占 13.62%,普高生不想提升自己学历的占 7.14%。由此可知,我院大一新生中,普高生更想提升自己的学历。

（5）普职高生有制订学习计划并能执行的程度

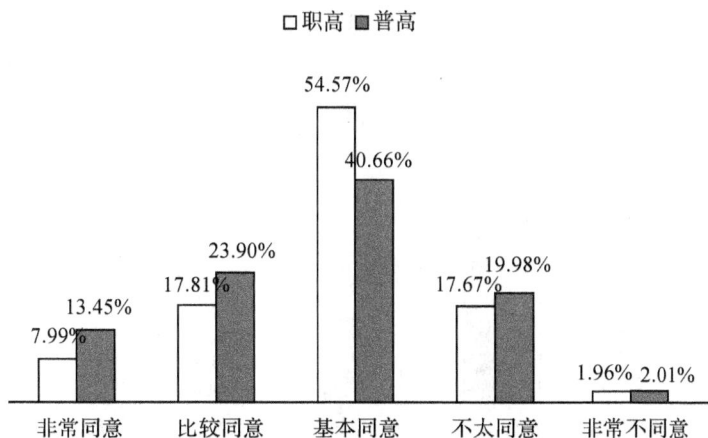

图72 普职高生有制订学习计划并能执行的程度

问卷显示，我院职高生有制订学习计划并能执行的占80.37%，普高生有制定学习计划并能执行的占78.01%。职高生没有制订学习计划的占19.63%，职高生没有制订学习计划的占21.99%。由此可知，我院大一新生中职高生更具制订学习计划并能执行的能力。

（6）职高生和普高生能管理好课余时间的程度

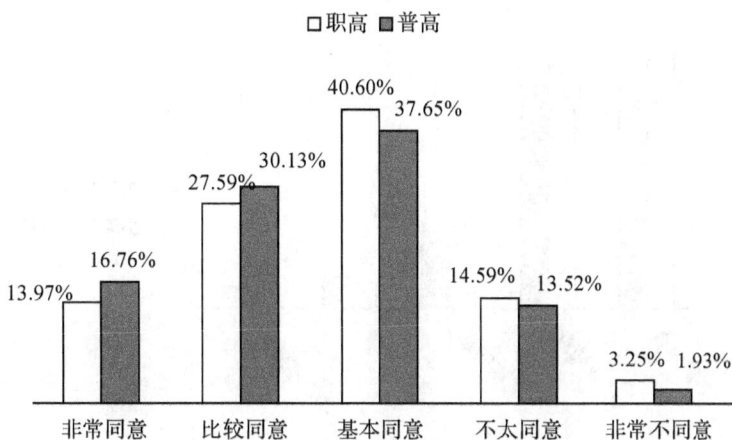

图73 职高生和普高生能管理好课余时间的程度

根据问卷可得，职高生能管理好课余时间的占82.16%，普高生能管理好课余时间占84.54%。职高生不能管理好课余时间的占17.84%，普高生不能管理好课余时间的占15.45%。由此知，普高生更能管理好自己的课余时间。

（7）普职高生想在大学考取更多职业资格证的愿望

□职高 ■普高

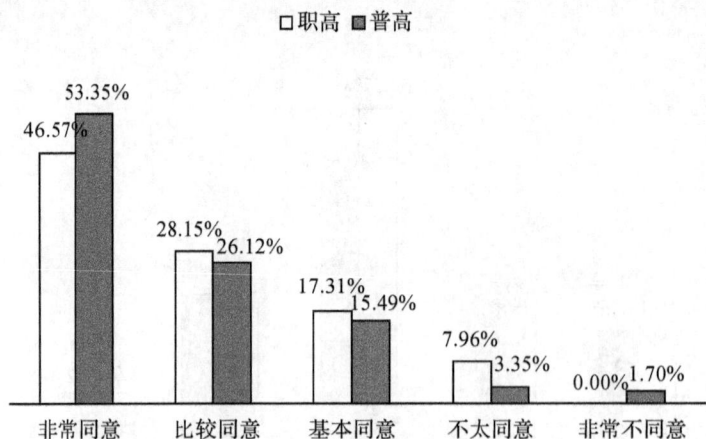

图74　普职高生想在大学考取更多职业资格证的愿望

根据调查显示，我院职高生想在大学考取更多职业资格证的占92.03％，普高生想在大学考取更多职业资格证的占94.96％。职高生不想在大学考取更多职业资格证的占7.97％，普高生不想在大学考取更多职业资格证的占5.05％。说明普高生更希望在大学考取更多职业资格证。

（8）高中住宿对大学宿舍融入情况的影响

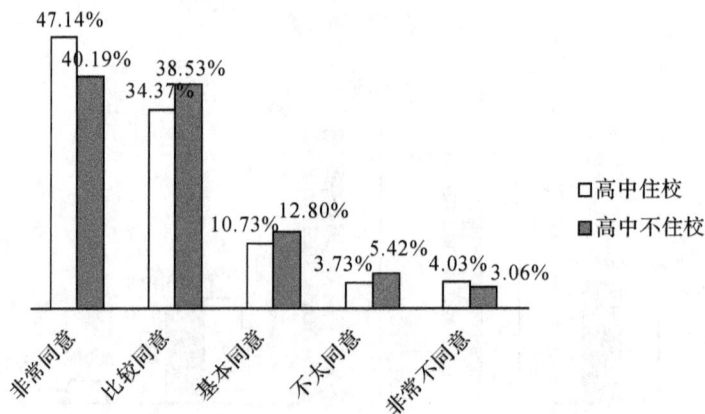

图75　高中住宿对大学宿舍融入情况的影响

高中有过住宿经历的学生，他们融入大学宿舍满意情况占92.24％，未住过校的学生满意度占91.52％，两者相差不大，说明我校学生适应能力较强，室友间关系融洽，宿舍融入情况令人满意。

（9）高中是否住宿对学生愿意融入大学生活的影响

高中时有住宿经历的学生，他们愿意积极融入大学生活动程度为93.43％，高中走读的学生他们愿意积极融入大学生活动程度为91.60％，两者间相差1.83％，可见曾经的集体生活对现在愿意融入大学生活有潜移默化的影响。

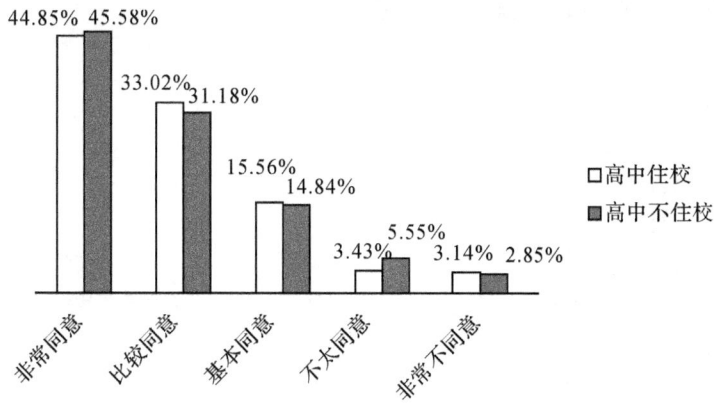

图76　高中是否住宿对学生愿意融入大学生活的影响

（10）高中时担任班干部对想在大学担任班干部的影响

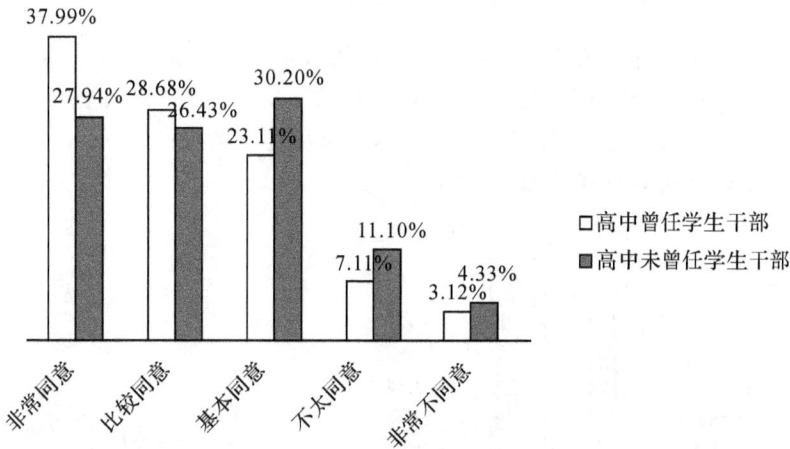

图77　高中时担任班干部对想在大学担任班干部的影响

　　高中有过学生干部经历的学生比未有过此经历的学生在担任学生干部这方面积极性更高。另外,高中有过学生干部经历的学生中,37.99%的人有强烈愿望在大学里继续担任学生干部,这比高中未曾担任过学生干部但期望在大学里能获得学生干部经历的学生多了10%,15.43%未曾担任过学生干部的学生仍没有在大学担任学生干部的意愿,然而,也有少数有过学生干部经历的学生不愿在大学继续担任学生干部。

（11）有过学生干部经历的人对大学人际交往的渴望程度

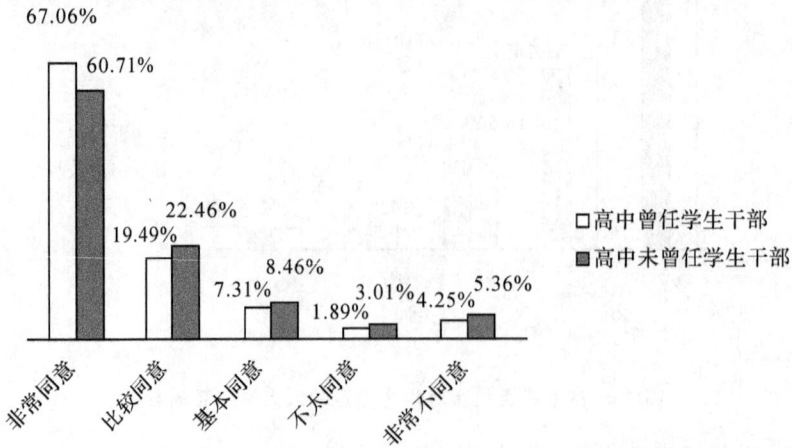

图 78 有过学生干部经历的人对大学人际交往的渴望程度

　　不论是有过学生干部经历还是没有相关经历的，都有超过50％的人非常希望在大学建立良好人际关系。另外，从图78也可以看出，仍有部分学生对于人际交往不够积极，甚至其中还有高中时期把有过学生干部经历的人，在这一方面还有待提高。

（12）学生干部经历对自我控制力的影响

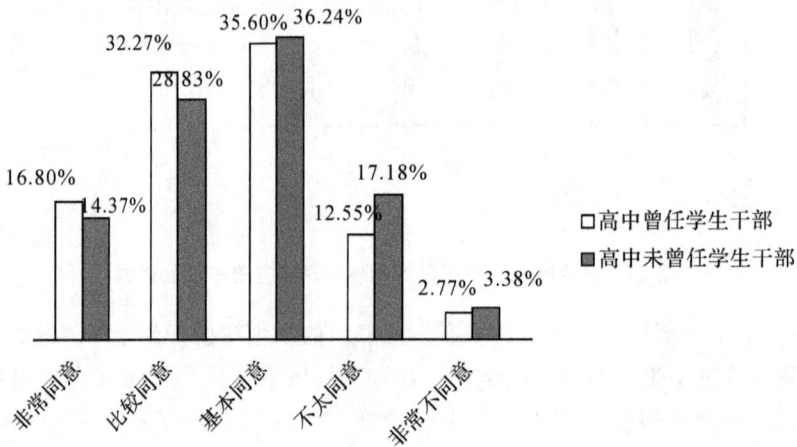

图 79 学生干部经历对自我控制力的影响

　　从前三个数据可得，为84.67％有过学生干部经历的人有较好的自控力，而在未担任过学生干部的人中也有79.44％的学生有较好自控力。由后两组数据可知，有20.56％未曾担任学生干部的学生认为自身自控力不足，同时，也有15.32％担任过学生干部的人认为自控力不足，还需提升。

7.问题与问题间差异性分析

(1)为追剧宅在寝室

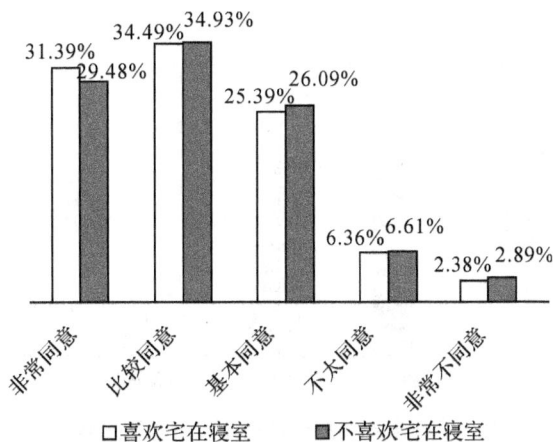

图80 为追剧宅在寝室程度

根据图80,喜欢宅在寝室追剧的学生与不喜欢宅在寝室的学生基本持平,相差不大。

(2)依赖父母对独立解决自己在学习、生活中的问题的影响

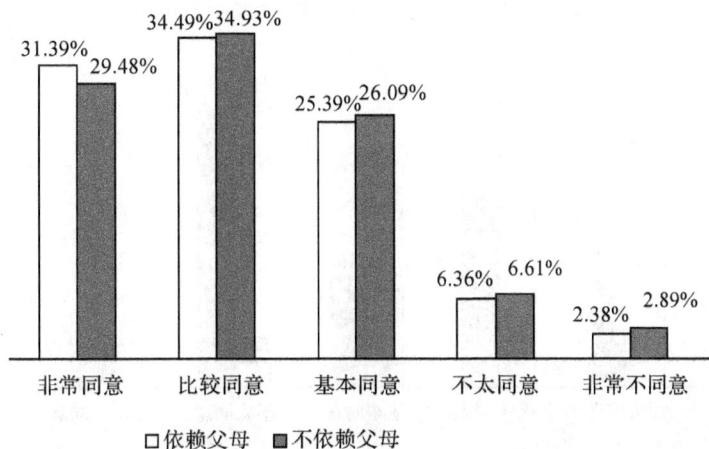

图81 依赖父母对独立解决自己在学习、生活中的问题的影响

依赖父母与能独立解决自己在学习生活中的问题这两者间没有必然联系,即使存在依赖父母的情况,也有不少人能独立生活和学习。

（3）想自主创业对想提升自己学历的影响

□想自主创业　■不想自主创业

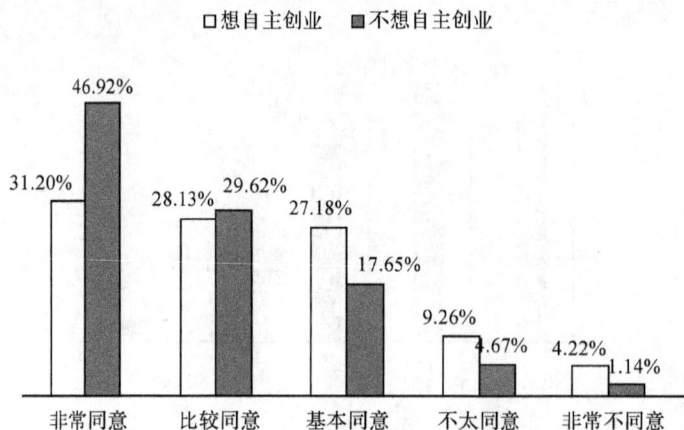

图 82　想自主创业对想提升自己学历的影响

数据显示，不想创业的人对自己学历提升要求更高，其中 46.92% 的学生有非常强烈的愿望，而在想创业的人中只有 31.20% 的学生有强烈愿望提升学历，这与笔者预期相反。

（4）能为实现目标而努力制订学习计划并良好地执行

□能为实现目标而努力　■不能为实现目标而努力

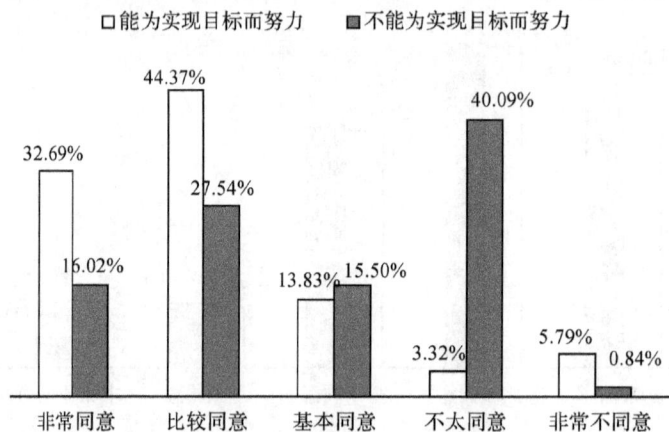

图 83　能为实现目标而努力制订学习计划并良好地执行

从图 83 的 32.69% 和 16.02%，44.37% 和 27.54% 两组数据可以看出，能努力制订学习计划并执行的学生会比那些不能努力制订学习计划并执行的人更愿意为实现目标而努力，40.93% 不能为实现目标而努力的人，他们也不会努力制订学习计划并良好地执行。

（二）调研总结

1.我院 2015 级新生基本信息小结

2015 级新生男女比例约为 1∶3，独生子女与非独生子女比例为 3∶2。本省学生占新生总人数的 85.16%，其中来自农村的学生占 7/10，外省学生占新生总人数的 14.84%，其中来自农村的约占 7/10。另外，新生中，曾就读普高的学生比就读职高的学生多 24%。在所有新生中，有 30% 的学生没有过住宿经历以及 35% 的人没有过学生干部经历。根据调研问卷显示,朋友是学生们主要的倾诉对象,家长位居第二。此外,多数人对自己的读大学有明确目的,其中,实现自我理想是首要目的。

2.初入大学,新生普遍适应目前现状

进入大学已有段时日,学生们对向往的大学生活也有了自己真实的体验。根据调研,超过85%的学生对自己所学习的专业和现在的室友与同学感到满意,但仍不乏71%的学生表示即使步入大学也依然依赖父母,同时这些学生也有想回到过去的想法。可即便如此,还是有94%的学生愿意积极融入大学生活,在大学获得更多的知识和技能。除此之外,约64%的学生计划在大学提升学习和思维能力,建立良好人际关系。对于学生干部这一职业,87.89%的学生表示愿意尝试。而对于追求真挚的爱情,有近80%的学生抱有期待。在运动和锻炼方面,不愿运动的学生比愿意运动的学生多了2%;爱宅在寝室的学生比不爱宅在寝室的人多18%;喜欢追剧比不喜欢追剧的多8%。另外,在校园活动方面,有21%的学生表示不愿参加校园活动。在使用网络和手机方面,我院15级新生中只有15%左右的学生可以不依赖,绝大多数学生对网络和手机有很大依赖。对于是否入党,新生中表示想要入党的不到半数。在涉及毕业后是否从事金融相关工作时,绝大多数学生表示赞同,只有少数学生不赞同从事金融相关工作。

3.大学新生对于大学的学习生活有着良好的规划

众所周知,一个良好的学习方法能让学习的效率提高,而无论在哪个环境里我们都需要这样一个学习方法,大学也不例外。而在我们的调研中,大一新生在是否有较好的学习方法这个问题中,84%的同学都有其较好的学习方法,而77%的同学能基本实行其学习方法。在众多学习方法中,时间的利用亦是重中之重,83%的同学普遍有较好的自控能力,而84%的同学能利用好自己的空余时间进行学习等,而不是单纯的浪费,可以见得学生在进入大学之后也有着自己的自主学习能力以及自我学习的规划。

在学习生活中老师是必不可少的,我们大学新生对教师的任课专业程度大都是满意的,而且在和老师的互动沟通上也有着可取的方面,85%的同学认为班主任和辅导员在其学习和成长方面都有着相对的帮助作用。师亦是友,在老师和自我学习的帮助下,新生的大学生活会更加充实。

4.新生对于课堂的满意度普遍较高

首先,学生对教师的认同度,很大程度上左右了学生对本专业学习精力的投入度。对于老师的评价,在学生的心目中,超过67%的受访者认为老师的水平还是挺高的,说明学校在人才的引进上面做得比较好。从整个调查分析来看,我院学生对老师课堂授课还是比较满意的。其次,大学生对课程设置满意度是指大学生对大学学习一种总的心理感受与个人看法,它具有很强的个体差异性,超过60%的受访者认为自己的课程安排合理并喜爱自己的课程,大学生对课程设置的满意度不仅可以看出学生在校学习的态度与倾向,而且可以从一个侧面反映出学校相关工作的绩效及改进方向,使学校和学院领导人对相关课程进行评估,选择更适合学生的课程。大学生对课程满意度又是大学生满意度中较为重要的一项指标。

5.班主任、辅导员对于新生的关注渐渐加强

班主任、辅导员深入同学们的生活之中,并在学习和成长上给予指导,这得到了许多学

生的认可。在班级建设中,作为班主任和辅导员需要了解学生、研究学生,因为只有了解学生,才能认识学生,班主任和辅导员的教育工作才能有的放矢,而师生间的交流是班主任了解学生、研究学生的最好途径。大部分同学认为管理部门办事简单明了,系部为学生提供了充分的展示机会并可以公平公正地选拔。这样可以大大地提高学生干事的做事积极性。在班级里班干部能凝聚全班学生,使班级里的同学更加团结、和谐。班级学习氛围浓厚、生活丰富多彩。作为班干部要有榜样作用,做班级良好舆论氛围的创设者、维护者、引导者和实践者;有组织作用,充分发挥班干部的组织作用、领导才能创造更为广阔的空间;有桥梁作用,及时沟通家庭与学校之间的相关信息,做建立家庭教育和学校教育相互联系的枢纽,家校合作的纽带。只有这样才可以使每一个同学喜欢自己的班级。

6.学生在大学期间的学习情况以及对大学的适应程度

学习是大学生的主要任务,学习知识、增长才干、掌握本领是大学生的重要职责。只有学校和学生双方共同努力,才能推动学校教学质量的稳定提升。作为学习的主体,学生的学习状况从根本上决定了学校教学质量和社会对学校的认可度。从这个意义上讲,对学生学习状况的关注就是对高等教育的关注。

调查显示,对专业人才培养不了解的学生仅占16%,而对大学三年课程不了解的学生只有17%。在就业压力如此严峻的情况下,希望在毕业后能找到一份专业对口的工作的学生高达90%。从大一新生的问卷分析得出,有92%的学生在大学期间有明确的目标,愿意为实现目标而付出努力,93%的学生表示在大学期间能独立地解决生活以及学习上的问题,并且有90%以上的学生表示对大学的喜欢以及对大学学习的喜爱。

二、毕业生调研报告及相关数据分析

除了对刚入校的新生进行学情调研,我们还对学校已经毕业走上工作岗位的毕业生开展了深入的调研——以学院国际商务系2008届毕业生代表为例。

（一）调研

1.背景

（1）"史上最难就业季"背景下的高等教育反思

2013年,在全球和我国经济复苏乏力的残酷背景下,中国高校毕业生人数仍然创下了历史新高——达到699万,号称"史上最难就业季"。浙江省人力资源和社会保障厅的数据显示,截至2013年6月底,浙江省高校毕业生初次就业率为78.16%,比2012年下降0.02个百分点。其中,本科生69.49%,专科(高职)毕业生89.21%。这一方面固然是受我国经济社会发展转型的影响,但另一方面也促使高校反思自己所培养的人才是否符合社会和企业的需求。通过对毕业生的调研,特别是毕业3—5年学生的调研,可以更好地反思高校各类教育要素(包括课程、专业、第二课堂、技能等)对学生可持续发展的具体影响,反思高校自身人才培养工作;而对于在校学生而言,也能通过了解师兄师姐的学习和发展轨迹,更好地把握促进自身发展的积极因素,提升其就业竞争力和职业发展能力。

（2）高等教育大众化背景下的高职教育反思

高职院校的就业率一直高于本科院校,一方面固然与高职教育本身就是"以就业为导向"的教育有关,另一方面却也面临着就业质量不如本科的指责。这其实是一个高等教育大众化阶段的人才培养质量观问题。高职教育在我国高等教育大众化进程中担当着"先锋"角色,其规模占"半壁江山"。但是,真正促进高职学生发展的重要因素究竟是什么?是专业技能还是学科知识?是第一课堂的学习还是第二课堂的锻炼?这仍需要高职院校在类型化发展的同时,梳理、归纳其人才培养的主要脉络。

(3)浙江金融职业学院国际商务系首批学生的专业教育反思

浙江金融职业学院国际商务系成立于2005年,主要面向外贸企业培养高端技能型专门人才,是学院大金融背景下新的专业生长点。2008届毕业生其实是国际商务系成立之后的第一批学生。国际商务系的人才培养工作与金融、会计等传统财经类优势专业有何不同侧重?国际商务系的校友文化应该如何培育、传承?这就需要通过问卷调查、现场访谈等形式掌握真实的数据去分析,通过在校生与毕业生的面对面沟通去了解。这既是关系到学生成长成才的问题,也是一个系部文化、传统的积淀问题。

2.调研时间和对象

调研时间:2013年7—8月

调研对象:

(1)问卷调研:国际商务系2008届毕业生198人。

(2)现场访谈:杭州、宁波、湖州、嘉兴等地的2008届毕业生50人。

3.调研方法

国际商务系专门成立了"我们这五年——2008届毕业生调研"暑期社会实践小分队。调研主要采取问卷法、访谈法等两种研究方法。问卷共设计问题30个,包括毕业生基本信息、职业发展信息和系部评价信息等三个部分;访谈主要问题10个,包括工作经验、对于大学学习的思考、对系部工作的建议、对学弟学妹的建议等。

4.主要调研数据分析

国际商务系2008届毕业生共238人,向可联系到的198名毕业生发放问卷198份,实际回收问卷142份,回收率71.7%;有效问卷142份,有效问卷数占毕业生总数的59.7%,具体情况如下:

(1)性别比例

受访者中,男生29人,女生113人,各占20.4%和79.6%,与2008届学生男女生比例基本吻合,保证了调查样本的代表性。

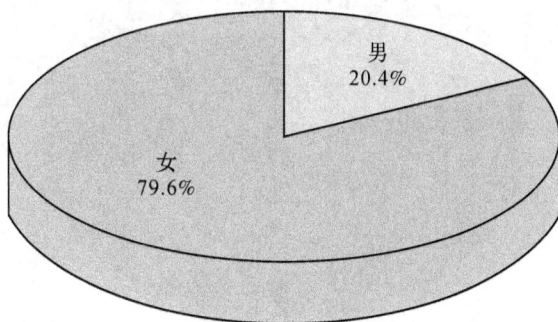

图1　性别比例

（2）籍贯地分布情况

受访学生籍贯地覆盖浙江省 11 个市。其中,籍贯地为杭州、宁波的受访者合计占到受访者比例的 60.6%;来自县城、乡镇和农村的学生占 57.0%。

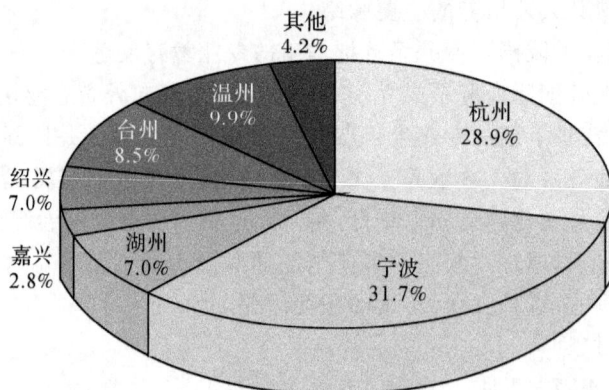

图 2 籍贯地分布情况

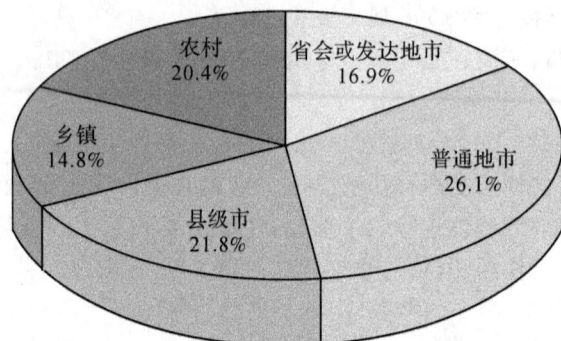

图 3 籍贯地分布情况

（3）政治面貌情况

142 名受访者中,在大学期间入党的有 27 人,党员占比 19.0%,基本吻合当年毕业生党员数占毕业生总数之比。

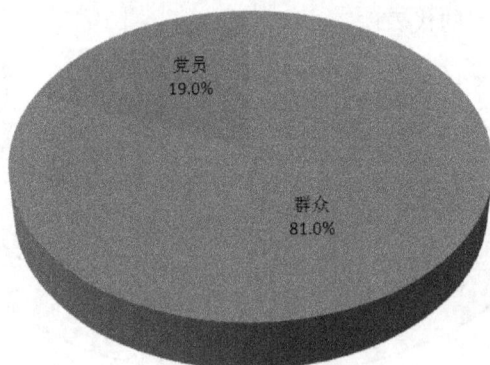

图 4 政治面貌情况

（4）岗位发展情况

受访者中升任中层和科级干部的分别为 1 人和 28 人,合计占比 20.4%;自主创业 8 人,自主创业比例为 5.6%。

☆参考数据:根据 2012 年发布的麦可思-中国《2012 年中国大学生就业报告》显示,2008 届高职高专毕业生三年内有 60%的人获得过职位晋升;毕业三年后自主创业比例为 4.4%(本科为 2.4%,高职高专为 6.4%)。

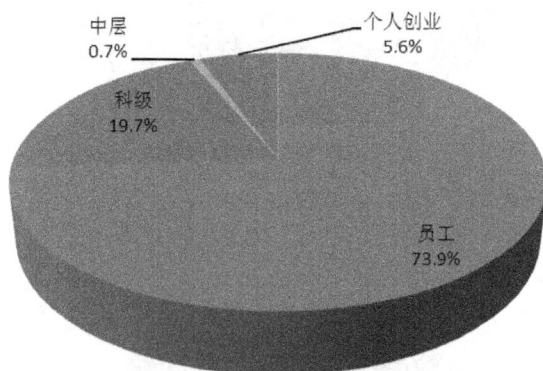

图 5　岗位发展情况

（5）收入情况

受访者目前平均年收入为 6.9 万元,平均月收入为 5750 元。其中,被调查的 2008 届国际贸易实务专业毕业生 106 人,平均年收入为 7.1 万元,平均月收入为 5917 元;被调查的 2008 届商务英语专业毕业生 36 人,平均年收入为 6.2 万元,平均月收入 5166 元。

☆参考数据:根据 2012 年发布的麦可思研究院《2012 年中国大学生就业报告》显示,2008 届大学毕业生三年后平均月收入为 4445 元(本科为 5066 元,高职高专为 3823 元)。

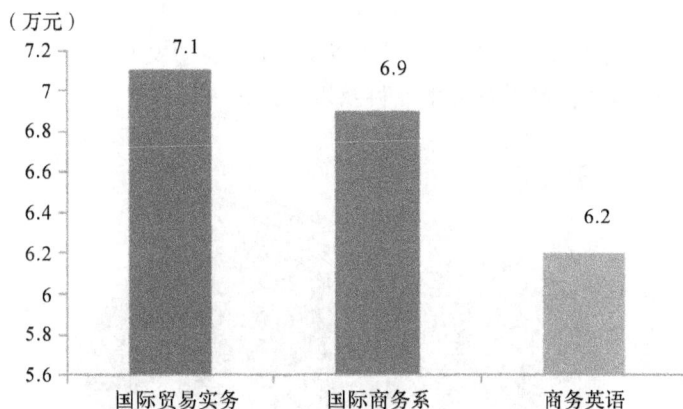

图 6　收入情况

（6）工作单位所在地情况

受访者工作单位集中于城市,位于省会城市、发达城市和普通地级市的占 70.4%,而在乡镇工作的只有 3.5%。这既与学生本身的生源地有关,也与其就业的地区取向有关,还与外贸企业集中于城市有关。

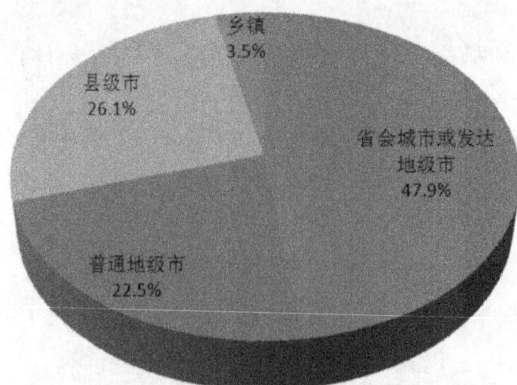

图7 工作单位所在地情况

（7）在校期间曾担任的主要学生干部情况

75.4%的受访者在校期间拥有学生干部工作经历，只有24.6%的受访者在校期间未曾担任任何学生干部职务。

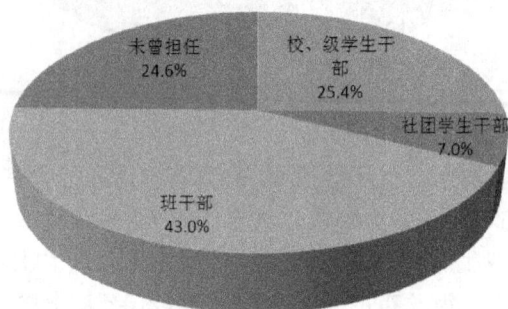

图8 在校期间曾担任的主要学生干部情况

（8）父母的文化水平

受访者父母最高文化水平集中在高中及以下，其中高中文化水平占50.7%，初中及以下文化水平占44.4%，文化水平是大学专科及以上的仅占4.9%。

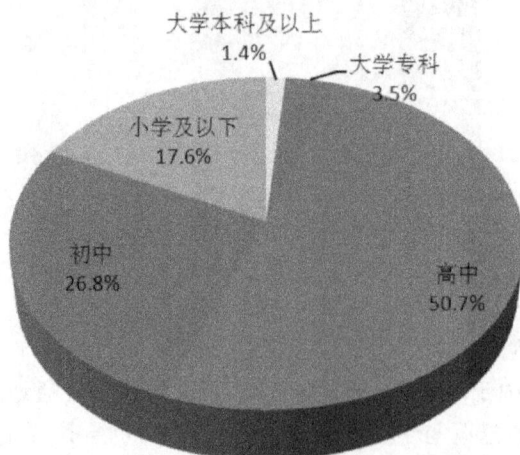

图9 父母的文化水平

(9)当前学历水平

受访者中,通过专升本、自考、成人教育等途径获得了本科学历的有 21 人,占比为 14.8%;其余受访者至今未提升学历水平,占比为 85.2%。

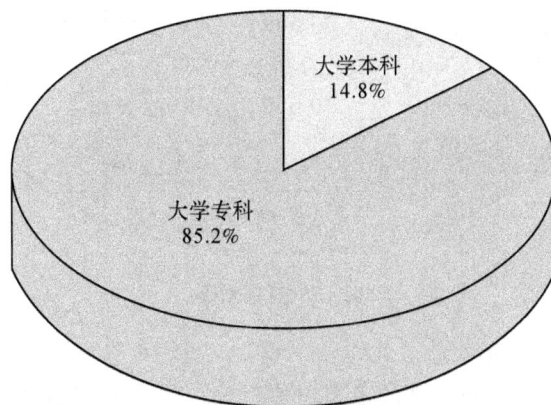

图 10　当前学历水平

(10)生源类型

受访者中,高中时期就读于普通高中的有 81 人,占 57.0%,就读于职业高中的有 61 人,占 43.0%。

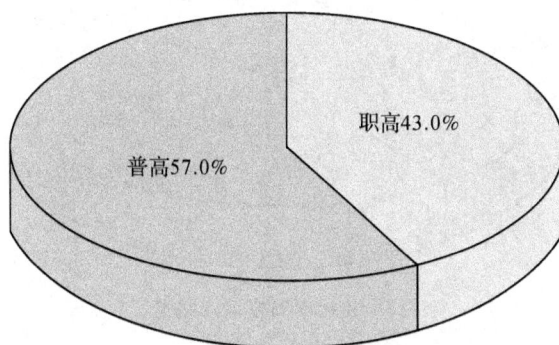

图 11　生源类型

(11)英语水平

英语学习是国际商务系历来强调的。受访者中有 22.5%的人通过了 CET 6,47.2%的人通过了 CET 4,25.4%的人通过了 CET 3,未通过任何英语等级考试的占 4.9%。

三级以下4.9%

三级25.4%

男生24.79%

四级
47.2%

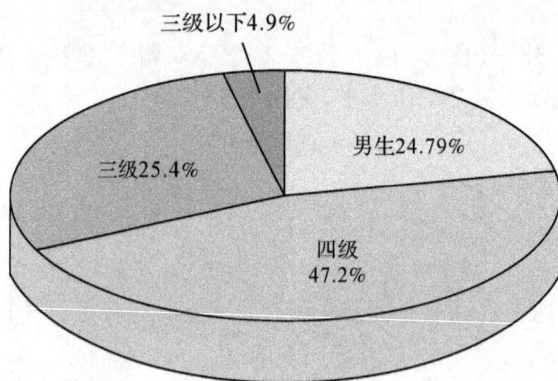

图 12　英语水平

（12）在校期间学习成绩情况

学习成绩是学生在校期间表现的重要评价指标。受访者中有 25 人位于班级成绩的前 20%，64 人位于班级成绩的 21%—50%，41 人位于班级成绩的 51%—80%，12 人位于班级成绩的后 20%。

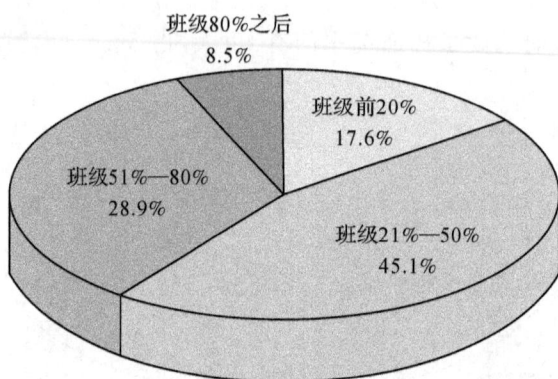

班级80%之后
8.5%

班级前20%
17.6%

班级51%—80%
28.9%

班级21%—50%
45.1%

图 13　在校期间学习成绩情况

（13）工作岗位

受访者中，在外贸单证员、外贸业务员、外贸跟单员、报关员等专业对口岗位工作的占 67.6%，在银行柜员岗位工作的占 11.3%，自主创业的占 5.6%，从事其他岗位占 15.5%。

☆参考数据：根据麦可思-中国 2010 年 6 月发布的《2010 年中国大学生就业蓝皮书》显示，全国 2008 届本科毕业生就业的专业对口率为 71%，高职高专毕业生为 61%。

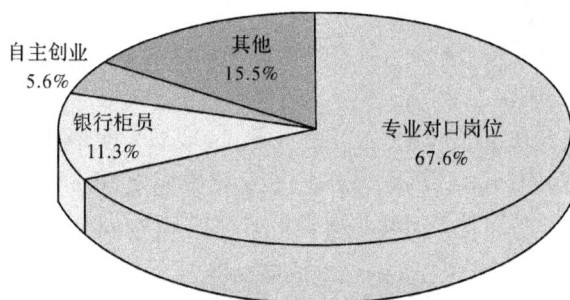

图14　工作岗位

(14)工作单位类型

受访者主要在民营企业(包括个体企业)工作,占比达到了76.8%,在外(合)资企业工作的占10.6%,在国有企业工作的占7%,在事业单位工作的占0.7%,在其他单位工作的占4.9%。

☆参考数据:根据杭州海关2013年1月公布的数据显示,2012年浙江省实现外贸进出口总值3122.3亿美元,同比增长0.9%;其中,作为外贸主力的民营企业,全年进出口1793.8亿美元,同比增长5.6%,比全省进出口增速快4.7个百分点,占全省进出口总值的比重进一步提升,达到了57.5%。

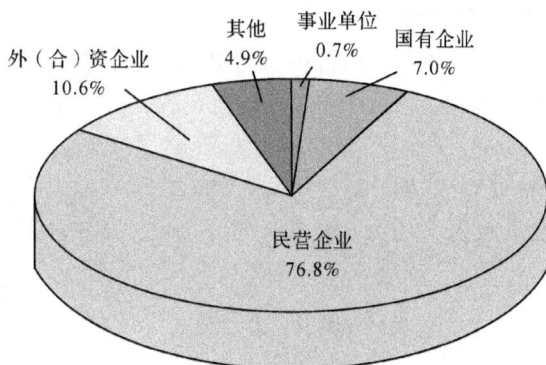

图15　工作单位类型

(15)工作单位规模

受访者的工作单位规模主要在20人以下,其占比达到74.6%;受访者的工作单位规模在100人以上仅占1.4%。

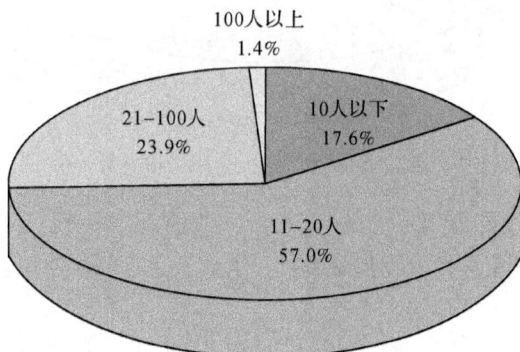

图16　工作单位规模

（16）当前工作满意度

大部分受访者对工作感到满意,其中工作满意度在基本满意以上的占 79.6％;感到不太满意或很不满意的受访者占 20.4％。

☆参考数据:根据 2012 年发布的"麦可思-中国 2008 届大学毕业生三年后职业发展调查"显示,2008 届大学毕业生三年后的就业满意度(包括基本满意、很满意和非常满意)为 35％,即在就业的毕业生中,有 35％对自己的就业现状表示满意(本科为 40％,高职高专为 31％)。

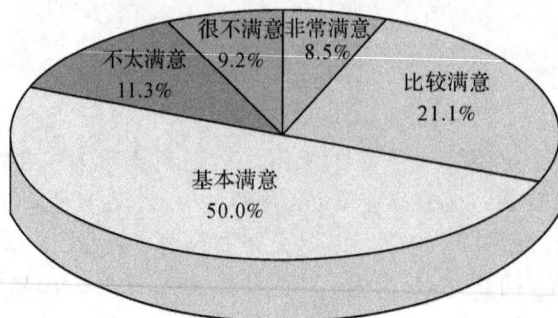

图 17　当前工作满意度

（17）毕业后更换全职工作次数

受访者中未曾更换工作的占 14.1％,更换 1 次工作的占 50.0％,更换 2 次工作的占 23.9％,更换 3 次及以上工作的占 12.0％。工作稳定性高于全国高职院校 2008 届毕业生的平均水平。

☆参考数据:根据麦可思-中国 2012 年发布的《2012 年中国大学生就业报告》显示,2008 届大学毕业生毕业三年内平均为 2.3 个雇主工作过,其中本科为 2.1 个,高职高专为 2.6 个。

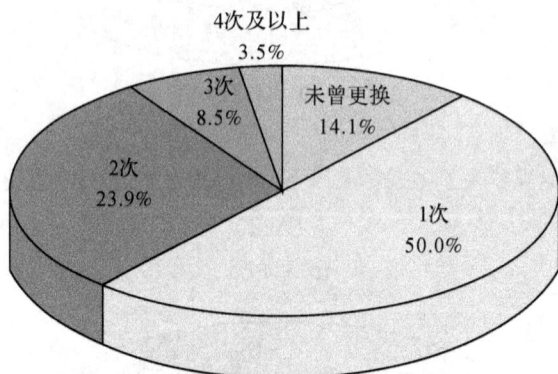

图 18　毕业后更换全职工作次数

（18）职业生涯发展重要因素

有 60％以上的受访者认为人际沟通能力、职业资格证书、外语水平以及实践能力等对职业发展最为重要。

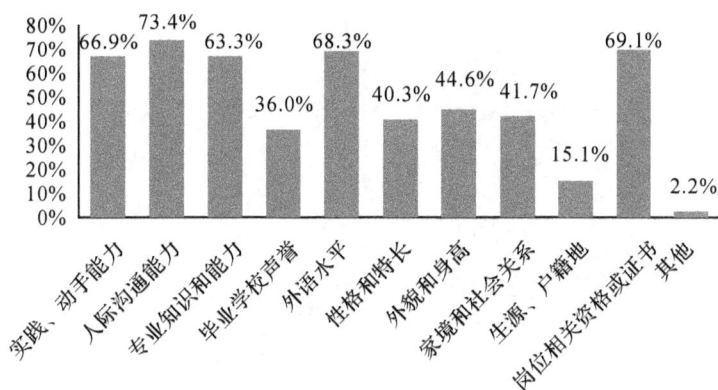

图 19　职业生涯发展重要因素

（19）工作适应情况

受访者整体适应性较强。83.1%的受访者表示面对工作中出现的不适应能迅速调整好，9.9%的受访者表示花了很长时间才适应，仅有2.8%的受访者表示至今仍未调整好。

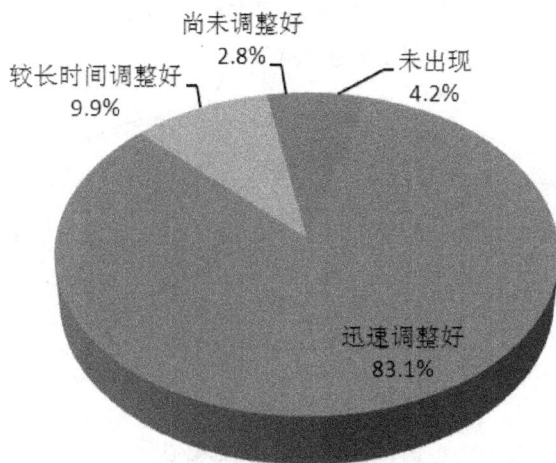

图 20　工作适应情况

（20）工作不适应的归因

对于工作不适应情况出现的归因，按所占比例依次为单位工作环境或前景不好（外部因素）、待人处世不够成熟（内部因素）、自身专业知识（技能）不过硬（内部因素）、同事或领导难相处（外部因素）以及其他。其中外部因素2项，内部因素2项。受访者将工作不适应原因归纳为外部因素的占45.0%，归纳为内部因素的占51.4%，大体相当。

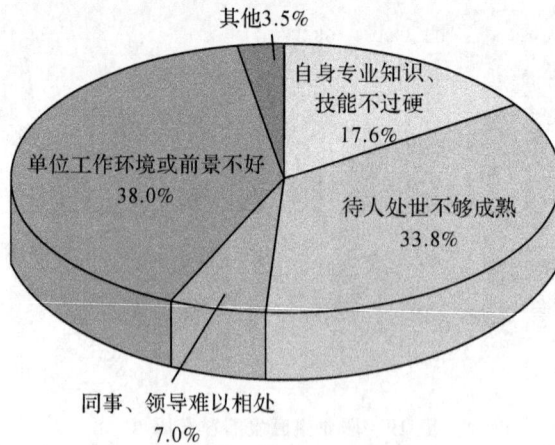

图 21　工作不适应的归因

(21)对目前工作的信心

受访者对于当前工作持谨慎乐观态度。持非常有信心和比较有信心态度的占 35.9%，持一般态度的占 37.3%，持不太有信心和没信心态度的占 26.8%。整体而言，信心指数不是十分高，或与整体经济形势与外贸发展态势有关。

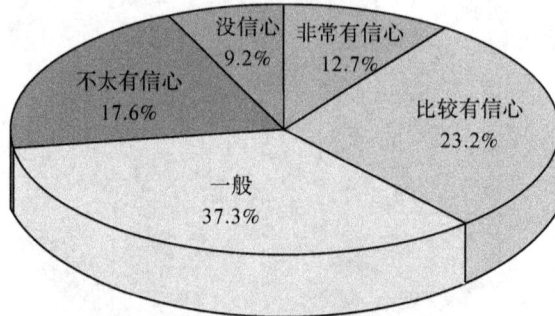

图 22　对目前工作的信心

(22)对国际商务系的推荐度

受访者对系部满意度、认同度较高。88.0%的受访者非常愿意或比较愿意推荐亲朋好友就读国际商务系。

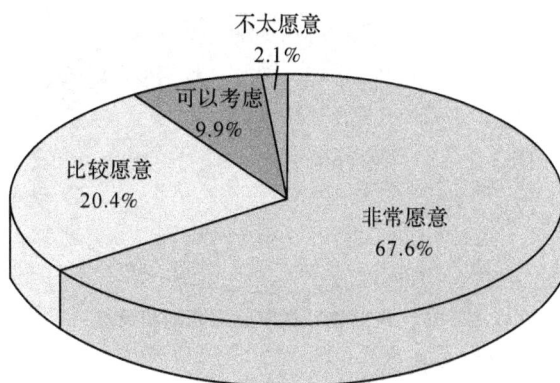

图 23 对国际商务系的推荐度

☆参考数据:根据 2012 年发布的"麦可思-中国 2008 届大学毕业生三年后职业发展"调查显示,全国 2008 届大学生在毕业三年后对母校的满意度为 70%,其中,高职高专院校毕业三年后的校友满意度为 65%。

(23)专业课程教学满意度

受访者对专业课程教学的满意度较高。86.6%的受访者表示对专业课程教学非常满意或比较满意,不太满意的比例仅为 1.4%。

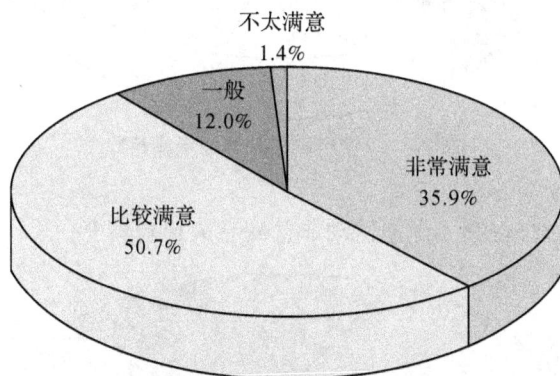

图 24 专业课程教学满意度

(24)系部学习对职业生涯的帮助度

80.3%的受访者认为在系部的学习对其职业生涯很有帮助或较有帮助,仅有 9.2%的受访者认为不太有用。

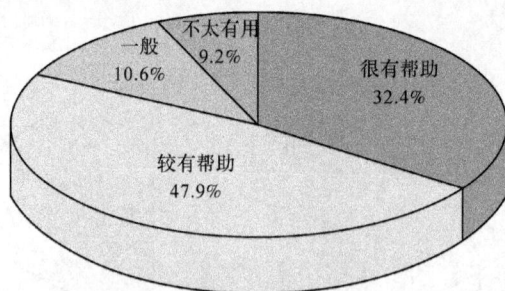

图25　系部学习对职业生涯的帮助度

（25）工作中最欠缺的知识或技能

受访者认为英语、礼仪与沟通技巧以及营销能力是最为欠缺的知识或技能。英语是国际商务系毕业生不同于学院其他专业类别学生的技能，也是受访者认为最欠缺的技能之一。

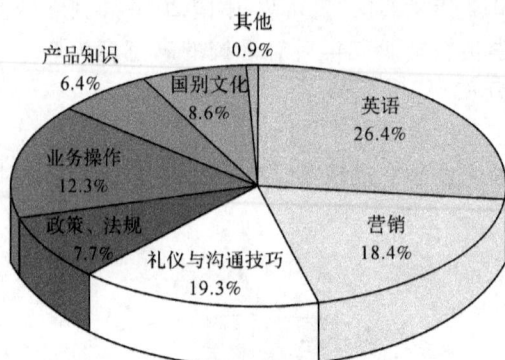

图26　工作中最欠缺的知识或技能

（26）第二课堂活动满意度

90.8％的受访者对母校第二课堂活动非常满意或比较满意。

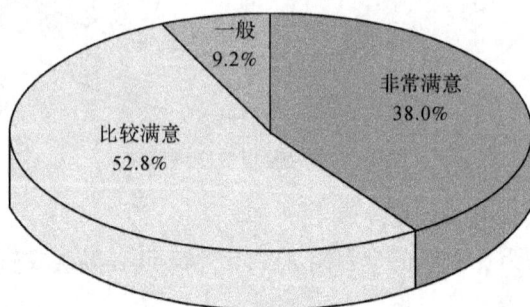

图27　第二课堂活动满意度

（27）同学之间的联系情况

受访者与同学之间均保持着一定的联系。76.8％的受访者经常或有时与同学联系，23.2％的受访者与同学偶尔联系。

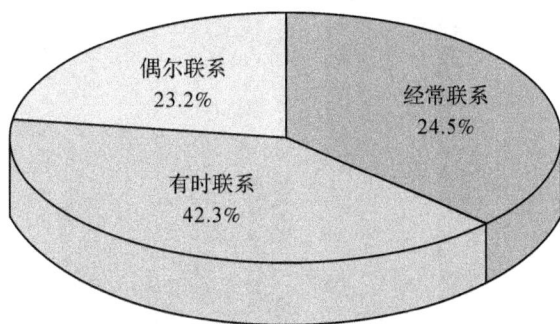

图28 同学之间的联系情况

(28)印象最深刻的教师

给受访者留下最深刻印象的五位教师分别是:

章安平、贾丽君、洪伟、刘一展和王婧。

(29)最有用的课程

受访者认为最有用的三门专业课程依次是:

●国际贸易理论与实务;

●国际市场营销;

●外贸英文函电。

(30)对系部工作的意见与建议

受访者对于系部的工作意见中排名前五位的依次是:

●进一步加强课堂与实际操作的结合;

●加强学生沟通技巧的培养;

●加强学生营销能力的培养;

●加强学生与社会的接触;

●增强校友间的联络。

5.相关差异分析

本部分重点分析不同群体受访者(不同性别、不同生源类型、不同政治面貌、不同学习成绩等)的数据特性,归纳相关差异,梳理相关联系,为学院和国际商务系育人工作提供不同侧面的启示。

(1)性别

①男生收入高于女生

受访者年平均收入6.9万元;其中,男生年平均收入7.5万元,女生年平均收入6.7万元。女生平均年收入为男生的89.3%。该数据或许可以在一定程度上说明学校和国际商务系对女生具有较高教育效益,能更好地改善女生的经济收入水平。

☆参考数据:由社会科学出版社于2010年出版的《教育蓝皮书:中国教育发展报告(2009)》显示,女性工资与男性工资的比值为:初中及以下文化程度的为68%,高中阶段的为76%,大专程度的为80%,大学本科及以上程度的为83%。教育在缩小男女两性收入差异上发挥了显著的作用。

（万元）

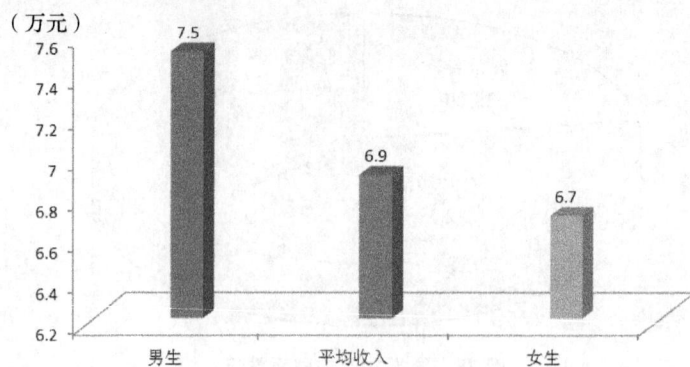

图 29　收入情况

②男生自主创业多于女生

8 位自主创业的受访者中有 5 位男生、3 位女生,各占受访男女生数的 17.2％和 2.7％。他们的平均年收入为 15.5 万元。

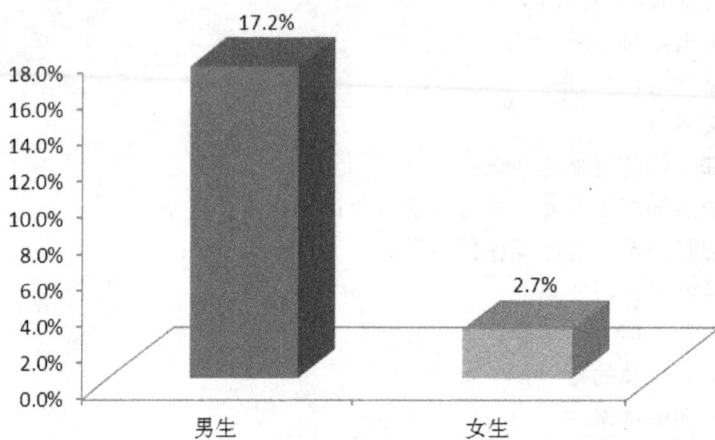

图 30　自主创业情况

③国际商务系更受女生青睐

从推荐度来看,74.3％的女性受访者表示非常愿意推荐国际商务系;而男性受访者该项数据则为 44.8％。

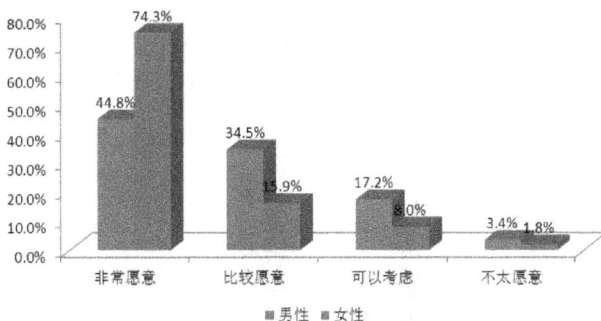

图 31 国际商务系被青睐情况

（2）政治面貌

①党员毕业生收入相对较高

受访党员毕业生共 27 人，平均年收入为 7.2 万元，非党员毕业生平均收入为 6.8 万元。这与党员毕业生在校期间在学习、学生干部工作、竞赛等方面表现较为出色，更有岗位竞争力有关，但整体收入差异不大。

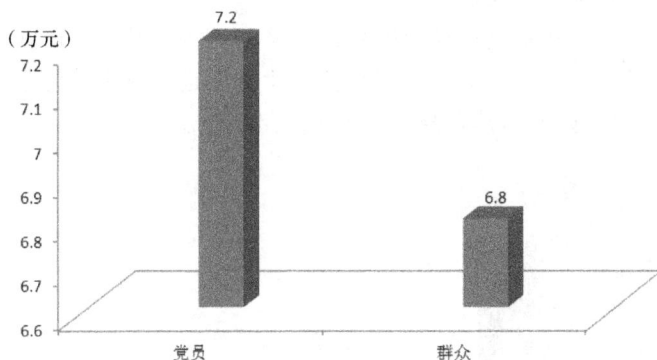

图 32 收入情况

②党员毕业生工作稳定性较高

受访党员毕业生中，未曾更换工作的有 19 人，占 70.4%；而非党员毕业生未曾更换工作的仅 2 人，占 1.7%。

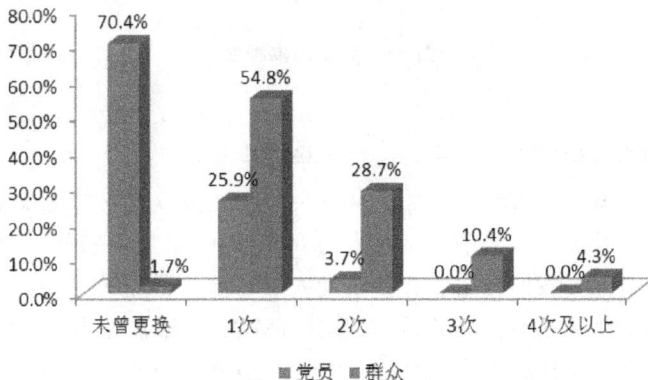

图 33 工作稳定性

③党员毕业生对工作前景更加乐观

受访党员毕业生中,对目前工作前景非常有信心和比较有信心的占 76.9%;而这个数字在受访非党员毕业生中为 24.8%。前者对于目前工作的前景持更加乐观的态度。

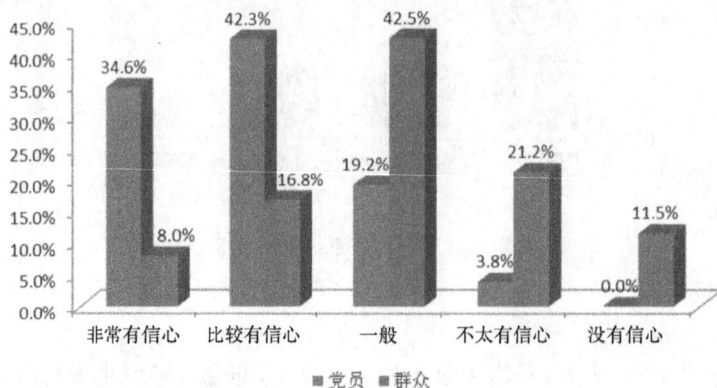

图 34　对工作前景信心程度

④党员毕业生对系部推荐度最高

受访毕业生党员表示非常愿意推荐国际商务系的比例高达 100%,而该项数据在受访的非毕业生党员中只有 61.1%。这可能是因为学生党员是相对优秀的学生群体,在校期间得到了教师更多的关注与指导,其自身也得到了长足的进步。

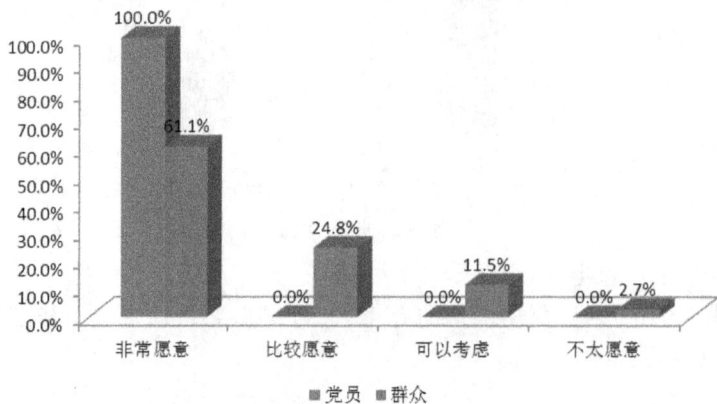

图 35　对系部推荐度

(3)籍贯地

①来自城市的毕业生收入高于来自农村的毕业生

受访者籍贯地与其收入有较高相关。从省会或发达城市到农村逐级递减。籍贯为省会或发达城市的受访者共 24 人,其平均年收入为 8.6 万元;籍贯为农村的受访者共 29 人,其平均年收入为 5.1 万元。我们相信教育是改变人经济收入的重要手段。但在本次调研中,不考虑城市与农村的生活成本差异的话,同等教育背景下,籍贯地为农村的毕业生毕业第四年的工作收入是省会或发达城市毕业生的 59.3%。这种差异或许与城市、农村学生在学生干部经历、英语水平、工作单位所在地以及自身学历提升等因素有关。

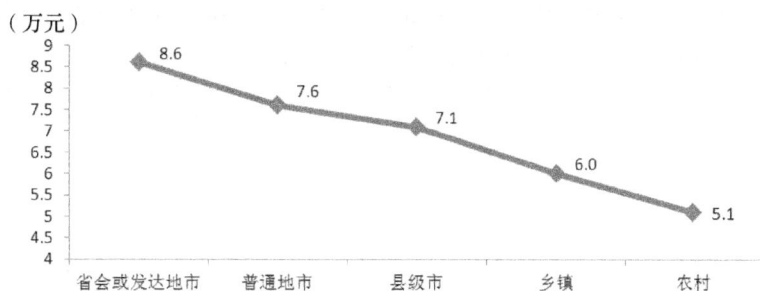

图36 收入情况

②来自城市的学生拥有更多学生干部经历

籍贯地为省会城市或发达地级市的受访者中有91.7%的学生曾担任学生干部,担任校级或系级学生干部的达71.4%;而这两个数字在籍贯地为农村的受访者中仅分别为41.4%和0。

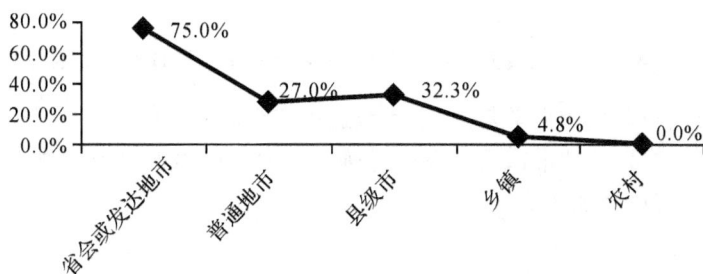

图37 学生干部经历

同时,58.6%的农村籍贯受访者未曾担任任何类型的学生干部,而这一数字在籍贯为省会或发达地级市的受访者中仅为8.3%。而学生干部经历与职务水平呈正相关,职务又与收入显著相关。

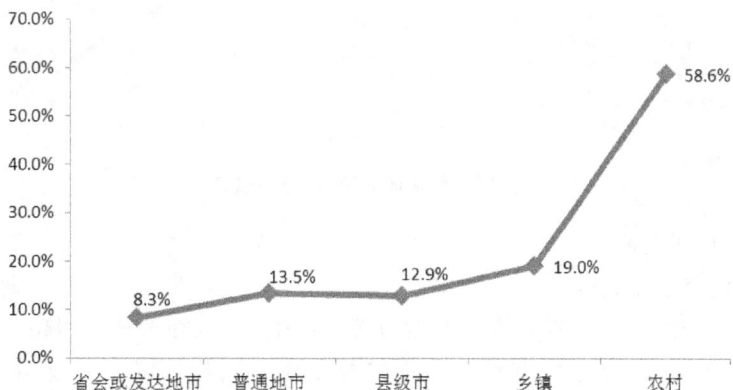

图38 从未担任任何类型学生干部比例

③来自城市的毕业生完成本科学历进修的比例更高

籍贯地为城市的毕业生有更强的学历提升需求,完成本科学历进修的比例高于农村学生。其中籍贯地为省会或发达地级市的受访者中有58.3%的人完成了本科学历进修,而这个数字在农村籍贯的受访者中只有3.4%。图39中用两条折线的分离程度反映了不同籍贯受访者完成本科学历进修比例的差异程度。

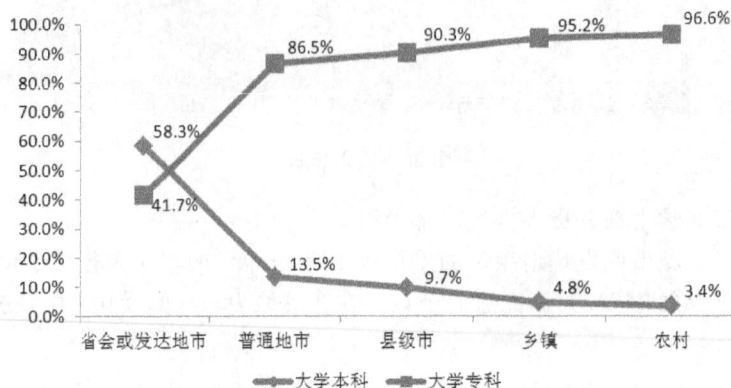

图39 不同籍贯受访者完成本科学历进修比例的差异程度

④来自城市的毕业生的大学英语四、六级通过率更高

95.8%的省会或发达地市籍贯的受访者通过了大学英语四级或六级考试,而农村籍贯受访者的该项数字只有48.3%。

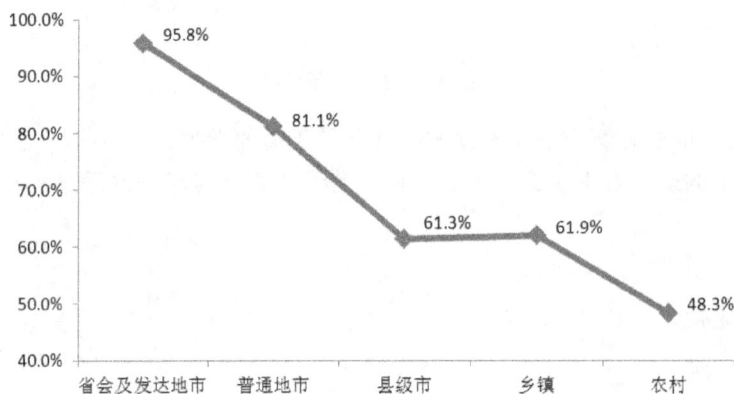

图40 大学英语四、六级通过率

(4)工作单位所在地

①工作单位集中在城市

142名受访者中有68人在省会或发达地级市工作,32人在普通地级市工作,37人在县级市工作,5人在乡镇工作,没有受访者在农村工作。这与外贸类企业相对集中于城市有关。

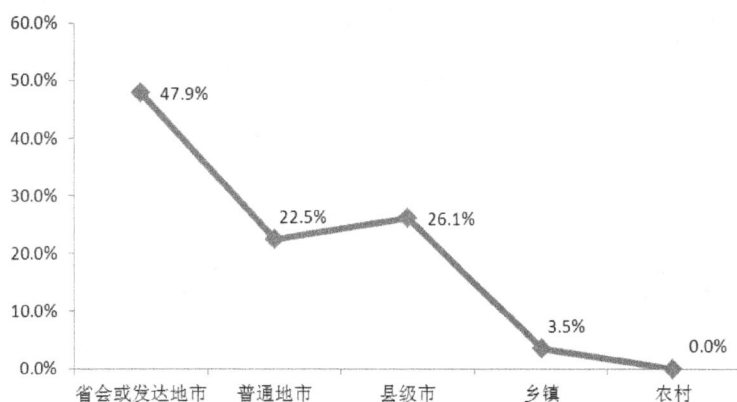

图 41 工作单位所在地

②城市的收入高于县城和乡镇

工作单位所在地与收入明显相关,从省会或发达地市(平均年收入 7.5 万元)到乡镇(平均年收入 5 万元)递减。工作单位在乡镇的受访者的平均年收入为工作单位在省会或发达城市的受访者的 66.7%。

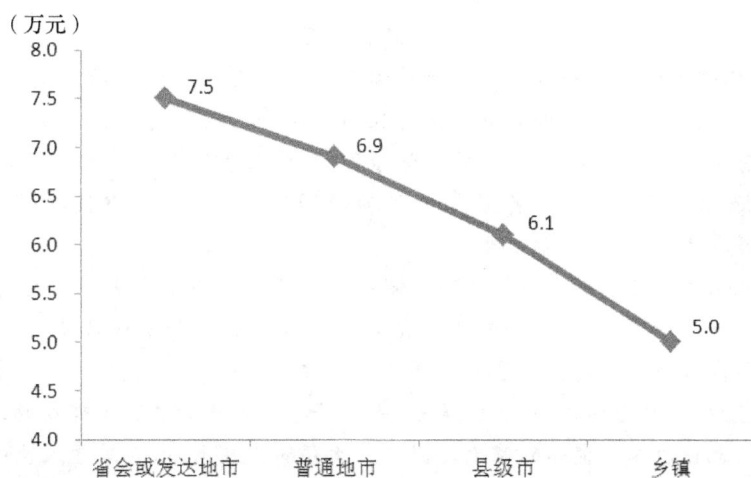

图 42 工作单位所在地与收入的相关性

③来自城市的学生较多留在城市

籍贯为省会或发达地市的受访者全部留在省会或发达城市工作,而籍贯为农村的受访者没有一个人留在省会或发达城市工作。

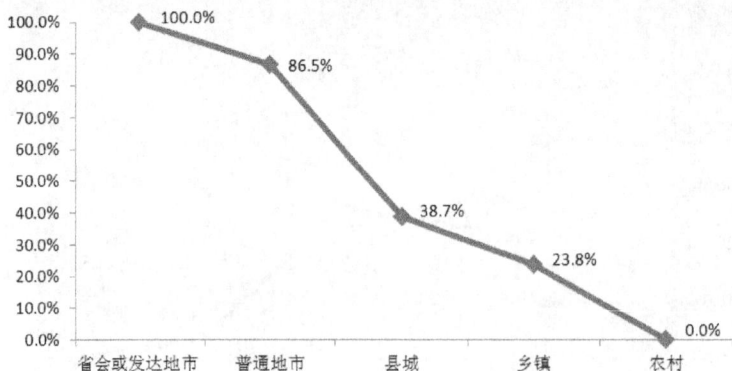

图 43　籍贯对工作所在地的影响程度

从上述有关数据来看,系部应该进一步关注城乡差异背景下不同生源学生的发展情况。因为这里有一条有着一定联系的相关性锁链:城市的学生——有更多学生干部经历——更高的大学英语四(六)级通过率——更多留在大城市工作——更多升迁机会和更高的收入。但这并不是必然的,正如下文所举案例 1 中的樊玲玲同学。

案例 1：

努力才有逆袭

上述分析似乎预示着一种迹象——如果你是一个来自农村的贫困家庭的女孩,那将在竞争中面临诸多劣势。但事实并非如此。外在的因素并不能决定一个人的命运。一个想成功的人,不会有时间去自怨自艾,正如曾就读于国际商务系国贸 05(2)班的樊玲玲。

樊玲玲,女,普高生源,党员,贫困生,温岭市泽国镇颜家村人。在校期间多次获得校二等奖学金、三好学生,学院优秀毕业生。

起初,她也像许多在校学生一样,迷茫,不知道未来的方向。但是在通过系统专业课程学习之后,她渐渐明确了自己的定位,那就是要做一名出色的外贸业务员。2008 年实习期过后,她就与国内数一数二的威格泵业有限公司签订了就业协议,成为一名外贸业务员。她一丝不苟,严谨细致,努力踏实,一干就是五年,年薪也逐年累加达到了现在的二十多万。她有了自己的车,也让原本不宽裕的家庭慢慢走上幸福的康庄大道,实现了人生的大逆袭。而五年的工作经验,让她从一个只懂得简单外贸业务操作的小姑娘成长为熟悉整个外贸流程的公司顶梁柱。

(5)学生干部经历

①有学生干部经历的毕业生收入相对更高

曾担任校或系级学生干部的受访者的平均年收入为 8.1 万元,而未曾担任过学生干部的受访者的平均年收入为 6.1 万元。后者的平均年收入为前者的 75.3%。

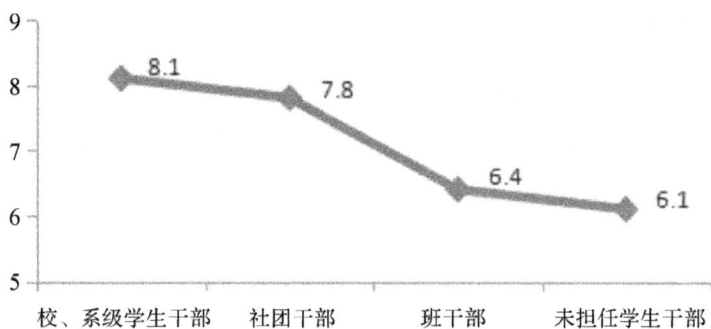

图44　学生干部经历对收入影响程度

②有学生干部经历的毕业生职务提升比例较高

36名有校或系级学生干部经历的受访者中有12人获得了升职,升职比例为33.3%;而35名无任何学生干部经历的受访者中只有5人获得了升职,升职比例为14.3%,前者是后者2.3倍。

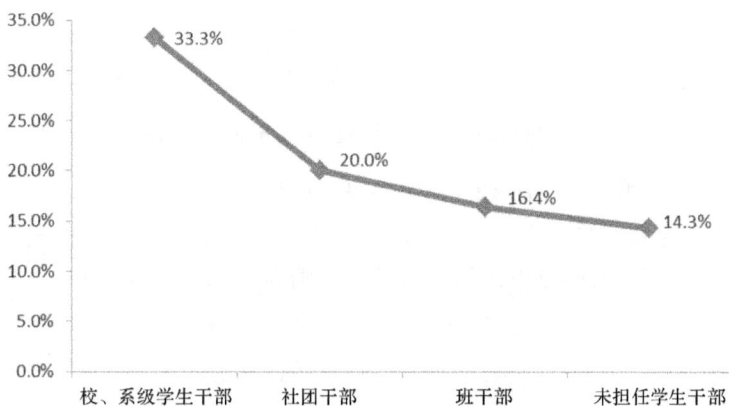

图45　学生干部经历对职务提升影响程度

学生干部经历拓宽了学生的视野,锻炼了学生的沟通、协调、统筹能力,使学生更具就业竞争力。案例2中曾任系团总支副书记的徐子薇校友便是如此。

案例2:

从学生干部到优秀员工

徐子薇,女,安吉孝丰镇人,曾就读于国际商务系英语05(2)班,中职生源,学生党员,曾担任系团总支副书记。在校期间多次获得校内一等奖学金、三好学生,寝室获文明寝室等荣誉,是浙江省优秀毕业生,学院优秀毕业生。现就职于中国工商银行安吉支行,主要从事国际结算业务,年收入8万左右。

毕业后,她一直在中国工商银行安吉支行工作。五年过去了,那个年少爱幻想的她,已成为一个理性的职场女性。工作后,她每天朝七晚七,接待各式各样的客户,处理各项复杂的业务,协调各种人际关系。她知道,学生干部经历只是过去,要想在单位中有一席之地,就必须不停地努力、学习,提高自己的业务技能。五年来,她多次被评为"单位优秀员工",也深受领导和同事的喜爱。

（6）父母文化水平

①父母文化水平与毕业生平均年收入成正比

父母最高学历水平为大学,高中,初中及小学的受访者的平均年收入分别为 7.7 万元、7.2 万元和 6.4 万元。

（万元）

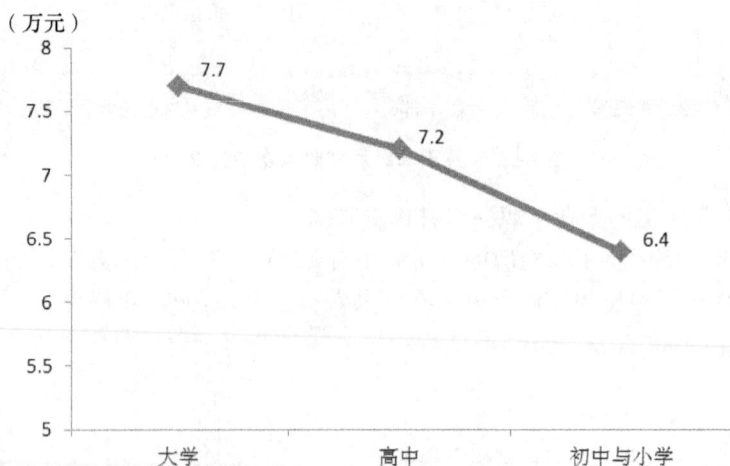

图46　父母文化水平对毕业生平均年收入影响程度

②父母学历越高,毕业生完成本科学历进修的比例越高

父母最高学历为大学的受访者中,有 42.9％的人完成了本科学历的进修;而这一比例在父母最高学历为高中,初中与小学的受访者中分别为 21.4％和 4.6％。

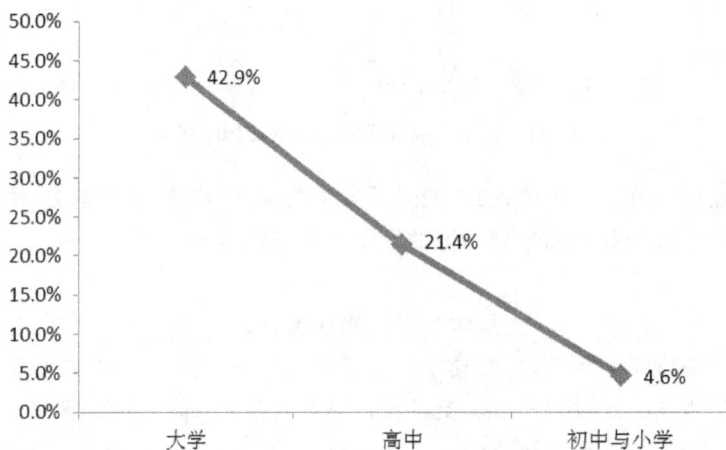

图47　父母文化水平对毕业生完成本科学历进修的影响程度

③父母文化水平越高,毕业生英语四级通过率越高

父母最高文化水平为大学的受访者的大学英语四级通过率为 100.0％,其中有 85.7％的人通过了六级。而在父母最高文化水平为初中和小学的受访者中,四级和六级通过率分

别为 53.8% 和 9.2%。

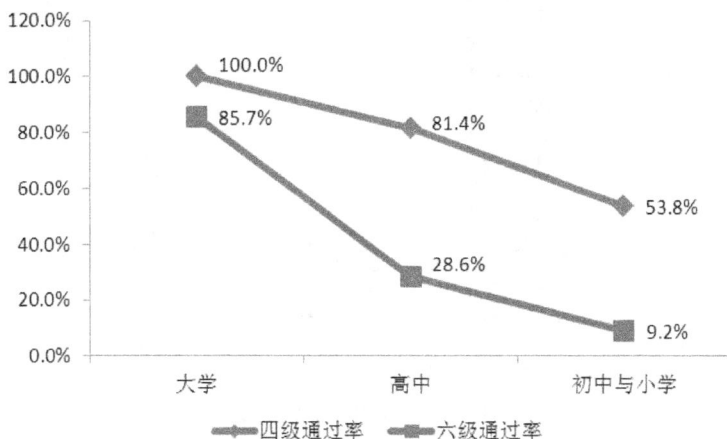

图 48 父母文化水平对毕业生英语四级通过率影响程度

(7)生源类型

①中职生源毕业生收入略高于普高生源毕业生

受访的 63 名中职生源毕业生的平均年收入为 7.0 万元,79 名普高生源毕业生的平均年收入为 6.8 万元,整体收入差异不大。

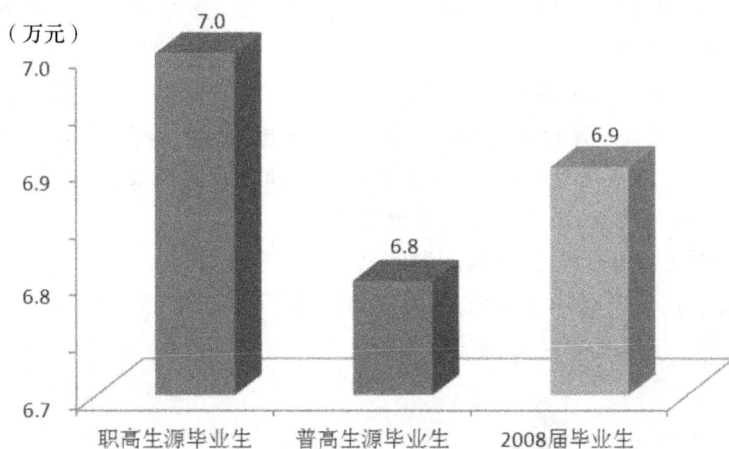

图 49 不同生源类型收入情况

②中职生源毕业生自主创业比例更高

相比于受访的普高生源毕业生 2.5%(2 人)的自主创业比例,中职生源毕业生的自主创业比例为 9.5%(6 人),是前者的近 4 倍。受访自主创业者的平均年收入为 15.5 万元——这也是中职生源毕业生收入略高于普高生源毕业生的原因之一,正如案例 3 中的罗建文同学。但由于样本数量较小,需要积累多届毕业生的数据予以验证。

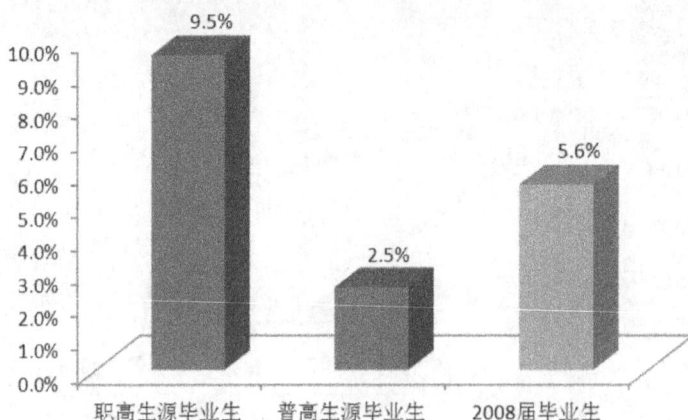

图 50　不同生源类型创业情况

案例3：

不做宅男的创业男

罗建文,男,余姚人,曾就读于国际商务系国贸06(9)班,中职生源。现自主经营余姚倍通管业有限公司,经营范围主要为PVC管,编织管,万向管,淋浴管等,年收入二十万左右。

大学两年(五年一贯制学生在中职学习3年,在高职学习2年),对他来说是平淡的,他没有获得过什么奖学金,也没有认真思考过未来,但那时的他却清楚地知道,人际沟通能力的重要性。所以在别的男生只顾玩电脑、宅在寝室的时候,他却喜欢到处参加活动、与人交流,一点一滴学着如何更好地与他人相处沟通。

两年前,由于他良好的沟通能力和良好的诚信品质,有人愿意出资与他合作创办公司。在公司创立之初,他用100％的热情和精力投入工作,虚心学习,有问题不逃避,自信但不自负,不以自我为中心,正因为这种精神,使他在业界快速立足。现在,他的公司一年要参加两次国外展会,四次国内展会,公司效益也在稳步提升。

③中职生源毕业生更愿意推荐国际商务系

在受访者中,中职生源毕业生非常愿意推荐亲朋好友就读国际商务系的比例高达88.9％,普高生源毕业生的该项数据只有50.6％。

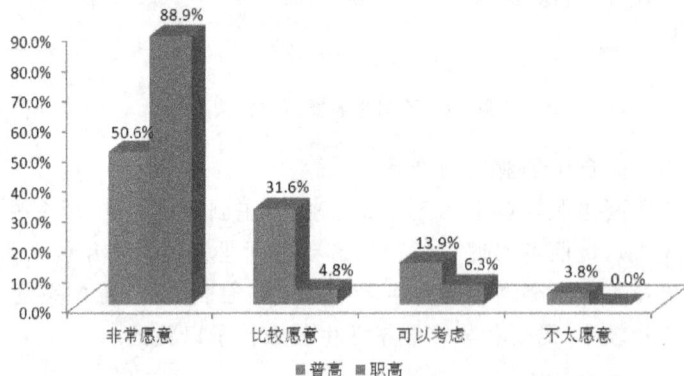

图 51　不同生源类型推荐国际商务系的意愿情况

④中职生源毕业生对专业课程教学的满意度更高

58.7％的中职生源受访者对专业课教学非常满意,这一数据在普高生源受访者中只有19.0％。

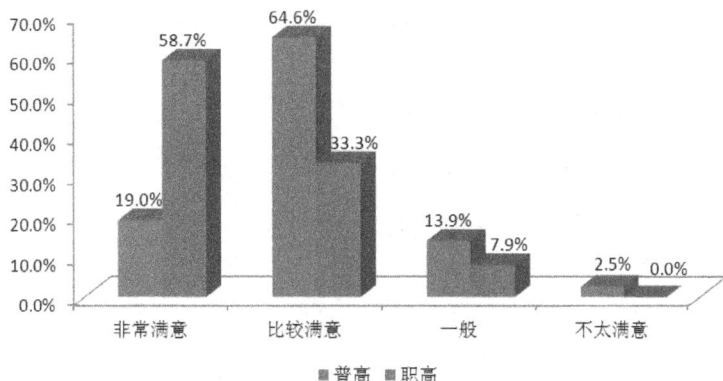

图52 不同生源类型对专业课程教学的满意度

(8)获奖经历

①有获奖经历的毕业生收入更高

2008届受访毕业生平均年收入为6.9万。其中,在校期间曾获奖受访者(包括奖学金、优秀学生干部、文明寝室、专业竞赛等)的收入高于未曾获奖的受访者,前者目前平均年收入为7.0万元,后者为5.8万元。后者是前者的82.9％。

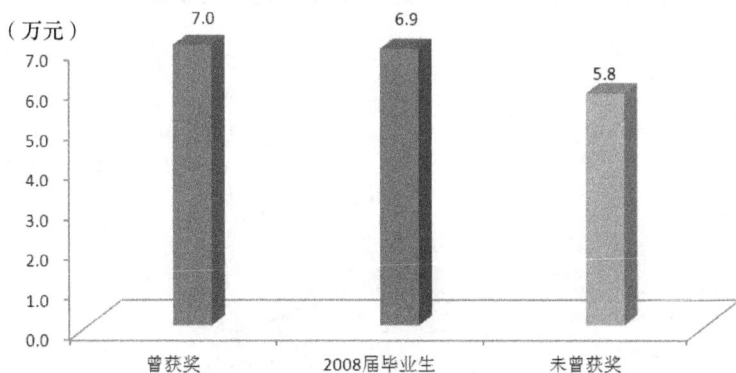

图53 获奖经历对收入影响程度

②曾获文明(创文明)寝室称号的毕业生对工作前景更乐观

有获奖经历的受访者(127人)对工作前景更加乐观,持不太有信心和没有信心的比例为23.6％,略低于26.8％的受访者平均水平;其中曾获文明(创文明)寝室奖励的受访者(37人)对工作前景最乐观,该数据仅为8.1％;而无获奖经历的受访者(15人)对工作前景不太有信心和没有信心的比例高达53.3％。这或许是因为文明(创文明)寝室成员对生活和环境的融入和认同程度更高。但由于样本数量较小,也需要积累多届毕业生的调查数据予以进一步验证。

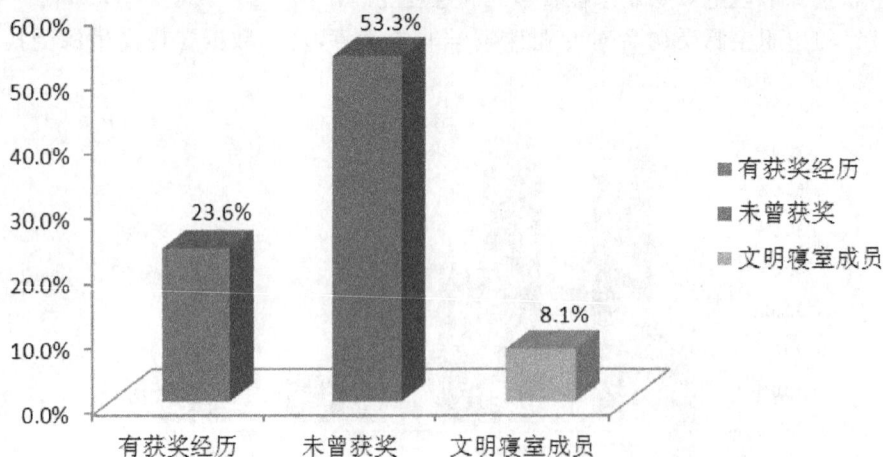

图 54 对工作前景的乐观程度

（9）大学英语等级

①大学英语等级越高，收入越高

受访者中通过大学英语六级考试的受访者（31 人）的平均年收入为 8.0 万元；通过大学英语四级考试的受访者（65 人）的平均年收入为 6.9 万元；通过大学英语三级考试的受访者（39 人）的平均年收入为 6.2 万元；未通过任何大学英语等级考试的受访者（7 人）的平均年收入为 5.1 万元。2008 届毕业生的年收入随着其大学英语等级水平的降低而降低。未过大学英语三级的受访者的平均年收入为通过大学英语六级的受访者的 63.8%。

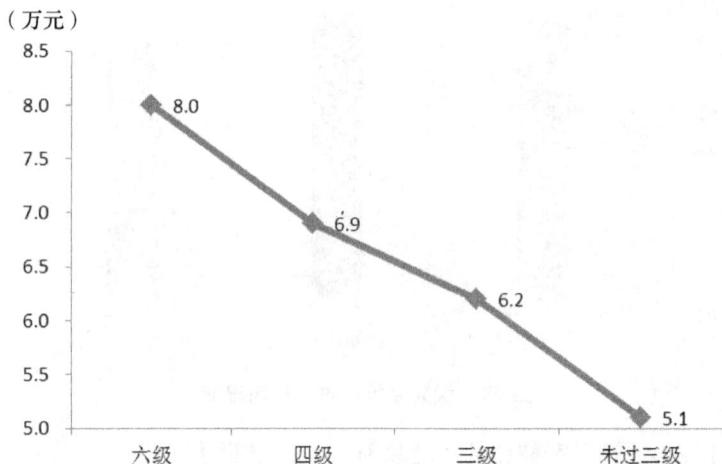

图 55 大学英语等级对收入的影响程度

②通过大学英语四级的毕业生更多在省会或发达地市就业

通过大学英语四级（含六级）的受访者（96 人）中，有 64.6% 的人留在省会或发达地市工作，而未过三级受访者仅为 13.0%。

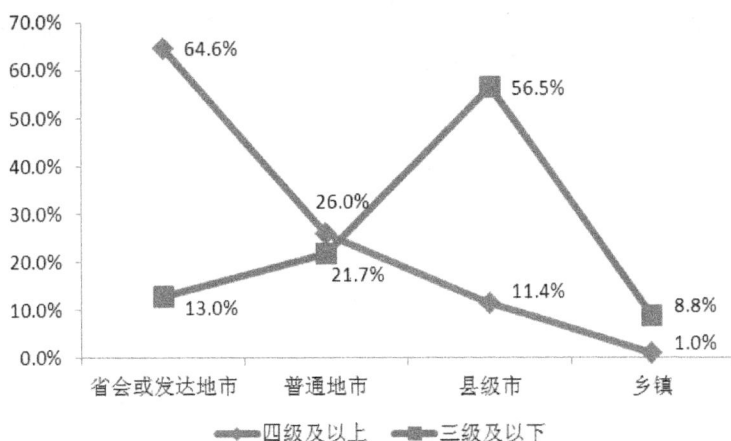

图56 大学英语等级对就业地的影响程度

③大学英语等级越高,工作越稳定

通过大学英语六级、四级、三级以及未通过三级的受访者毕业后更换工作的次数分别为1.0次、1.4次、1.6次和2.3次。毕业生英语水平与其更换工作次数之间呈负相关。

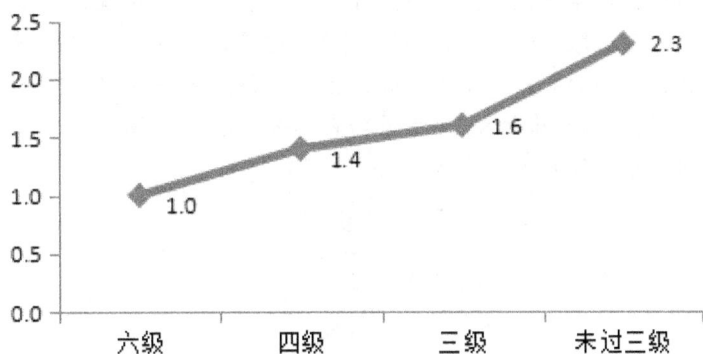

图57 大学英语等级对工作稳定程度的影响

备注:经 SPSS 分析,两者相关系数为-0.276,$P=0.001$,呈显著负相关。

④英语水平越好,工作满意度越高

将问卷调查中选择比较满意、非常满意的受访者视作对当前工作满意较高的群体,其占总受访者人数的29.6%。该比例在通过大学英语六级、四级、三级以及未过三级的受访者中分别为41.9%、40.0%、7.7%和0.0%。

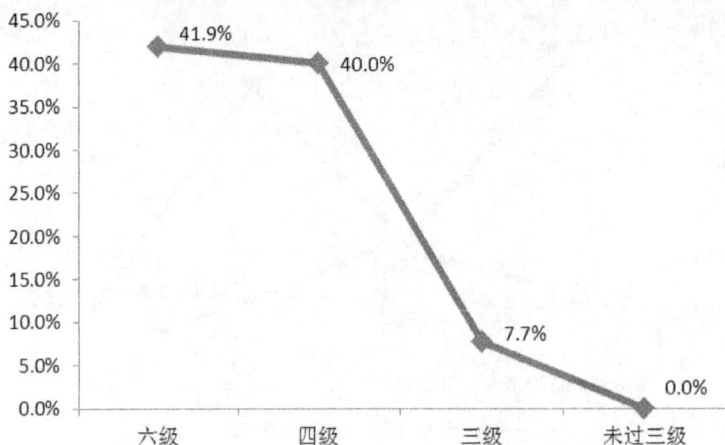

图58 大学英语等级对工作满意度的影响程度

备注:经 SPSS 分析,两者相关系数为 0.347,$P=0.000$,呈显著正相关。

(10)学习成绩

①第 10 名现象——成绩排名班级 21%—50%的受访者收入最高

收入最高的群体是当年在校期间班级成绩位于 21%—50%区间的受访者,平均年收入达到 7.3 万元。以一个班级 40—50 人的规模来看,这恰好是 8—25 名的成绩排名区间(自主创业比例较高或许是该分数段学生平均收入较高的原因之一;班级成绩位于 80%之后的受访者平均年收入最低,为 6.1 万元;后者是前者的 83.6%。而班级成绩前 20%和 51%—80%之间的受访者的平均年收入皆为 6.6 万元。

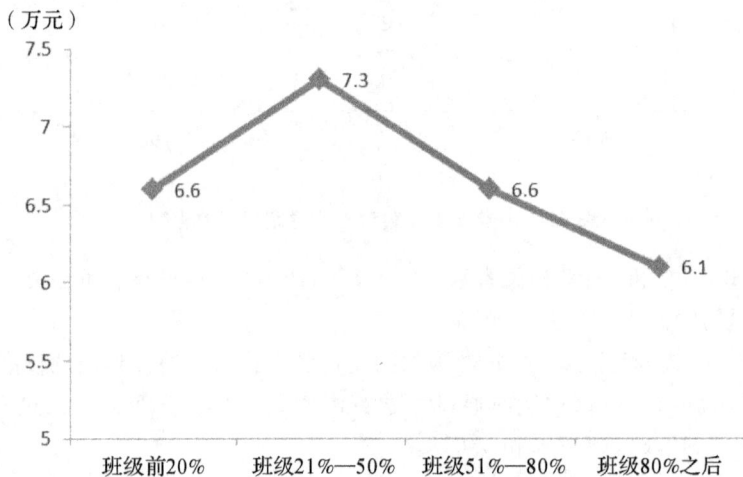

图59 成绩排名对收入的影响程度

②学习成绩位于 21%—80%区间的受访者自主创业比例较高

8 位自主创业的受访者的学习成绩排名均在班级 21%—80%,其中班级排名 21%—50%的有 6 位,排名 51%—80%的有 2 位,各占所在分数区间受访者人数的 9.7%和 4.8%

（全部受访者自主创业比例为 5.6％）；而班级成绩排名前 20％和后 20％的学生，均无人从事自主创业。由于调查样本较小，需要通过积累多届调查数据来确认是否"学习成绩中游的学生自主创业积极性最高"。

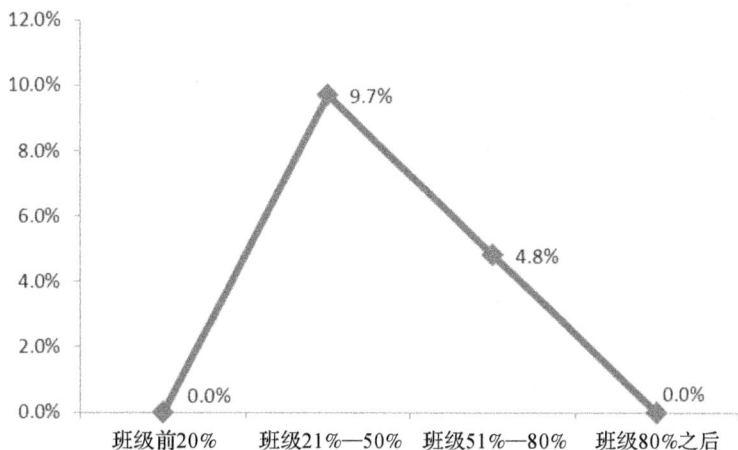

图 60 成绩排名对自主创业的影响程度

③学习成绩较好的同学升职机会更多

在不考虑自主创业者职级的前提下，四个成绩区间的受访中已升职到科级以上干部的比例分别为 42.3％、19.6％、12.5％和 15.4％。

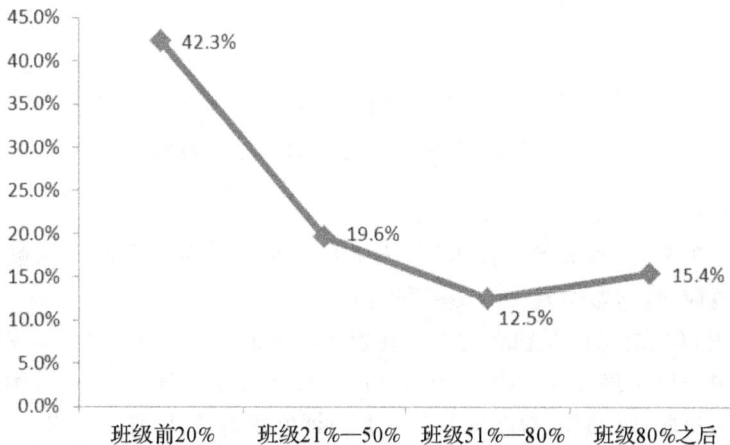

图 61 成绩排名对升职的影响程度

④不同成绩区间的毕业生有不同的归因倾向

通过对问卷第 19 题答案的分析，可以发现两个值得关注的倾向。一是不同成绩区间受访者对于工作中出现的不适应有不同的归因倾向，如班级成绩排名前 20％的受访者认为主要是"待人处世不够成熟"（占 61.5％）；班级成绩排名 21％—50％的受访者则认为主要是"单位工作环境或前景不好"（占 59.7％）；班级成绩排名 80％之后的受访者则更多地认为是"自身专业知识、技能不过硬"（占 50.0％），详见表 1。

表1　不同学习成绩毕业生对工作不适应的归因

成绩排名 归因	班级前20%	班级21%—50%	班级51%—80%	班级80%后
A. 自身专业知识、技能不过硬	11.5%	12.9%	23.8%	50.0% *
B. 待人处世不够成熟	61.5% *	22.6%	35.7% *	25.0%
C. 领导、同事难以相处	7.7%	1.6%	9.5%	25.0%
D. 单位工作环境或前景不好	15.4%	59.7% *	31.0%	0.0%
E. 其他	3.8%	3.2%	0.0%	0.0%

备注：加 * 的数字为该分数区间受访者选择比例最高的归因。

二是将工作中出现不适应归因于"自身专业知识、技能不过硬"（选项A）的受访者比例与其学习成绩成反比，即成绩排名越低该数字越高。

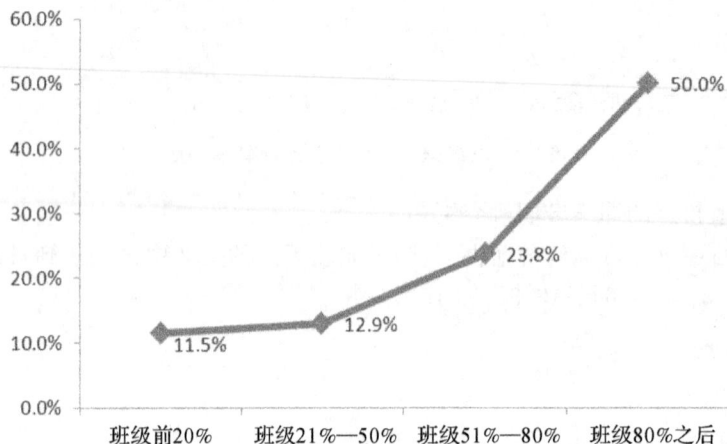

图62　不同学习成绩毕业生对工作不适应的归因

备注：归因A即"自身专业知识、技能不过硬"。

上述四个选项中，A和B选项是内因，C和D选项是外因。不同归因倾向将影响毕业生对于工作的适应，也将影响其工作动机和动力。

⑤班级成绩80%之后的受访者对系部评价相对较低

在校期间成绩位于班级后80%的受访者在对系部的推荐度、对专业课程教学的满意度和认为系部学习对职业生涯的帮助度等三个方面评价相对较低，详见表2。

表2　不同学习成绩毕业生的低推荐度、低满意度、低帮助度评价比例

成绩排名 选项	班级前20%	班级21%—50%	班级51%—80%	班级80%后
不太愿意推荐系部	0.0%	0.0%	2.4%	16.7%
对专业课程教学不太满意	0.0%	0.0%	0.0%	16.7%
系部学习对职业生涯不太有帮助	7.7%	4.8%	9.5%	41.7%

备注：无受访者不愿意推荐系部；无受访者很不满意专业课程教学；无受访者认为系部学习对职业生涯完全没有帮助。

6.调研小结与反思

(1)调研小结

通过对国际商务系 142 位 2008 届毕业生的调查及相关数据分析,结合现场访谈,可得出以下结论:

①职业发展总体良好,但升迁机会较少

从年收入来看,据 2012 年 6 月发布的麦可思-中国 2008 届大学毕业生三年后职业发展调查数据显示,2008 届大学毕业生三年后平均月收入为 4445 元(本科为 5066 元,高职高专为 3823 元)。本次调研的数据为国际商务系 2008 届毕业生毕业第 4 年的年收入,达到平均年收入 6.9 万元,即平均月收入 5750 元,即便考虑 15% 左右的收入增长幅度,国际商务系 2008 届毕业生收入水平仍然接近本科毕业生,而大幅高于高职高专毕业生。

从自主创业来看,受访者中共有 8 位校友自主创业(占受访者总数的 5.6%),比例接近于全国 2008 届高职高专毕业生毕业后三年自主创业的比例(6.4%)——他们的平均年收入为 15.5 万/人,明显高于其他受访者,且有 50.0% 的自主创业毕业生从事的仍然是与外贸专业相关的业务,使专业学习与自身发展实现了良好的统一。

从专业对口率来看,2012 年 6 月发布的麦可思-中国 2008 届大学毕业生三年后职业发展调查数据显示,2008 届大学毕业生三年后工作与专业相关度为 62%。其中,本科毕业生毕业三年后的工作与专业相关度为 68%;高职高专毕业生毕业三年后的工作与专业相关度为 57%。本次调研的数据为国际商务系 2008 届毕业生毕业第四年的工作相关度,基本对口以上群体占比 67.6%,高于高职高专平均水平,而基本等同于本科水平。

从岗位稳定性来看,64.1% 的受访者只更换过 1 次工作或没有更换过工作,23.9% 的学生更换过 2 次工作。麦可思-中国于 2012 年 12 月发布的"中国大学毕业生就业状况分析与职业发展研究"显示,2008 届本科毕业生平均更换工作的次数为 2 次,高职高专毕业生平均更换工作的次数为 2.6 次。即使考虑统计时间的差异,国际商务系 2008 届毕业生的工作稳定性仍然相当高。

从职务升迁机会来看,73.9% 的受访者担任基层的职员工作,升任科级及以上职务的为 20.4%,中层干部的仅为 0.7%。根据 2012 年 12 月发布的麦可思-中国"中国大学毕业生就业状况分析与职业发展研究"显示,2008 届大学毕业生三年内有 59% 获得过职位晋升。其中,本科该比例为 58%,略低于高职高专毕业生的晋升比例(60%)。虽然本次调研采用统计方式与上述研究不同,但仍然显示国际商务系学生需要进一步提升职业生涯的可持续发展能力。

②对系部人才培养工作满意度较高,但不同群体有显著的满意度差异

对系部整体推荐度较高。受访者中愿意、非常愿意和比较愿意推荐国际商务系的比例达到 88.0%,而 2008 届高职高专毕业生毕业三年后对母校的满意度为 65.0%(数据来源:麦可思-中国《2012 年中国大学生就业报告》(就业蓝皮书))。

对系部专业课程教学和对其职业生涯的帮助持比较肯定的态度。86.6% 的受访者对系部专业课程教学表示"非常满意"或"比较满意",80.3% 的受访者认为系部的培养工作对其职业生涯很有帮助或较有帮助。

受访者对系部第二课堂活动满意度较高。90.8％的受访者对系部的第二课堂活动表示"非常满意"或"比较满意"。

学习成绩薄弱的学生对系部工作满意度较低。在校期间成绩位于班级80％之后的受访者中有41.7％的人认为系部培养工作对于其职业生涯"不太有帮助",明显高于其他群体;同时,他们对于系部的推荐度和专业课程教学满意度也明显低于其他群体。

中职生源学生对于系部的推荐度和专业课程教学满意度均高于普高学生。中职生源受访者"非常愿意推荐"系部的比例高达88.9％,而普高生源受访者该数字只有50.6％;另外,对于系部专业课程教学满意度,中职生源受访者表示"非常满意"的有58.7％,而普高生源受访者该比例仅为19.0％。

女生推荐度高于男生。受访的女生对系部持"非常愿意"推荐态度的高达74.3％,而男生只有44.3％。这可能在某种程度上说明了国际商务系的人才培养工作可能更容易为女生所认同。

③对于职业前景保持谨慎乐观,个别群体乐观度较高

2008届毕业生对职业前景持谨慎乐观态度。有35.9％的受访者认为其职业前景"非常乐观"或"比较乐观",37.3％的受访者表示"前景一般",其余26.8％的受访者则表示"不太乐观"或"不乐观"。

党员群体对职业前景十分乐观。受访的27名党员中有76.9％的人表示对其职业前景"非常乐观"或"比较乐观",明显高于35.9％的平均值和24.8％的非党员平均值。

(2)调研反思

①应关注不同群体学生对系部的评价,做到因材施教

应关注不同性别、生源类型的学生学习特点。对于男生、女生以及中职、普高生源学生,要进一步深入了解其不同的学习特点。一是要反思课程教学的方式或考核方式是否更适合女生,而不适合男生;二是要反思在侧重技能的同时,是否需要增加通识教育的厚度,以适应中职、普高生源的学生学习基础——而技能教育和通识教育的协调本来就是高职教育的改革方向。

应关注学习成绩普通学生的发展。我们发现,受访者中收入最高的群体出现在班级成绩排名21％—50％的区间,这也印证了常说到的"第10名"现象。因此,在育人工作中,要关注不同学习成绩学生的不同特点,而不能将目光仅聚焦于学习成绩名列前茅的学生。学生与学生之间有差异,应引导学生走适合自身特点的发展道路。

应关注学习基础薄弱的学生。学习基础薄弱的学生与其工作后的收入高度相关,其对系部的推荐度与满意度较低,系部要进一步提高对其的关注度,不能忽视其学习特点与成长需求。目前,系部已经启动"学习困难学生提升工程",帮助其提高学习能力和成绩,需要在落实中进一步提高成效。

虽然国际商务系2008届学生中没有外省学生,但由上述情况引申,还需要关注省内外学生、东西部学生在学习、生活中的差异。

②应引导学生对自身发展的正确归因,做到有教无类

本次调研,在问卷部分设计了十个维度的个人信息,具体可以分为:性别、籍贯、父母文化水平、生源类型(普高、中职)、就读专业等5个大学期间不可改变的外部因素和学生干部

经历、学习成绩、英语成绩、学历水平、获奖情况等 5 个大学期间可以改变的内部因素,经过分析可以发现:

性别、籍贯、父母文化水平、生源类型(普高、中职)、就读专业等不可改变的外部因素与学生职业发展有一定相关。如男生比女生收入高,城市学生比农村学生收入高、职务晋升机会较多,父母文化水平高的学生收入较高、职务晋升机会较多,中职生源学生比普高生源学生收入高,国际贸易实务专业学生比商务英语专业学生收入高等。根据心理学的"归因理论",如果学生将大学或职业生涯发展的影响因素归因于外部的不可改变的因素的话,其在学习或职业生涯中就会变得消极、被动,甚至仇视社会。这不仅仅是一个简单的教学问题,还是一个高校的思想政治课题。

学生干部经历、学习成绩、英语成绩、学历水平、获奖情况也与学生毕业后的年收入或职务晋升有一定关系。与前文所述那些外部的不可变因素相比,这些因素是内部的可控的因素。这就需要在育人工作中引导学生将自身发展的影响因素归因于内部的可控因素,通过努力提升自己的英语成绩,丰富自己的学生干部经历,获得更多的职业证书和技能竞赛奖励,并在毕业后努力提升自己的学历水平,坚持终身学习,这才是人生的"正能量",是真正能"改变"人生的"钥匙"。

③应重视社会、行业对毕业生的多元需求,做到开放育人

抓住人才培养的重点。行业、企业需要学生具备更高的综合素质。受访者认为工作中最欠缺的知识或技能是英语,礼仪与沟通技巧以及营销能力;而且英语成绩与受访者收入也呈显著的正相关。英语水平的提升和礼仪、沟通、营销能力的培养不是仅仅通过课堂教学就能够实现的。目前,系部已经通过英语课程的教学改革,国际商务文化与礼仪课程以及国际市场营销等课程加强上述能力,并新设置了"方法与创新"课程,以提高学生的自主学习能力。而这需要通过进一步强化第一课堂和第二课堂的整合,广泛推行"合作学习"教学改革,强化"导师制"的实践,增强教学成效,提高学生的通用能力和专业能力,促进学生综合素质和专业技能的协调发展。

提高人才培养针对性。从工作单位规模来看,74.6%的受访者的工作单位规模在 20 人以下,这说明受访者主要工作于小微企业——该类型企业一般处于创业初期,具有很高成长性,机制较为灵活,但也存在着寿命较短、管理不尽规范等问题。小微企业的特点是要求毕业生兼任多项工作,熟悉完整的业务流程,较快地融入团队,这既为毕业生崭露头角提供了较好的机会,也意味着更大的职业风险。同时,小微企业的特点还提醒系部,在专业教育过程中要强调小型团队式的教学环境营造和专业技能之外的多样化技能拓展。

关注外贸行业发展。外贸行业前景与学生发展息息相关。学生对自己工作前景谨慎乐观的态度,一方面与其自身发展期望与现实的落差有关,另一方面也与目前外贸行业发展不甚景气有关。这就需要系部进一步了解外贸等相关行业在转型升级过程中对于用人的新标准、新要求,提高国际商务系学生的就业竞争力与可持续发展能力。

关注持续质量改进。教育其实也是一种服务,只是这种服务不仅是个人服务,更带有公共服务的属性。"我们这五年——国际商务系 2008 届毕业生调研"既是国际商务系了解用户的服务需求和质量调查,也是对于承担社会责任的一种回应。由于样本的限制,从统计学意义上讲,本次调研所得的部分数据和结论有待于更多届毕业生调研的积累和验证。这就

需要系部不断深入探索"基于学的教"育人机制建设,开发面向毕业生的科学、长效的调研机制,健全"调查—分析—反馈—改进—再调查"的螺旋上升式管理流程,致力于推动人才培养质量的持续改进;也需要将调研所得启示转化为现实的"教学生产力",体现到专业、课程、教材、教法等各个环节。因为,"知行合一"方能实现"教学相长"——这也是本次调研的题中应有之义。

三、关于"千日成长"工程现实需求的反思与总结

正是基于对于处在不同阶段学生的调研,我们才得出了"千日成长"工程的现实需求,"千日成长"工程是一项长期的系统工程,目标是教育学生"懂做人""精专业""会做事",这也是针对不同年级学生所做出的区分。"懂做人"侧重于一年级学生,重点是培养大学生的基本素养,特别是与人沟通、合作等能力的培养;"精专业"主要是针对二年级学生,强调有效学习与自主学习,更好地掌握获取知识与技能的方法;"会做事"则更多强调面向行业、企业的岗位职业能力的强化,这也是即将走出校门,走向社会的毕业生所需要具备的能力。这三者合起来,其实有一个共同的诉求,那就是更强的就业竞争力和可持续发展能力,更好地面对社会生活各种挑战的能力。

对于学生的学情以及毕业调研则让我们更加清楚地了解到学生在不同阶段的不同诉求,进而能够在学生所处的阶段采取有针对性的措施,这些都为我们"千日成长"工程的完善提供了重要的现实依据。

第四章 学生"千日成长"工程实施的主要举措

《国家中长期教育改革和发展规划纲要(2010—2020年)》提出的"树立人人成才观念,面向全体学生,促进学生成长成才,树立多样化人才观念,尊重个人选择,鼓励个性发展,不拘一格培养人才。树立终身学习观念,为持续发展奠定基础"的要求,对于高职院校更新教育观念、创新人才培养模式具有极强的针对性和启发意义。作为国家首批示范学校,浙江金融职业学院积极实施学生"千日成长"工程,着力构建立体化育人体系,致力于培养"行业操守好、岗位适应快、动手能力强"的学生。如何将"千日成长"工程落到实处,浙江金融职业学院进行了长期的实践与探索,并形成了较为系统完善的工作举措。

一、坚持科学发展,做好顶层设计

(一)顶层设计的方法论依据

顶层设计(Top-Down)是工程学中的术语,本义是指统筹考虑项目各层次和各要素,自上而下,统揽全局,对某个任务或者项目的子因素统筹规划,进行最优的系统配置组合,制定整体战略,以高效快速地实现目标。[①] 也就是说,从最高层开始,站在一个战略制高点,弄清楚要实现的目标后,一层一层去设计好。

由于其系统思考的方法论意义,顶层设计现已经成为一个被各行业广泛使用的名词,如建筑学、经济学、艺术、政治、教育等领域,只是对其概念的界定略有不同。它有三个方面的特征:一是顶层决定性。顶层设计是一种自高端向低端(Top-to-Down)展开的设计方法,顶层决定底层,高端决定低端,整个设计的关键在于核心理念和顶层目标。二是整体关联性。设计对象内部各要素之间形成关联、匹配及有机衔接,围绕核心目标,构成一个完整而系统的整体,从而产生顶层设计所预期的整体效应。三是可操作性。顶层设计理念十分强调设计方法简洁明确,设计成果具备实践可行性,因为美好的蓝图如果只是凭空想象,没有得到有力的执行,终究只是竹篮打水,海市蜃楼,因此顶层设计成果应是可实践、可操作的。

(二)顶层设计理论在社会科学领域中的应用

顶层设计这一理念在"二战"前后被西方发达国家用于政府行政管理工作领域,并逐步拓展到其他学科,开拓了学科视野,促进了各学科之间的融合发展。

相对西方国家而言,中国正式引入顶层设计的概念要晚得多。中国政府官方文件中首次出现顶层设计的概念是在2010年10月,党的十七届五中全会通过的《中共中央关于制定

---

① http://baike.baidu.com/link? url=QUofUHqZA8QCxjGYiIY9V2KcjjyP8VIlpKIiQl v72HEv9WXe6jpVX-w4pW3RSzrHryfcQhM7VshsosxJJy3Rja.

国民经济和社会发展第十二个五年规划的建议》中第一次使用该词,当时的表述是"重视改革顶层设计和总体规划",在其后的中央经济工作会议上,又明确提出了加强改革顶层设计,在重点领域和关键环节取得突破。① 这个概念提出以后,"顶层设计"迅速成为中国政治领域的新名词,引发相关领域专家学者的高度关注和热烈讨论。加强改革"顶层设计"是现阶段中国解决错综复杂矛盾的重要路径。一些根深蒂固的问题,必须通过自上而下的措施才能解决。

因此,尽管我国引入顶层设计的理念相对较晚,但是从一开始就具有全局性和广泛性,因为我国的改革涉及国计民生的方方面面,是一个更大更系统的工程,比西方国家的层级更高,发展也更迅速。

(三)高职院校人才培养的顶层设计

在高等教育领域,加强改革的顶层设计也成为高等教育改革中的关键词。高校的科学发展是建设强国的支柱之一,对于整个国家教育事业的可持续发展具有重要意义。

高等职业教育是高等教育的重要组成部分。从世界范围看,高等职业教育是"经济社会发展到一定阶段出现的一种新型高等教育,是和传统普通大学教育有着不同质的另一种类型的高等教育,是以培养具有一定理论知识和较强实践能力,面向基层、面向生产、面向服务和管理第一线职业岗位的实用型、技术型和技能型专门人才为目的的高等教育,是职业技术教育的高级阶段。"②把顶层设计的理念引入高职人才培养的战略规划中,就是结合当前高职学生面临的机遇和挑战,从高职院校人才培养目标定位出发,顺应时代的要求,运用系统科学的方法,自上而下的对高职育人理念与人才培养目标实现的各个方面、层次、要素进行统筹考虑。要想真正培养出适应社会需要的实用型综合性人才,服务社会,就必须从顶层设计的视角来分析高职院校的学生培养对其综合能力的影响。

新时期高职院校学生工作的顶层设计,是一种从新时期高职院校人才培养目标定位出发,针对高职学生群体的特点,从人才培养全局的视角,运用系统科学的方法,自上而下地对高职育人理念与人才培养目标实现的各方面、各层次、各要素进行统筹考虑,制定正确的实施路径和策略的设计。

(四)浙江金融职业学院人才培养顶层设计

随着改革的不断深入,学校更加注重改革的总体规划、统筹协调、系统推进,更加注重改革的顶层设计。学生"千日成长"工程就是浙江金融职业学院党委提出的一项统筹各方力量,系统规划学生成长路径,科学开展学生职业教育和素质教育的顶层设计方案。这一方案设计了两个模型:

一是以学生(教育客体)为主体,将"千日成长"工程构建成为知识、能力、素质螺旋式递进的学习模型。

螺旋式递进的学习模型与传统的学习模型有很大的不同:首先,它具有非线性特征。学生知识、能力、素质的培养过程并不是一个简单的线性学习过程,如果学生在某个环节比较薄弱,并不会对后续的发展产生致命的影响,在螺旋式递进的学习过程中,学生一旦发现问

---

① 王建民、狄增如:《顶层设计的内涵、逻辑与方法》,公共管理,2013年第8期。

② 彭志武:《高等职业教育学制研究》,厦门大学2007年论文。

题,马上可以回到相应的环节进行弥补和拓展,整个学习过程具有更大的灵活性,也更有利于学生扬长避短,发挥自身的优势和特长。其次,螺旋式递进的学习模式具有动态发展特征。与封闭系统不同,螺旋式递进的学习模型是在外部环境的作用下进行的,是一个动态、不断变化的过程。因此,不同于线性学习模式,可以通过每一个步骤来预期目标的实现,在复杂的系统中,由于要素的多样性,需要从多个方面、多种角度来了解学生在知识、能力、素质等方面取得的进步,从而制定科学有效的培养模式。

二是以教育者(教育主体)为主导,将"千日成长"工程构建成为以思想引领为先导,以能力培育为核心,以基础素质养成为基础的橄榄形育人模型。

在社会学领域中,社会学家将较为稳定理想的社会结构称为"橄榄形"社会结构,也就是"两头小,中间大"形态的社会结构,中间阶层占据主要比重,有利于缓解社会矛盾和促进国家稳定发展。同样,在人才培养方面,橄榄形育人模型有利于优化管理模式,分层管理,制定有针对性的管理措施,实现学生个性化发展。同时,能够充分发挥传、帮、带作用,实现师生友好平等的良性互动,真正做到以生为本,以德为先。

二、坚持以生为本,更新育人理念

(一)马克思主义关于人的全面发展的理论

20世纪80年代以来,国内哲学界对西方人本主义思潮各派哲学做了较为深入具体的研究,更加明确了人在马克思主义哲学中的地位和意义。随着对《关于费尔巴哈的提纲》《黑格尔法哲学批判》《德意志意识形态》《1844年经济学—哲学手稿》《1857—1858年经济学手稿》等马克思著作的重新研究,学界指出马克思本人非常明确地提出"人是一切社会关系的总和,是社会的主体,是一切活动的根本因素",未来理想社会"以每个人的全面而自由的发展为基本原则",强调要充分认识并尊重人的三性——主体性、能动性、创造性,充分发挥人的主观能动性,最大限度地发挥人的积极性和创造性。

(二)"以生为本"教育理念产生的背景

"以生为本"教育理念的产生有其历史必然性,是对传统人本主义教育理念的继承。早在文艺复兴时期,解放思想、以人为本已成为当时教育家改革的目标和方向。20世纪70年代,美国高等学校实现了办学思想的转变,强调"学生消费者第一",这就是"以学生为本"的教育理念的雏形。1998年,联合国教科文组织明确提出"以学生为中心"的理念,指出各国的教育工作者应当把学生的需求作为高等教育改革关心的重点。高等教育的主要内容从传授知识变成了能力培养,进而提出了素质教育的概念,这标志着教育思想的一次次飞跃,它影响着人才培养的规格和培养教育的全过程,也是坚持"以生为本"理念的充分体现。

进入新世纪,党中央提出了"落实科学发展观,构建和谐社会"的战略任务。科学发展观的本质就是以人为本,促进人的全面发展、和谐发展。2005年,教育部颁布了《普通高等学校学生管理规定》,明确提出了高等教育管理以生为本的管理理念,彰显了我国教育理念的进步,顺应了时代发展的潮流,是学生管理本质的客观需要,更加的人性化。

(三)实施"以生为本"的具体措施

学生的健康成长、成功就业、优质成才,是学院工作的出发点和落脚点。2000年,学校提出并构建了以"关爱学生进步、关注学生困难、关心学生就业"为主要内容的"三关"服务体系;2010年,学校提出并将"有利于学生健康成长,有利于学生素质提升,有利于学生就业创业,有利于学生可持续发展"作为检验育人工作得失成败的衡量标准,促进了人才培养质量的提高。

爱生是一种理念,是一种号召,是一种行动,更是"千日成长"工程的应有之义。2008年,学校将5月23日确定为"爱生节",谐音为"吾爱生";2011年,学校将11月23日确定为深化"爱生节"活动日,寓意为爱生为本,爱生为办学的第一理念。每年"爱生节"我校均举办订单班招聘会,每年深化"爱生节"活动日,我校均举办毕业生供需见面洽谈会,并且在5月23日、11月23日开展由全体领导、教师参加的与学生"零距离交流"活动。活动分年级进行,每年视情况确定各年级的主题。如2011年学校深化"爱生节"活动,一年级的主题是"读懂新生,因材施教",二年级的主题是"以教促学,以生为本",三年级的主题是"了解就业市场,加强教学改革"。目前正在开展"进寝室,送温情,献爱心"活动、绿色家园结对活动。诸多活动,进一步确立了以生为本的育人理念,进一步突出了学生的主体地位。

三、深化"三全育人",促进齐抓共管

(一)"三全育人"的研究现状

"三全育人"是具有中国特色的一种教育模式,国外没有与之完全对等的教育模式,但是国外的一些教育模式与"三全育人"也有重合之处,如美国著名教育家杜威提出的"学校道德教育的三位一体观"(Moral Trinity of The School)。他认为道德问题是一个生长问题,也就是自我不断完善的一个过程。他把学校生活、课程和教法称为学校三位一体的德育模式,强调将道德教育与社会生活相联系,这与三全育人中的全方位育人有相契合的地方。

美国的教育模式是一种典型的混合德育模式,它在德育实施途径和方法方面,将潜隐性德育途径、直接性德育途径及间接性德育途径相结合,一方面开设专门的思想道德课程,一方面又注重发挥校园生活、社会服务活动以及环境熏陶的作用,学校要培养学生的创造能力、领导能力和自我管理能力,又要让教师和管理者担负起学校道德教育的责任并受到学校的监督和评价,这些观点都与三全育人理念中的全员育人,全方位育人等思想有着千丝万缕的联系。

(二)"三全育人"的含义

从广义上而言,"三全育人"是一种教育理念,而不仅限于德育的范畴;从狭义上而言,"三全育人"主要是一种德育理念,它强调在德育这个体系内,从全员、全过程、全方位三个方面来调动各方面的力量,齐心协力,形成合力,发挥德育实效性。

"三全育人",就是全员育人、全过程育人、全方位育人。

所谓全员育人,是对育人的主体而言,每个人都要树立强烈的育人意识,发挥育人的职能,每一个教育工作者根据各自的岗位做好教书育人、管理育人、服务育人工作,并且要相互合作,形成一股合力,构建系统、全面的政治思想教育格局。

所谓全程育人,从育人的时间角度而言,强调要贯穿学生在校的全部时间乃至更长时间,认真研究学生从入学到毕业各个阶段的学习特点和身心发展规律,分析学生在不同阶段的需求,解决他们所面临的问题,有针对性地拟定不同阶段的思想政治工作重点,通过系统设计、分步推进、全程实施,培养学生形成良好的职业品质和行为习惯,促进学生思想政治教

育的发展。

所谓全面育人,从空间角度而言,打造学生培养的第一课堂、第二课堂和第三课堂,就是要通过体制机制和载体创新,实现课堂教学与课外教育,理论学习与实践活动,校园活动与社区管理,集体培育和个性化培养等相结合,将教育渗透到教学、管理和服务的方方面面,促进学生的全面发展。

（三）"三全育人"的运作机制

学生管理工作要落到实处,前提是有一套符合实际需要的规章制度。贯彻"以生为本"的理念,提倡学生发挥自主意识,并不意味着要弱化制度管理的力度,而是要制定科学合理的规章制度和打造高效可行的服务体系,它不仅有利于规范学生的行为,维护学校的稳定,而且有利于培养良好的学风和校风,同时实施人性化的管理,帮助学生树立正确的人生观与价值观。

制度是管根本、管方向、管长远的。为了将学生"千日成长"工程抓实、抓细,学院出台了《关于进一步推进全员育人、全过程育人、全方位育人的若干意见》《关于班级工作班主任责任制的实施意见》《辅导员素质提升计划》,进一步明确了学校的一切工作必须以育人为中心,进一步明确了班主任在班级工作中的职责以及对辅导员的工作素质要求,要求全体教职员工牢固树立"以生为本"的理念,根据各自的岗位做好教书育人、管理育人、服务育人工作,进一步深化全员育人工作;通过体制机制和载体创新,实现课内教学和课外教育,理论学习和实践活动,集体培育和个体修养等有机结合,构筑了全方位育人框架;通过引导和帮助学生做好三年大学学习生涯(1000日)的系统设计、实施,形成良好的职业品质和学习习惯,形成全过程育人体系,促进学生成长成才。若干制度的出台,为学生"千日成长"工程的实施提供了强有力的思想和制度保障。

四、明确工作职责,确保育人效果

育人队伍是我国教育改革和顺利发展的重要保证,育人队伍的素质一定程度上决定了教育的成败。为确保"千日成长"工程扎实而有效地推进,2010年3月5日,学校召开"千日成长"工程启动大会;2010年上半年,陆续出台了《关于全面实施"千日成长"工程,切实提升人才培养质量的若干意见》《学生"千日成长"工程实施方案(试行)》和《浙江金融职业学院学生"千日成长"工程课外教育实施方案(试行)》。学校成立了以分管学生工作的校领导为组长,教务处长、学生处长为副组长,招生就业处、产学合作处、科研师资处、计划财务处、党委宣传部、明理学院、银领学院负责人和各系党总支(副)书记参与的领导小组,各二级学院成立了以院长为组长的项目实施工作小组。同时,进一步明确并强化各部门在实施过程中的责任意识。在实践中,学校通过整合各职能部门和各二级学院的优势资源,将第一课堂与第二课堂相结合,以发展性学业辅导为特色,打造出多个以生为本的全员育人教育教学平台。在学生中采取有效的方式,以德育为基础,促进学生全面与个性化发展。同时建立健全引导、激励、评估、评价等制度,齐抓共管,确保了育人的效果。

（一）完善专业设置模式,突出大学生个性培养

教务处从人才培养模式改革、专业建设、课程建设等课堂内建设着手,通过教育教学改革和师资队伍建设加强学生职业道德,职业精神,职业知识和职业素质培养;各二级学院(专

业)编写了《千日成长指南》《千日成长记录》《千日成长评估》,根据专业人才培养的目标,从知识、技能和职业素养等方面对学生进行全方位指导,全面指点学生千日成长,引领万名学生成长成才。

(二)打造丰富多彩的第二、第三课堂,加强素质教育

学生处、团委从课堂外建设着手,积极设计载体,通过第二课堂引导学生主动锻炼,通过第三课堂引导学生主动实践,进一步加强了学生职业精神,职业能力和职业素质培养。如在思想政治教育方面,可以以学生党团建设为抓手,拓展信念教育新平台。高校学生的学生基层组织建设对大学生思想政治教育起着重要的作用,加强学生基层组织建设尤其是党团组织建设,可以更好地让学生实现自我教育、自我管理与自我服务,提高大学生思想政治教育的实效性。

思想教育上,学校团委始终坚持用邓小平理论、"三个代表"重要思想、科学发展观和习近平总书记系列讲话精神构筑青年一代强大的精神支柱。充分利用微信平台、校园网、《团学简报》等宣传阵地,积极向团员青年宣传党的理论、路线、方针、政策和国内外时事,报道我校团学工作动态,宣传典型,树立新风。通过在全体团员青年中开展培育和践行社会主义核心价值观主题宣传月活动等一系列主题教育活动,大力加强了团员青年社会主义核心价值观和理想信念教育。抓住纪念五四运动、红军长征胜利纪念日等重大节日,开展各类先进评选、表彰、宣传,在团员青年中唱响了爱党、爱国、爱社会主义的主旋律。

同时,始终坚持党建带团建,强力实施团建基础工程,组织堡垒不断巩固,团建工作不断加强,始终把团员管理和团干部队伍建设作为重点来抓。在团员管理方面,针对学校团员比例大、流动快的特点,强化了团员管理,严格团员资格审查制度,坚持和完善了新生团员入学教育制度。每年共开设2期团学干部培训班,大力倡导学习之风、调研之风,广大团干部和学生骨干的综合素质不断提高,各级团组织的战斗力不断增强。

在第二课堂方面,学校组织开展了科学文化艺术节、社团文化节、学生社团巡礼、高雅艺术进校园、校庆文艺晚会、"一二九"大合唱、校园十佳歌手大赛等多项校园文化活动,给予学生更为生动的校园生活体验。

在第三课堂方面,学校在寒暑假都会以分散实践和统一组队两种形式,资助学生社会实践小分队赴省内外各地开展社会实践活动,一大批学生在社会实践中得到了锻炼,增长了才干,并多次获得省级优秀团队称号和省级先进个人称号。暑期社会实践部分调研成果参加"农发银行杯"大学生暑期社会实践有奖征文比赛,多次获得全国的特等奖。学生在实践中拍摄的微视频在"中国工商银行杯——E路有你"大学生金融微视频竞赛中也收获颇丰。

同时,在素质养成学分上,学校也不断进行实践和探索。在2014年出台《浙江金融职业学校素质拓展类竞赛管理办法(试行)》的基础上,学校团委于2015年探索草拟了《学生素质养成大纲》,并通过与有关职能部门沟通,将学生素质养成分纳入2015级人才培养方案。同时,为便于对学生素质活动的全过程跟踪管理,2015年下半年,学校团委牵头开发了"I大学"学生素质养成管理APP系统。

(三)加大创新创业教育,提高学生创新意识

创新是一个民族进步的灵魂,是国家兴旺发达的持久动力,也决定着一个国家和民族的综合实力和竞争力。2015年,《国务院办公厅关于深化高等学校创新创业教育改革的实施意见》印发,明确了高校创新创业教育总体目标和九大任务,提出在 2015 年全面深化高校创新创业教育改革,2017 年普及创新创业教育,到 2020 年健全高校创新创业教育体系,实现以下九大任务:

1. 创新人才培养机制

建立需求导向的学科专业结构和创业就业导向的人才培养类型结构,培养校校、校企、校地、校所及国际合作协同育人机制,实现跨院系、跨学科、跨专业培养。

2. 健全创新创业教育课程体系

加强专业课程设置,加强创新创业教育,开发开设创新创业必修课、选修课,并将其纳入学分管理,加强优质课程信息化建设,推出在线课程。

3. 改革教学方法和考核方式

培养学生批判性、创造性思维,运用大数据为学生提供教育资源,改革考试考核内容和方式。

4. 强化创新创业实践

搭建创业俱乐部、创业实验室、大学生创业园、创业孵化基地、校外实践教育基地等创业教育平台,积极组织学生参加全国大学生创新创业大赛、全国职业院校技能大赛、职业生涯规划大赛等创新创业大赛。

5. 改革教学和学籍管理制度

建立创新创业学分积累与转换制度,定制创新创业能力培养计划,支持弹性学制,并表彰优秀创新创业学生。

6. 加强教师创新创业教育教学能力建设

明确全体教师创新创业教育责任,配齐配强创新创业教育专职教师,建立全国万名优秀创新创业导师人才库,建立教师到行业企业挂职锻炼制度,完善高校科技成果处置和受益分配机制。

7. 改进学生创业指导服务

健全专门的机构以提供持续帮扶、全程指导和一站式服务;强化信息服务,提供国家政策、市场动向等信息;加强创业培训,开设创业培训课程,搭建网络培训平台。

8. 完善创新创业资金支持和政策保障体系

整合发展财政和社会资金,设立大学生创新创业教育奖励基金,设立大学生创业风险基金,落实各项扶持政策和服务措施。

为了加强学生的学业创新教育,让大学生开展科技研究和参加素质拓展活动来培养独立解决问题的能力和创造性思维,鼓励大学生参加与专业有关的各项实践工作,学校建立了完善的创新创业培养体系,在学生科技实践工作中,建立了由"辅导体系""竞赛体系""实践体系"和"奖励体系"构成的学生创新创业孵化体系,推动学生创新创业工作健康、有序、持续的发展。2015 年,我院共有 10 个项目被立项为浙江省大学生科技创新活动计划暨新苗人才计划项目,2013 年立项的新苗人才计划项目全部通过省级验收;在 2014 年度学院学生创新创业项目竞赛中,我院各系学生共申报创新创业项目 154 项;在浙江省第五届职业院校挑战杯创新创业竞赛中,我院获得 1 个一等奖、6 个二等奖、3 个三等奖的良好成绩,学院再次获得优秀组织奖。在浙江省第十四届"挑战杯"大学生课外学术科技作品竞赛中,我院获三等奖 1 项。

五、夯实工作基础，优化育人环境

环境对人的性格的形成和发展具有潜在的巨大作用。优化学生成长环境，首先要维护校园安全稳定。在维护高校校园安全和稳定工作中，树立科学发展观具有十分重要的意义。高校校园的安全稳定是师生学习、生活和工作的基本前提，关系着师生的生命财产安全，是学校改革和发展的基础，是创建和谐校园的内在要求和重要保证，也是落实科教兴国战略的一项重要内容。党中央、国务院历来高度重视高校的安全和稳定工作，颁布了一系列文件和规定。

首先，按照重教育、重防范，抓重点、抓难点，出实招、见实效的思路，我院认真开展大学生思想动态研判、校园安全稳定隐患定期排查化解、重点人群帮扶等工作，完善了突发事件应急处置预案，进一步加强了预警机制建设，进一步加强了应急处置机制建设，完善了学生安全稳定机制建设，做好了校园安全稳定工作；其次，学院构建了"12345"心理健康工作机制，进一步加强了学生的心理健康教育；再次，学院构建并形成了发展服务型的学生资助体系，该体系以经济资助体系为保障，以帮助经济困难学生成长的发展体系为目标，进一步推进了学生资助工作；最后，做好大学生生活指导和生活教育工作，构建"三级网络、四方联动、五位一体"的学生社区自我管理新模式，这既是我院承担的浙江省教育改革试点的项目，也是优化育人环境的重要举措。诸多举措，进一步优化了校园环境，营造了良好的育人氛围。

六、搭建工作平台，创建育人载体

学院根据不同学生年级特点搭建工作平台，积极实施学生"千日成长"工程。对一年级学生，利用"明理学院"这一平台，以培养"金院学子"为阶段目标，突出学生学业生涯规划，面向全院学生开展明理教育活动；对二年级学生，结合所在系的专业教育平台，以培养"系部学友"为阶段目标，体现育人的职业性和开放性，突出学生的职业能力和学生职业生涯设计，提高学生的职业技能；对三年级学生，结合"银领学院"这一平台，以培养"行业学徒"为阶段目标，注重学生实践能力、创业意识的培养，提高学生的就业能力和创业能力。对全体女生，结合"淑女学院"这一平台，以培育内在修养、气质形象、才情才干为重点，通过"内修""外塑""才技"模块，使全院女生在掌握必需的专业知识与技能的同时，能够正确认识和把握自身角色，成长为现代职业女性。

学院将"千日成长"工程与教育教学改革和人才培养模式改革有机结合，在巩固示范性建设成果的基础上，更加注重学生职业素质与职业能力提升，学历教育与岗前培训相结合。首先，建立了全方位的条件与保证措施，即深化专业与专业群建设、美化课程与教学资源建设、固化校企合作网络建设。其次，进一步推进人才培养体系建设，即建设一个教学指导委员会，聘请一批行业企业兼职教师，巩固建设一批学生实习实践基地，提升优化一批优异的校内实训教学环境，搭建创新一批行业合作交流平台、结交发展一批同行互动交流平台。第三，进一步推进了校企合作。创新了校企合作载体，在金融类主体专业群上，坚持面向基层，兼具订单人才培养、合作产品营销、岗位培训轮训功能的"校企合作综合体"；在会计类普适专业群上，引企入校，建立教室即工场、教师即员工、教学即工作的"校企合作有机体"；在经贸类专业群上,依托校友企业,鼓励自主创业,形成一批"校企合作共生体",确保学院的人才培养定位和培养方案贴近行业和实践的需要。第四,结合财经类高职院校特点,在教学工作上更加突出学生说的能力、做的能力、学的能力,引导全体学生以"精彩三分钟,精心九十分,愉悦每一天"为理念,上好每一堂课。在教务处的统筹协调下,在7个系部的努力下,初步形成了"七彩金院、交相辉映"的办学格局。

根据已有的育人平台和人才培养质量提升的新要求,学院还设计了"123456"系列课外育人载体。1即一条主线,以学生职业素质提升为主线,继续实施以"品德优化,专业深化,能力强化,仪表美化"为内容的学生职业素质提升工程。2即两个抓手,将学生党建和思想政治教育活动作为学生教育引导和素质提升的载体和抓手。3即三维文化,继续坚持并创新"诚信文化、金融文化、校友文化"为内容的三维文化育人体系建设。4即四类竞赛,举办文艺体育类竞赛、专业学科类竞赛、职业技能类竞赛、创新创业类竞赛,激发学生的竞争意识,创新意识,提升学生的竞争能力和创新能力。5即五百个榜样,重点培养和培育百名理论骨干、百名学习标兵、百名学生骨干、百名技能尖子、百名文体之星。6即六个千万活动,开展"千名学生写万封信""千名学生评万象风云","千名学生读万卷书""千名学生传万句箴言","千名学生行万里路""千名学生访万名校友"等活动。

第五章　学生"千日成长"工程实施的主要成效

通过设计、实施和推进学生"千日成长"工程,经过多年的实践,学院学生的成才效果明显,初步形成了"千日成长,千花盛开,百花绽放,人人成才"的育人局面。

一是面向全体学生,促进学生成长成才。近五年来,"千日成长"工程直接受益学生逾3万人。据统计,2010—2015年间,全院学生共有3000余人次在国家、省、市级学科、文体、社会实践及素质拓展类1200多个项目中获奖,有1300多个集体获得省市级荣誉称号,有60余人次获得国家奖学金,1300余人次获得各类校外奖学金,近11000人次获得素质拓展奖学金,2名学生分别入选浙江省第二届、第四届"十佳大学生",1名学生成为浙江省第十三次党代表。

通过实施"千日成长"工程,进一步提升了学生的综合素质和可持续发展力。学院学生就业率连续多年保持在96%以上,其中,金融系统订单培养数量占毕业生人数的50%以上。据麦可思(MyCOS)公司对学院毕业生的调查报告显示,连续多年毕业生对母校的满意度为95%以上,对母校的推荐率为85%以上,大大高于同类学校。

二是拓展社会影响,彰显示范引领作用。2013年,作为唯一一所高职院校代表,学院在第22次全国高校党的建设工作会议上就"千日成长"工程做了专题交流。2012年,学院申报的《"千日成长"与"素质教育"——浙江金融职业学院学生"千日成长"工程纪实》、《高雅睿智唯美塑造现代职业淑女——浙江金融职业学院淑女学院创设》均被浙江省委教育工委、浙江省教育厅入选为2012年全省高校教书育人典型案例。有3个案例入选《全国分类引导青年案例汇编》,2个案例入选《全国分类引导青年电教片》。2012年,该工程获得学院第五届教学成果特别荣誉奖,2014年9月,该工程获得全国金融职业教育教学指导委员会教学成果评选一等奖。2015年5月,省教育厅领导特别将本成果向省委书记夏宝龙同志做了专项汇报。《今日早报》以《窈窕淑女》为题,整版图文报道学院淑女学院。2011年8月,《教育信息报》以《"三千"工程育英才》为题报道了学院学生"千日成长"课外育人平台。2010年5月11日,中青报以《从纸上谈兵到眼睛看用腿跑》为题,专题报道了学院的"千名学生评万象风云""千名学生行万里路"活动。中国青年报、青年时报、钱江晚报、都市快报、浙江在线等媒体也先后相继报道了学院学生"千日成长"工程所开展的系列活动及所取得的成效,"千日成长"工程得到了广泛的好评。近三年来,学院先后公开出版《高职院校发展服务型学生工作体系研究》、《扬帆高职——浙江金融职业学院大一学生成长指南》、《幸福成长——浙江金融职业学院大二学生发展指南》、《优质发展——浙江金融职业学院大三学生成才指南》专著四部,编辑出版《品牌金院,品质学生——学生"千日成长"工程品牌项目汇编》一部。在各类核心及一般公开刊物发表论文50余篇。

第一节　十佳大学生——学生身边的榜样

"培育先进典型,重视榜样领航"一直是浙江金融职业学院育人工作的重要抓手。为树立和宣传大学生中的先进典型,用典型事迹感召和激励全体学生奋发向上、立志成才,展示新时代大学生的精神风貌,自 2006 年开始,浙江金融职业学院实施一年一度的十佳大学生评选制度,截至 2016 年,已连续评选了十一届。其中,第六届十佳大学生"自强之星"、国际商务系英语 09(1)班郑婷,第十届十佳大学生"技能之星"、会计系会计 13(5)班鲁梦琴同学分别获得浙江省第二、第四届十佳大学生的称号。本节拟将获得浙江省十佳大学生称号及校内近四届十佳大学生的事迹予以归类展示。

一、挥着翅膀的女孩——浙江省第二届十佳大学生郑婷

她,是原浙江金融职业学院国际商务系英语 09(1)班的学生,她却于苦难中坚强,感动金院;她,是千万党员中的普通一员,她却于平凡中执着,誉满全省。"2010 年浙江省十佳大学生"有她,"2010 年全国大学生年度人物"的入围奖有她,"2010 年全国大学生自强之星"的提名有她,浙江省第十三次党代会唯一的高职学生代表也是她。她,就是于逆风中挥着翅膀高飞的女孩——郑婷。

初见郑婷,任何人都会被她阳光般的笑容所感染。她的微笑,触动你的心灵,似百合在心中绽放。然而这天使般的女孩,却在多舛命运的捉弄下,肩负着常人难以想象的重担。

郑婷家在绍兴县王坛镇越联村,家境贫寒。2007 年父亲的病逝,无疑让这个苦难的家庭雪上加霜。为父治病所欠下的高达 10 万元的债务、智障的姐姐以及因病卧床的母亲,这所有的一切都压在了刚满二十岁的小姑娘身上。她伤心,她痛苦,可她还是毅然决定休学一年回家照顾病榻上的母亲和智障的姐姐——只为了那份血浓于水的亲情和责任。

大山始终会记得那个瘦弱的背影。上山采茶,下田干活,烧火做饭,为母亲和姐姐洗漱,喂药喂饭,去医院……尽管如此,她仍没有放弃对知识的追求,每每空余,郑婷都会捧起她珍爱的书本,憧憬学校生活的种种。命运无情人有情,在多方帮助下,郑婷的母亲和姐姐住进了社会福利院,她也得以重返校园。

2009 年 9 月 15 日是郑婷正式回归校园的日子,这只饱经风雨洗礼的雏鹰,终于在此展翅高飞。过去的一年,对于郑婷来说,是值得珍惜和回味的一年,她克服重重困难,在学校的学习生活当中取得了相当骄人的成绩,她令所有人欣慰。

郑婷是不幸的,可她又是幸运和坚强的,同时也是可亲可敬的。在班级里,她是团支书,带领同学们开展各项活动,为良好的班风形成积极努力,她所在的班级也获得了"学风示范班"以及"优秀志愿者班级"的荣誉称号;在课堂外,她是浙江金融职业学院英语口语协会的发起者,她组织同学们早读晚听,组织各类英语活动和英语竞赛;在系里,她曾任团总支组织部副部长,负责全系学生党员及团员青年的各项工作。同时她也是系青年志愿者服务队的负责人,负责开展青年志愿者的各项活动;在学院,她是"微基金"的发起者,她站在了爱的支点上,同时希望能将爱延续,帮助更多需要帮助的人。无论是在校内还是在校外,郑婷始终

发挥着优秀共产党员的示范作用。在浙江省第十三次党代会召开前期,她发动微博的力量,积极与同学们互动,收听来自大学生们的最真实的声音,从大学生切身权益出发,形成了两条十分有价值的提案。

我们不希望苦难降临到任何人的身上,可是苦难总会不期然地降临到某些人的身上,有的人在苦难面前低下了头颅,默认了失败,开始怨天尤人,开始自暴自弃,诉说命运的不公,诉说人情的冷漠。也有的人把苦难化为财富,在苦难中学会坚持,学会承担,学会感恩,相信真情永在,相信不屈抗争,在泪水擦干之后,对着人们仰起笑脸。郑婷无疑就属于后者,她将苦难点点滴滴收集起来,化为一双隐形的翅膀,让人们看到她精彩地飞翔。

二、专业技能的追梦人——浙江省第四届十佳大学生鲁梦琴

鲁梦琴,女,汉族,1994年1月出生,浙江绍兴人,浙江金融职业学院13级会计专业特招生,曾是会计系组织一部的学生干部。

因为技能圆了大学梦

鲁梦琴高中就读于绍兴市职业教育中心会计专业。第一届技能比赛,经过几个月的停课训练,最后由于没有调节好心态,以失败告终。但她对点钞、传票等技能,对比赛热情饱满的心依然没有改变。之后在上海商业会计学校就读过一年,进入上海市技能集训队努力练习技能,经过上海市三次选拔赛,进入2012年全国职业院校技能大赛中职组会计技能比赛并获得个人二等奖。

作为一名职校生,上大学是她一直以来的梦想。浙江金融职业学院,前身直属于中国人民银行总行的浙江银行学校,现在称为浙江省金融界的"黄埔军校""行长摇篮"——她梦想中的大学。她想在一所注重技能的大学里,一步一步向着自己更高的梦想前进着。

于是,她抱着"靠技能上大学"的梦想,回到绍兴参加比赛集训,获得了2013年全国职业院校技能大赛会计技能大赛暨绍兴市选拔赛个人一等奖、2013年全国职业院校技能大赛会计技能大赛暨浙江省选拔赛个人一等奖。最终以"2012年全国职业院校技能大赛中职组会计技能比赛个人二等奖"被特招到浙江金融职业学院。那一刻,她真的做到了,技能改变了她一生的命运。

因为技能成了"金手指"

大学刚开始时,她很勇敢地去竞选了"技能委员"一职,在高中时期参加过三届各个级别会计技能比赛的她,在技能方面跟其他同学比,有不少的经验,想帮助更多的同学练技能,更好地服务大家。但由于最终票数不够而落选,但她并没有灰心。

在大一上半学期,她很荣幸地被老师选去参加2013年全国职业院校"网中网杯"财务决策大赛,并取得了东区二等奖,因此进入了会计系"卓越人才"培养工程。由于技能成绩突出,她很快成为了会计系"金手指"工程和学院"百名尖子培养工程"的成员,对点钞、传票、五笔三项技能也变得更加地热情,并且三项技能认证考都达到了"技能尖子"的标准。在大一下半学期,参加了2014年浙江省职业院校会计技能大赛,以团体第一名的成绩冲进国赛,并取得了全国会计技能大赛三等奖。站在领奖台上,看到了她满脸的幸福。每次的浙江省、全国性的会计技能大赛训练确确实实是无比辛苦的,她没有双休日,更没有所说的休息日,连寒暑假都只有其他学生的一半,但在她身上,有着一股正能量。在大二上半学期,她参加了

全国三好杯财务电算化比赛,获得个人一等奖。

练技能确实是无比枯燥的,每天反反复复地做同一件事情。但每当路过机房经过点钞房时,我们都能看到她打开技能软件在努力翻打传票、练习五笔打字和点钞。练习技能甚至成为了她一种条件反射。每一次测试时,能多点一张钞、传票少花一秒、五笔多打一个字,都能在她脸上看到甜美的笑容,她很满足。

在多项技能中,她专攻的是点钞多指多张,单指单张达到了 23 把/10 分钟,多指多张 45 把/10 分钟的水平,她以"破院记录(56 把/10 分钟)"为目标,平时练习中,她不仅会去不断提升清点单把的速度,更会注意整个流程的完美程度。遇到问题或者哪个动作能够提升速度的,都能够及时与同学和老师进行沟通和交流。遇到所谓的"瓶颈期",她并没有想放弃的念头,相反地,她会加倍地练习与思考。练技能这条路是辛苦的,每天都能看到她背着点钞装备出现在点钞房内,在她的点钞装备中,永远有着大量的创可贴,因为"无情"的扎钞条总是一次又一次地把她的手指割伤,她的点钞券上都沾满了血,那是她努力的印记。

除了对点钞如此"痴情"之外,她的其他两项技能(翻打传票和五笔)也都达到了"优秀"的标准。到大二上半学期为止,她已获了 51 张荣誉证书。

作为会计系"金手指工程"点钞组队长的她,平时除了积极参加会计系、学院的技能擂台赛之外,更多时候,她还会帮助别人怎样练好技能,每周都能看到会她跟同学一起在练习技能,带动他们一起"爱上"技能。她会帮助同学纠正错误的点钞指法,传票"翻"与"打"的动作衔接,五笔如何去快速的拆字,解决他们对技能的困惑当同学遇到"瓶颈期"想放弃练技能时,她会不断地激励他们。当会计系、学院有技能比赛时,她都会在 QQ 群里及时通知大家,鼓励大家积极参加每一次技能比赛,让更多的人成为"技能尖子"。作为浙江金融职业学院"百名尖子培养工程"成员的她,也会带动金融系等其他系的同学练习技能、一起交流技能,相互帮助,共同进步。

因为技能铸就了职业梦想

在寒假和暑假期间,她会与外面学校的老师和同学,相互交流技能。对她来说,那是一个挑战,但她乐意帮助别人做自己力所能及的事,实现浙江省会计技能人才全面化。她会让更多的人知道其实练技能有很多乐趣,并非是他们心中想象的枯燥乏味!她用汗水与对技能的执着换来了今天的成长与收获,在人生路上迈出了坚实的第一步。

2015 年 3 月,鲁梦琴去了北京用友公司实习,以更好地准备下一个全国职业院校的会计技能比赛。短短一个月的实习,她努力学习会计技能大赛业务流程的信息操作以及开发软件过程中的软件单据测试,并将测试过程中出现的问题及时与研发部门沟通、解决。实习期间,配合 V 财竞赛项目组的专家完成会计软件研发的初步工作。

技能是她人生中的一大部分,但专业课成绩一直也是名列前茅的。每天技能练得累了,她就会去图书馆安安静静地看会书。大一时,她考出了浙江省计算机一级、金融咨询师、会计从业资格证书,并以 91 分的高分考出了初级会计师证书,此外,她还参加了浙江工商大学自考本科财务管理专业的专升本并完成了大部分的课程。期末时,以综合测评第一获得了"三好学生"的称号、校内一等奖奖学金以及国家奖学金。在大二上半学期,综合测评也是第一并完成了浙江工商大学自考本科专升本全部课程和毕业论文答辩。

在工作方面,作为会计系副主任的学生助理,她认真负责,吃苦耐劳,按规定的时间与程序办事,她会合理安排好时间,井井有条地工作,有质量地完成老师交代的所有任务,能够积极与教师沟通交流,起到上传下达的作用。同时积极主动配合其他部门工作的开展。积极向上是她的心态,努力超越自我,是她的目标。在大学一年半期间得到了同学和老师们的一致好评和喜爱。

坚持练习会计技能五年,坚持比赛之路,一路艰辛一路收获。手指的伤痕和比赛中的挫折只会将鲁梦琴打磨得更为自信,更为耀眼。一个人做一件事并不难,难的是能坚持做下去。我们有理由相信,鲁梦琴会在这条技能路上变得更加坚强、自信、勇敢,她可以在人生的舞台上尽情的表现自己,在技能上有更大的突破,更多地去帮助别人掌握技能。这就是来自浙江金融职业学院的一个平凡而不平庸的女孩——鲁梦琴。

三、学习之星——专业的宠儿

(一)第八届十佳大学生"学习之星"——李文文

李文文,女,1992 年 6 月出生,浙江温州人,中共党员,原国际商务系国际贸易实务专业101 班学生,任国际商务系团总支副书记、班团支书一职。曾连续三年综合成绩专业第一,荣获"国家奖学金",连续三年获得"校一等奖学金",校外"中财"奖学金、校外"摩达奖学金"。连续两年获得"优秀团干部""三好学生"荣誉称号。在学院,她工作认真,恪尽职守,兢兢业业,一丝不苟。步入社会,她勇往直前,绝不停歇。

高三那年,她毅然决然的选择参加 2010 年自主招生进入了浙江金融职业学院,成为国贸 101 的一员。小时候,她的梦想每个时刻都在变,每个时刻都在幻想着未来的美好。随着时间流过,人慢慢的长大,阅历的增加,让她憧憬在未来的道路上,她开始学会选择。回头看看,当初选择到金院自主招生,是新的开始,是另一个机会的选择。这个选择,让她认识了这群积极、富有创造力的国贸 101 的同学,他们独一无二,他们团结,他们全面发展,他们缺一不可。进入大学,同其他大一新生一样,冲着锻炼,冲着新鲜,冲着不知名的东西加入了学生会组织部,她努力做着,她相信只要自己敢想就可以撑起一片天。在工作上,她总能想同学之想,急同学之急,得到了老师和同学的认可。她非常清楚作为学生的本职工作,学生以学为本,除了对学生会工作力求更上一层楼,在学习上,她也严格要求自己每个学期综合成绩排名必须排在班级前 3 名,她坚持下来了。

在这条道路上积极奔走的她相信,没有比脚更长的路,掌握自己的命运,只要努力严格要求自己,她的未来不是梦。

我们无法计算人生的路途有多远,但是我们可以把握的是旅途中的每一个站台,每一个人,每一件事,没一道风景。充实自己的头脑,在大学三年生活中,她在各方面严格要求自己,努力使自己成为一名德、智、体各方面全面发展的优秀大学生。在她看来,学习是学生的天职。因此她一直坚持刻苦学习,但并不是一味的死学,在学习上,她有着自己独特的学习方式。她认为在每节课之前,预习是很重要的,因为通过预习才能知道哪个知识点看不懂,然后用笔作出记号,带着问题去听讲,目的很明确且有侧重点。这样不但可以使听课精力集中,而且能轻松的听懂并理解。她觉得做课堂笔记也很有必要,在期末考试复习时,只要将课堂的重点笔记翻出来看一看,就可以很轻松的完成试前复习了。

三年的大学时间里,因为刻苦而成绩优秀,因为忙碌而生活充实,因为务实而受人赞美。

她坚信,不管过去取得了怎样的成绩,对于明天的她来说,那都将成为过去,留给她的是一生用之不尽的精神财富,她将带着这沉甸甸的财富去创造自己的未来!

(二)第九届十佳大学生"学习之星"——左欢

左欢,女,1992年9月生,中共预备党员,原金融系金融12(9)班学生。曾担任班级班长一职、院学生会学习部干事、环保协会会员、寝室长等职。

2012年9月,她以四川省文科第一名的成绩来到浙江金融职业学院,并且选择了学校最具实力的专业——金融管理与实务专业。进入大学以来,她始终把专业学习放在首位,因为她相信牢固的专业知识才是她今后工作的根本。她能够端正态度,处理好工作与学习的关系,平时注意学习和自我调整,提高自我约束能力。当然面对社会,通常学历越高工作机会越多,发展速度越快,因此在读专科的基础上,她选择了浙江工业大学的专升本,因为她知道只有自己不断的努力,才能为自己赢得更大的发展空间。在大学期间,在自身努力学习的同时,她还积极的参加过很多关于学习的竞赛,并且在当中不断领悟,不断提高自己的学习能力。在班里,她身为学习委员,带领其他同学共同进步,提高同学学习积极性,2014年,她们金融129班获得了学风示范班的称号。

在学校的时间毕竟是很少的,她也懂得,只是学习课本里的专业知识是不够的,因此她找了很多拓展机会,如向其它本科学校的同学学习经验,每个周末去图书馆看相关专业和其它专业的书籍,积极考证,不断拓展知识面,注重全面发展。

作为一名预备党员、一名新生钻石奖获得者、一名贫困生、一名班级领导者,她感受到了学校老师同学对她的关心、重视和期待。她相信付出就会有回报。在学校的时间里,有过受挫的痛苦,有过成功的快乐,但她觉得这些都是人生的财富。面对现代社会激烈的竞争,她不得不从各个方面认识自己,完善自己,提升自己的人格魅力。有人曾经说过:能够登上金字塔的有两种人,一种是鹰,一种是蜗牛,但无论是鹰还是蜗牛都离不开一个字,那就是"苦"。她希望她所得到的或者她所失去的,都能为她将来创造一个美好的明天。

在整个大学时光里,她充实而无悔。在学业上,她充分利用自己的课堂和业余时间,不断地追求新知识;工作上,认真负责用心,尽职尽责;在生活中,充满热情,积极的关心和帮助他人,她用青春、热情、汗水和心血在美丽的金院铸就了一个全新的她,一个经过不断提高坚强勇敢的她,一个对未来充满希望的她。

(三)第十届十佳大学生"学习之星"——冯利滨

冯利滨,男,1995年1月生,共青团员,原经营管理系营销13(3)班学生。曾任班长、系学生会学习部部长职务。

他来自浙江湖州的农村,是一个典型的阳光男生,他是一个认真专一的人,认准了自己的职业理想就永不回头,勇往直前。从他在湖州当地那所职高选择"市场营销"这个专业以来,就一直努力地向着这个方向前进。2013年以湖州市单考单招营销专业全市第一的高分考入浙江金融职业学院,毅然选择了市场营销专业,他在2014年为进一步提升自己的学历,报考了浙江工业大学市场营销专业(自考本科),目前已经考出10/12门自学考试课程,并考取了"全国中小企业经理人市场营销证书"。从职高到浙金院再到自考专升本,他的求学经历有着满满正能量。

大学生的本职工作就是学习,这是他给自己在大学期间的一个信念,他想通过不断的学习来提升自己,充实自己,他从不迟到早退,准时完成作业,坚持自我学习和监督。在大一学年个人的成绩表中智育为105分,综合测评为103.65分,其中考试课6门,平均90分,考查课10门,优秀8门,班级排名第一。在大二上半学期成绩表中,智育102.5分,综合测评95分,其中考试课2门,平均分92.5,考查课4门,优秀3门,班级排名第一。曾获学院"一等奖学金"、校外"浦发奖学金"。

他积极参与院系各类学生社团组织,曾任系学生会编辑部干事,在学院成功参加第一届"浙金院最美教官"评比,得到了一万多名学生及家长的投票。

在担任班长职务的两年时间里,做到自身树立榜样、求学向上的同时,还团结全班同学一起学习,取得了在大一大二上学期全班无一同学挂科的好成绩。同时也开展了"班级无手机课堂辩论赛""推选班级技能之星""我的读书故事主题演讲"等活动,培育了良好的学风,所带领班级被评为"学风示范班""优秀团支部""素质拓展奖学金红旗团支部"等荣誉称号。

他同时兼任学生会学习部部长,在他担任职务期间,在团结系部门干事协助院系开展活动的同时,努力营造系部浓厚的学习氛围。成功牵头举办了经营管理系第二届新老生交流会、第五届"集思明辩,巧辩青春辩论赛""经营管理系首届全系课堂笔记评比等活动。在系学生会的平台上,他不光使自己的能力得到了锻炼和提升,同时也利用这个平台引导着系部的学风建设更好发展。

在大学期间,他也积极参加各类学术竞赛活动,参与并获得学院第五届中华经典诗文大赛即首届汉语大赛二等奖、学院第六届职业生涯规划大赛暨浙江省选拔赛二等奖等众多奖项。

(四)第十一届十佳大学生"学习之星"——张虚平

张虚平,男,1995年11月生,共青团员,金融系金融14(1)班学生。现任班级学习委员、院团委校友联络部副部长。

刚进入大学,他就为自己制订了合理的学习计划,并且把"上课不迟到、不旷课"作为自己平时学习中的基本要求。或许是一直以来养成的好习惯,他总能认真的对待每一科的学习。他认真学习每一门课程,即使是考查课也从来不懈怠。在大一的学习中,几乎每门考试课都取得优秀的成绩。尤其是大一上学期会计基础较难,他每天都做一些习题来巩固基础,养成课前预习,课后复习的好习惯,最终会计基础取得优异的好成绩。对于比较难的大学英语教学,他总能认真地记好每一节课的笔记,然后认真的复习英语单词,巩固课后知识。对于大一下学期繁重的学习任务,他提前为自己制订了一份合理的学习计划。首先是针对四门考试课,他进行合理分类,把不同类型的科目合理划分。对于财会、高数等比较难的科目,在平时的学习中他总是提前做好预习,课后做好复习,及时做习题加以巩固知识。对于那些比较简单的科目他则在平时课上的学习中争取全部弄明白,为比较难的科目留出较充分的学习时间。他在学习中总是能够做到查漏补缺,针对自己的强项科目英语等加以稳固,每天抽出一定的时间背诵单词、练习口语等,同时也为英语三、四级考试做准备,最终顺利通过了英语三、四级考试。在大一学年的学习中他取得了智育和综测班级第一的优异成绩,并且获得了国家奖学金、校一等奖学金和三好学生等荣誉。在大一大二的学习中他不仅仅是合理安排自己的学习生活,在做好合理的计划之后,他又积极参加各种学术竞赛,积极认真地为竞赛做准备,最终在全国大学生英语竞赛中获得浙江省赛区一等奖和浙江高职高专英语口语比赛一等奖的好成绩。

大一上学期，他凭借自己对学生工作的热心，积极竞选并成为班级的学习委员，他关心班级每一位同学的学习，积极做好自己的本职工作。作为学习委员的他总是主动与班级的同学沟通，在平时的学习中，他认真的了解大家的学习情况，积极帮助那些学习上遇到问题的同学。在寝室里，和室友一起交流和争论，让自己在学习上不落后、不放松。他还经常和同学分享学习的经验、方法，和挂科同学交流，经过一年的努力，同学们在学习上取得了不错的成绩。在期末复习阶段，他担当重任，带领同学一起复习学过的知识重点，为大家讲解习题，关注每一位同学的复习状态。

学习之余，他总是积极主动的参加每一次有意义的校园活动。虽然大学的生活是繁琐而忙碌的，但他能够将紧张的时间安排得有条不紊。为了提高自己的口语能力，在大一下学期他就积极参加了学院承办的全国大学生英语竞赛。由于刚进入大一，对竞赛的相关知识不了解，但是他并不退缩，经常利用课余时间去图书馆看书学习，上网找相关资料以及进行对英语竞赛的全面了解，最终取得了自己理想的成绩。

四、学术之星——创新的先锋

（一）第八届十佳大学生"学术之星"——陆海利

陆海利，女，1993年3月27日出生，杭州萧山人，中共预备党员，原国际商务系商务英语专业11(5)班学生。

青春的火花在碰撞中产生，年轻的激情在奋斗中激荡。2011年9月，怀着梦想，她走进了浙江金融职业学院，开始了新的旅程。从那时起，她就为自己确立了一个准则：尽最大努力，让大学生活的每一天，都有新的收获；无论是学习还是工作，都要融入最强烈的热情。所以自入校以来她便在思想、学习、工作、生活等各方面严格要求自己，在老师的指引、教诲和同学的帮助下，在诸多方面有了很大的进步。

1. 思于脑，想由心

由于在高中期间被评为杭州市"三好学生"，再加上竞选团支书成功，同时在高中时已顺利从业余党校毕业，她有幸成为班级第一批入党积极分子。在一年的考察期内，她积极向党组织汇报个人近况，向党组织靠拢，并于2012年10月成为中共预备党员。她知道，共产党员不仅仅是一种身份，一种光荣，更意味着一种责任，一种拼搏和一种奋斗。

2. 人不学，不知道

有句话叫"学生以学为生"。确实，作为学生，首要任务就是学习。要不断学习，不断进步，用知识武装自己。在积极参与各项活动的同时，她从未放松过学习。她参加过学校组织的各种比赛，也拿到了证明自己能力的荣誉。她抱着虚心求学的心态通过学校的层层选拔，顺利参加了第四届浙江省大学生职业规划大赛，并取得了二等奖的成绩。此外，她还勇于创新，积极参与了学院第六届"挑战杯"创新创业竞赛，并获得了三等奖。

3. 劳其筋，动之情

除了在班级任团支书外，大一期间，她还是系学生会学习部的一员。一年多的学生工作，她深深地感到：与优秀学生共事，使她在竞争中获益；向实际困难挑战，让她在挫折中成长。

4.严律己,宽待人

在生活中,她朴素节俭、性格开朗,严以律己、宽以待人。平时很善于和同学沟通,也乐于帮助同学,所以很多同学不管生活上还是思想方面有了困难都愿意来寻求她的帮助。在生活中,她与同学建立了很好的人际关系,获得了大家的尊重和支持。同时,她所在的寝室被评为文明寝室,而她们的班级更加优秀,被评为浙江金融职业学院 2011—2012 学年优秀团支部和学风示范班。

用无尽的热情面对生活中的每一天,大学,她一直在奋斗!

(二)第九届十佳大学生"学术之星"——林维

林维,女,1994 年 9 月生,共青团员,原会计系会计 12(4)班学生。

热情、性格活泼开朗的她,心理素质好,乐观向上,为人真诚、坦率,能吃苦耐劳,有较强的适应能力和自学能力及人际沟通能力,有一定的团队领导能力和协作能力。

在学习上,她勤奋刻苦,充分利用课余时间在图书馆钻研专业课,积极考取各类证书。在技能方面,她是会计系"金手指"工程的一名学员。在校期间,她勤练技能,不断参加学校组织的各项技能比赛,并获得了院第十二届"众诚杯"技能大赛手工翻打传票一等奖;院"众城杯"点钞多指多张三等奖;院"金钞杯"点钞多指多张第三名;院技能协会五笔文章三等奖。同时,在学院的认证考中,她也取得了三项技能全部优秀的好成绩。

在学术上,作为一名大专生,她深知自己的学历尚浅。但是,在专业课上她拥有一颗非比寻常刻苦的心,凭着对专业课的爱好与刻苦钻研的态度,她参加了 2013 年的浙江省财会信息化比赛,刚开始对于报财会信息化的决心有些踌躇不定,因为与此同时她的初级会计师资格考证也在紧张的准备中。正当她犹豫不决的时候,她想起系党总支副书记邵月花老师讲过一句话:"心有多大,舞台就有多大!"若想要自己的舞台变得更加宽阔,首先得内心更加强大。她必须磨练自己,让自己变得更强大。于是她下定决心报了名,她相信自己一定能兼顾好初级会计师与财会信息化比赛的!2013 年暑假刚开始,当她的小伙伴们回到自己温暖的小家待在凉爽的空调房里时,她已经开始进行财务会计专业知识的培训了,炎热酷暑的夏天,她待在闷热的小房间里培训了两个星期。短短两个星期,大家一起把中级财务管理整本书认认真真地上了一遍。9 月份开学后,很不幸,她的脚摔伤了,每周要去医院包扎。那时的她心情非常复杂,在学业上已有不小的压力,同时还要忍受病痛的折磨,心里压力很大。就在心理防线快崩塌时,老师与学姐学长们的细心开导与安慰让她沉思了很久。她觉得自己选择的路就算爬也要爬过去。既然选择,就不容放弃!所以她又重新振作起来,继续从前紧张的学习节奏,把握每分每秒刻苦钻研学业,不懂就问。通过她夜以继日的努力,在 10 月份的比赛中她与她的队友成功进入决赛,并荣获了浙江省财会信息化一等奖。

她仰望着上天,内心充满着感激,很感激那些挫折,那些让她想退后的想法,当时她可能觉得她是处于人生的最低谷最压抑的时候。但现在,她反而很珍惜那些时光。

(三)第十届十佳大学生"学术之星"——周子娇

周子娇,女,1995 年 1 月生,共青团员,原人文艺术系文秘 13(2)班学生,曾任学院学生新闻中心副主席、班级班长职务。

她是热情与安静的结合体,也是外向孤独症的典型。正是这样的性格,为她奔向自己的目标打下了坚实的基础。

　　"立身以立学为先，立学以读书为本。"她深切的感受到来自社会的压力和竞争，而这在高中之前并没有成为她的动力，那时她并不认为学习有多么重要，也不认为成绩可以成为评定一个人能力的标准。那时候的她，"主业"是享受生活，玩乐嬉闹；"副业"才是学习。永远把学习放在第二位的她，在中考失利的打击下，突然变得安静、沉默，面对考上了重点高中的同学，她似乎有些许的自卑。幸好，家庭环境让她养成了非常积极的心态，她那一年的"黑色"夏天走了出来。尽管上的是职业高中，但她并没有放弃自己。当然，在最后努力下，仍因失了10多分，与本科院校失之交臂。但是，她一直都很幸运，这种幸运延续到了浙江金融职业学院。她遇到了非常好的老师，非常好的学习资源和教育环境。这都标志着她翻开了新的篇章，要把以前的观念全部抛开，把被动的学习改成主动的学习。而她对学习的概念有了新的认识，学习是用量化的方式去记忆知识，而应该从现有的课程中汲取最重要的，最适应时代发展和自己推敲的内容，结合实践，让知识转化为指导行动的方向，让方向带动前进的动力。而知识和文化的区别则更为明显，以前并不能区分知识和文化的不同。但是现在想起来，文化影响体现在内心和言谈举止。所以，在学习知识和提高人文素养方面，她在学习过程中有根本性区别。在平日学习时，她会根据课程的难易程度和喜爱程度，分批进行学习。对自己感兴趣的学习内容，会特别集中注意力，利用最高效的学习效率深入其中，掌握要点；在面对自己不感兴趣或者是有难度的课程时，会将某时段的大部分课余时间投入其中，以求理解。基于这样的学习情况，再去安静阅读文学书籍，站在巨人的肩上看世界。而她的价值观也正在这发展过程中，因为看书而变得更加坚定。说是读书，其实也是在读人生吧。书籍是垫在脚下的砖瓦，只有慢慢地积累，才有可能让砖瓦高墙，驱除现实社会的寒冷，将理想放于不灭之地，照亮心中的净土。而就在这样的学习状态下，她连续两次取得班级综合测评第一，一次综合测评第二的成绩。

　　"人的生命似洪水奔流，不遇着岛屿和暗礁，难以激起美丽的浪花。"将学习和生活放在对立面显然是不对的，而将两者连接的则是学术里面的"术"。何为术？辞海解释为，思想造化，随通而行，有技艺、方法之意。如果将学术放大来说，那她显然还没有达到"术业专攻"的标准，充其量停留在"格物致知"的最浅层。但是她相信学院是在倡导一种精神，即对学生感兴趣的事物，不功利地去挖掘，去探索，以提升认知和能力为主，以追求知识为主。而她作为一个学生，则在自己力所能及的范围内，涉足自己不熟悉但又对自己有着莫名吸引力的领域。从没有接触过辩论，到在浓厚兴趣的感染下，为了辩题通宵达旦地寻找资料，以求对辩题有更加深入的理解。但是辩题是用辩证的眼光去看待万物，她得改变曾经用一以贯之的世界观去定义黑白、是非与对错。另外，辩论涉及的面非常广泛，在对于抽象又艰涩难懂的专业术语上，也要花大量的精力。她也因此慢慢熟悉辩论的流程，开始带着辩论队的成员，试着共同成长。从来没有拍过微电影，也没有学过相关领域的知识，但一股莫名想要尝试的冲动让她可以扛起三脚架，拿着重重的单反，尝试着跟同学一起写剧本，拍出有情节、有故事、能感动人的微电影《崛起的文人》，从细节处理，画面构图，角度选取，后期衔接，配音配字幕，做花絮和片头片尾，整个过程自己参与其中，乐在其中，也是一种享受。而对于演绎话剧，她又得去扮演一个演员。她得从观众的角度跳脱出来，用主人公的眼睛看待作品。要了解作品的时代背景，主人公的社会地位等。仔细推敲主人公的性格，并把这些全部融入到自己的血液中，至少在台上的那一刻，她必须和主人公融为一体。另外，还要考虑到表情、言语的表达方式,不能太过,显得做作;不能太微妙,观众无法捕捉。在情节的发展中,要从细节将观众拉到故事是非常难的事情,而在表演中要考虑在舞台中的站位,面向观众的方向更是难上加难。

做好任何一件事情其实都不容易,能够去做一件自己喜欢的,又非常愿意投入精力去深入推敲的事情,大概是上天赐予她的礼物。人的生命质量则更是因为这一切而变得不一样。希望这样的精神和动力,能够支持她走到人生的尽头。她之前说过,"为了自己心目中坚定不移的信念,她会像夸父一样,永不止步"。

(四)第十一届十佳大学生"学术之星"——杨小婧

杨小婧,女,1996年3月生,共青团员,国际商务系会展14(1)班学生。曾任院学生会副主席。

该同学有较强的工作能力,工作作风扎实,密切联系青年,勤奋学习,锐意进取,在课余时间积极参与校内外活动与比赛,在专业技能上也表现突出。

1.认真学习,积极工作

该同学认真学习课堂知识,大一学年学习成绩名列前茅,综合测评排名第一。在大一学年,还荣获了学院二等奖学金、国家励志奖学金及三好学生称号。在学习专业知识的过程当中,她不断学习,不断思考,不断实践。在工作上,大一期间担任班级学习委员,不断督促同学们抓紧学业,配合课程老师做好作业收缴工作,及时向老师反映同学们的建议和困难,而在课余时间积极为同学们解答困惑,做老师和同学沟通的桥梁。在学院电视台任副台长(分管播音部)期间,她认真播音,用声音为金院带去一份份精彩。于此同时,她还积极学习摄影知识,学会拍摄优秀照片。在学院学生会文艺部工作期间,她谦虚谨慎,礼貌待人,积极参与到各项晚会的工作当中。担任学院学生会副主席时,她积极协调各部门,做好沟通交流工作,是老师的好帮手。

2.积极参与校内外比赛及活动,丰富课余生活

该同学兴趣广泛,喜欢唱歌、表演、朗诵、主持,但她最热爱的要数自己的专业——会展策划与管理了。在课余时间,她积极参与校内校外活动,并获得了优异的成绩。

她参加会展专业比赛及实践活动,不断提高自己的会展技能。她以志愿者的身份连续参加了两届杭州文化创意博览会,为博览会提供服务,志愿者活动让她进一步了解了自己的专业,她也从展会中学到了书本上学不到的内容。在参加浙江省会展专业技能比赛中,她担任团队组长,带领组员荣获浙江省会展技能大赛二等奖。在浙江金融职业学院校庆策划大赛中,她带领自己寝室全体成员参加比赛,并且勇夺桂冠。在此后的校庆阶段,她是校庆学生工作小组成员,并且担任了组长,工作被老师认可,荣获校庆工作优秀奖。她参加浙江省大学生职业生涯规划大赛(会展策划师)获得优胜奖,参加校职业生涯规划大赛(会展策划师)荣获三等奖。她逐渐明确了自己的发展方向,让自己的生涯规划越来越清晰。她参加院简历设计大赛(会展求职简历)荣获一等奖。除此之外,她还参与了浙江金融职业学院第十届国际商务礼仪大赛的策划与执行、浙江金融职业学院会展协会DIY展,同时身在文艺部工作的她也为学院各类比赛和晚会出谋划策,例如十佳歌手大赛、毕业生晚会等。在这些过程中,她不断加强专业技能的学习和运用。

她参加了各类朗诵演讲比赛。在参加省大学生汉语口语大赛时,积极备赛两个多月,背

诵四十多篇文章只为为校争光。功夫不负有心人,她获得了省大学生汉语口语大赛一等奖(高职高专第一名);参加学院诗文诵读大赛获得三等奖;参加系部主题演讲比赛荣获第一名。

她参加文艺类比赛,曾荣获院十佳歌手,院英语微电影大赛特等奖,院英语微电影大赛最佳女演员称号。在此期间,她不断超越自我,不断收获信心。

她的人生格言是:想的远一点,看得近一点,干得实一点,做得好一点!

五、文艺之星——艺术的精灵

（一）第八届十佳大学生"文艺之星"——郭天天

郭天天,男,原投资与保险系理财11(1)班学生。曾担任院学生会文艺部部长、JMC 音乐协会助理以及理财11(1)副班长。

怀揣着梦想,他前行在大学的路上,书写着自己三年的书香生涯,舒展着人生的美丽画卷。执笔书写人生路,且把书香铸青春。时间会在指尖慢慢流走,但他把握好了人生的每一分钟,他相信,做好自己,他能成功!

他是一个乐观积极、奋力拼搏的男孩,骨子里有着一股永不服输的劲儿,在学习上他不甘落于人后,一直以认真严谨的态度来对待每一门功课。不放弃是他的信念,在现有的基础上争取更大的进步是他的职责。在校就读的三年时间里,他一直严格要求自己,以身作则,为班级同学做好榜样带头作用。他合理安排自己的作息时间,分配学习、工作和休闲娱乐的时间,养成良好的学习生活习惯。他上课认真听讲,做好课堂笔记,积极思考老师提出的问题,课后认真独立完成老师布置的作业,不懂的问题及时向老师或同学请教,做好预复习工作,把所学知识融会贯通,真正存进自己的脑海中,并学以致用。另外,他还利用空余时间阅读了一些有关金融的书籍,借此拓宽自己的知识面,储备知识,增长见识,陶冶自己的情操。体育也是他的一大爱好,在大一时他积极参加院里的体育比赛,并取得了院新生杯足球赛第二名、院俱乐部杯篮球赛第二名的成绩,这些都成为了他大学生涯的快乐回忆。

作为院学生会的一员,他一直致力为学生服务。在院文艺部工作的近两年,他组织策划了多台院系的大型文艺晚会,同时作为一名热爱歌唱的大学生,他也参加了多次文艺类的比赛,获得院2011年新生杯K歌大赛第一名、院"情歌对唱"大赛第二名和最佳台风奖、院2011年十佳歌手大赛最佳台风奖等奖项,并代表学院为浙江省第三届高职高专院校"挑战杯"开幕式演唱主题曲《挑战》。

活泼开朗、待人随和的个性让他与同学之间相处融洽。他充分发挥自己较强的人际交往能力和语言表达能力,积极与舍友和周围宿舍的同学交流,处理好彼此的关系,并且协调好班级成员之间的关系和各项事宜。他参加朋友间的各类集体活动,开阔了视野,锻炼了沟通能力,团队协作能力,使他更自信更开朗,成熟稳重。他关注时事,热心公益,在2012年暑假参加了学院"幸福村"实践活动,并在2012年末再次赶赴幸福村为当地的希望小学师生表演节目。

（二）第九届十佳大学生"文艺之星"——吴智敏

吴智敏,女,1994年7月生,中共预备党员。原经营管理系电商12(3)班学生,曾任院学生会副主席。

她是一位来自美丽的南方古镇西塘的活泼开朗的女孩,生活中的她对艺术有着浓厚的兴趣,她觉得艺术是人类精神的延伸,也可以说是一种文化的传承,她喜欢艺术胜过她的生命,所以成为院十佳大学生文艺之星就成为了她的梦想。担任院学生会副主席、院体育舞蹈俱乐部部长、院体育舞蹈队队员与班级副班长的她做事认真,积极主动,争取把每一件事情都做到最好!

浙江金融职业学院是一个有着很浓金融气息的校园,在这样的学习环境下,无论是在知识能力,还是在个人素质修养方面,她都受益匪浅。学校的教育使她的专业技能得到了升华,也使她的管理和组织能力得到了进一步的锻炼,赢得了领导和老师的肯定和表扬。

学生最主要的还是学习,即使平日学生会工作再忙,她也没有落下专业的学习,班级智育第四,综合成绩排名班级第二。她还代表学院参加浙江省第四届高职高专院校"挑战杯"工商银行创新创业竞赛,并荣获省特等奖。

她喜欢舞蹈,喜欢从事关于文艺方面的工作,在文艺方面她也有突出表现。

首先是文艺类表演,凭借着扎实的舞蹈功底,她是学校的台柱子,上过学校金葵花舞台十几次;代表学院上过浙江省大学生艺术节的舞台并取得了省二等奖的好成绩;参加过浙江省舞蹈锦标赛,且取得好成绩。这些都是通过她自己的付才得到的,她希望可以通过她的舞蹈感染更多的人,为学校文艺类活动贡献自己的力量!她也积极参加了学校组织的各项社会实践活动,听过很多大学生下乡支农支教的故事,她常常被他们感动。

其次,院学生会文艺部出身的她对学院各项文艺工作都十分熟悉,在学校期间,她参与了院迎新晚会、元旦晚会、十佳歌手、毕业生晚会、浙江省挑战杯等开幕式晚会及各类舞会的策划、组织和筹办工作。她正是怀着对文艺精益求精的情怀,在策划制定各类文艺活动的计划方案时,她将让每一位参与者得到应有的锻炼机会考虑了进去,她在筹备活动各项工作时,就尽量的为参与者多争取一些锻炼的机会。

她是一个乐观的女孩,和所有女生一样喜欢吃,喜欢睡觉,但是她也是一个拼命三郎,无论做什么事都很拼,也正是这股拼劲,铸就了她不一样的大学精彩。

(三)第十届十佳大学生"文艺之星"——姚瑶

姚瑶,女,1994年9月生,共青团员,原国际商务系国贸13(6)班学生。

也许是之前的学习生涯色彩太过单调,从她收到浙江金融职业学院录取通知书的那天起,她就告诉自己她要在大学时代、在金融这个花圃里绽放。

她是一个性格多样化的人,从小就争强但不好胜,不会非要比拼个输赢,但投入了就必定要做到最好;爱自由不受约束,有着自己的追求;有着这个时代年轻人想冲敢闯的骄傲,却又有着只会远远观望的不自信。

她人生的第一个机遇是获得了国际商务系第8届商务礼仪大赛亚军的头衔,并认识了当时作为比赛赞助商和评委的杭州墨涂模特培训公司的阿力老师。阿力老师邀请她去参加了一期模特培训课,从此她的人生出现了第二条道路,或者说,又多了一种可能。这让她感到很新奇也很兴奋。培训机构的老师会给她介绍一些模特的活动,还有学院的老师制作礼仪教材书也会叫她去拍一些礼仪的示范图片。而之后的路不是大家想象的一开始就会有高额的报酬,华丽的造型,精致的服装,专业的摄影团队。最初,她接到的都是一些产品使用视频的拍摄,雨伞、保温杯、洗衣机、婴儿床等的拍摄,还有很多颁奖活动、重要会议、产品发布会等的礼仪服务。在一天的疲惫过后,有些时候她会想,她为了什么,又收获了什么,而在2014年的那个夏天她得到了这份答案。

那年夏天,在一个学长的鼓励下,她参加了第64届世界小姐浙江赛区的初赛,决定参加前她谁也没有告诉,一个人收拾行囊准备好了礼服奔赴金华,紧张却也顺利地通过了初赛。两场初赛,两场晋级赛,一场总决赛,从服装准备,才艺表演,选手试妆,硬照拍摄到选手介绍视频录制,形体和T台训练,赛前彩排,她付出了很多心血,最后在获得亚军的名次后,突然觉得这个夏天光芒四射,汗水、泪水、笑容和赞美,她都享受到了,这些都是她所追求的。接下来她飞往北京参加了世界小姐中国赛区的总决赛,也就是淘汰赛,这让她感受到了前所未有的压力:身边都是富有经验、高颜值的选手;每天都有摄像机围绕身边,你的一举一动都会被记录下来;每天早上都有化妆师来给你化妆然后进棚拍摄;欣赏大提琴乐队的演奏,去孤儿院探望被遗弃的孤儿,这些都是她之前没有经历过的。在这半个月的封闭培训和比赛中不断有人离开,幸运的是,她从北京到了四川成都,又从四川成都飞到了中国区总决赛的最后一站——深圳。世界小姐总决赛那一晚,虽然止步于30强,但她觉得释然,因为她得到的已经足够多了。之后,她又参加了第4届素魅杯中国星封面模特大赛,似乎因为参加世界小姐让她成长了不少,她开始不再在这类赛事中胆怯,最后顺利地拿到了冠军。之后,她接到了不少活动,服装走秀的面试,旅游代言的机会,品牌用车的试驾……

舞蹈,也是她在大学生涯中的重要篇章。小时候曾经学过一段时间的拉丁舞,一次偶然路过舞蹈房,从门口听到熟悉的音乐,看到熟悉的舞步,心里暗暗决定要拾起舞蹈这项特长。培训时常让她的脚伤痕累累但她反而觉得很开心,她和她所认识的人正在朝着同一个目标前进是一件让人很高兴的事。同伴的笑容,无数个夜晚的练习,无数次舞台上汗水的挥洒,让她一点点的成长。舞蹈,也让她在比赛中获得了不少的荣誉和称呼:体育舞蹈竞技场上的获奖者,学校晚会上的表演者,老师舞蹈课上的助教,学院舞会的主持人,体育舞蹈队训练部部长,而最近她又多了一个称号——小朋友课上的舞蹈老师。她的课余时间很大一部分奉献给了一群正在江湾小学上学的小朋友,而她就是他们的拉丁舞老师,每个星期她都会去学校教他们跳舞。

她曾经说过她要发现属于她的一万种可能,她正在一步步的挖掘属于她的可能,这些经历用文字来描述看起来可能很乏味,但在她心中这些经历弥足珍贵。

有人说,欲戴王冠,必承其重;而她说,能承其重之人,才能以王冠配之。

(四)第十一届十佳大学生"文艺之星"——胡晓东

胡晓东,男,1996年3月生,共青团员,人文艺术系文秘14(1)班学生。曾先后担任院学生会秘书处干事,系文艺部干事,院学生会副主席兼秘书长,校体育舞蹈队队员,体育舞蹈俱乐部副秘书长等职务。

刚入学不久,他便进入了系学生会文艺部,因为他从小学到高中一直是策划、组织并且训练人员来进行舞台表演的。所以一开始他在系里选择了文艺部。在工作中,他积极认真,累积经验,凭着以前积累的经验完成了许多工作,充分带动和发挥团队合作的凝聚力与精神,以锐意进取的作风得到了学长学姐的肯定与信任。

在学习方面,他一直以"勤奋务实、积极上进"作为自己的座右铭,并时时刻刻以此来鞭策自己。他学习态度严肃认真,学习目的明确,在担任学生干部期间,每个学期,都制定了科学、合理的学习计划,周密地安排时间。

在校园文化活动方面,学校举办的一些大型活动中,比如迎新生、元旦、毕业生晚会等都会有他的身影,他也每次都能上台演出。他曾去外面参加过3次舞蹈比赛,所收获的经验与荣誉也是颇多。一些院系的活动,也有他主持的身影,虽然说他不是专业的主持人员,但是他每一次主持完,都会做总结,无论是主持时的语言,还是舞台上的动作或者是临场应变能力,他都会反复思考自己做得是否到位。对待舞蹈也是一样,每次演出或者比赛结束,他都会反省与总结。因为他清楚的知道,过去的不代表未来,勤奋才是真,他还有许多东西要去学习,严格要求自己,才会不断提高。只要给他一个展现的机会,他就要尽全力去做到最好。

在上大学前,他也曾专门练过钢琴与吉他,他比较喜欢文艺方面的新鲜事物。而在小学的时候,他也是校园里的十佳歌手。

对于天生爱展现自我的他来说,学习之余,也会经常去做兼职,目前已是多家公司的兼职平面模特。

六、体育之星——运动的健将

(一)第八届十佳大学生"体育之星"——汪君凤

汪君凤,女,1992年4月生,中共预备党员,原会计系会计113班学生。

她,是一个土生土长的农家孩子,从小就很爱运动。怀着好奇和激动的心情,她踏进了浙江金融职业学院,开始了未知的大学生活。起先,她很迷惘同时还有点恐惧,因为习惯于之前的生活,适应不了现在的新环境。渐渐地,她开始寻找大学生活的规律,既然改变不了环境,就让自己去适应它,既然选择了就该积极面对。大学一年半的生活,她学会了很多,也懂得了很多,主要体现在"主动"两个字。学习固然重要,但不是生活的全部。在大学里,一个人的综合能力也是相当重要的,全面发展的人才才是社会最需要的。大学不同于初中、高中,不管做什么,都要积极、主动,机会是留给有准备的人的,等待机会,自己却无动于衷,那么机会也会因此而丢失。

她喜欢交朋友,对朋友她永远本着忠诚的态度,只要觉得对方是一个值得自己付出的人,她便会毫无保留的对待。人的作用是相互的,人心是肉长的,需要用爱去感化。有时她也觉得命运不公平,但她相信不会是永远,因为命运掌握在自己手里。她想大学生活会是一个精彩的阶段,她加入过院自律委员会生活部,加入这个部门,她觉得自己做事的责任心有所提高,还能增加见识,认识更多的人。做检查卫生的工作也培养了她的耐心,体现了她对事公正的品质。做人从小事做起,以小积大,在小事中点点培养自己。

她的爱好是运动,所以她积极参加了学校的多项体育类赛事,并取得了一些成绩。如:2011年第十二届运动会女子100米,200米第三名,女子4×100米第二名,女子4×400米第四名,团体16×50米第一名,冬季长跑第三名。到了大二第一学期,她又一次挑战自己,参加了运动会,让她欣喜的是她突破了自己。第十三届运动会女子100米、200米第一名,女子4×100米第一,团体16×50米第一。之后在冬季长跑中得了第二名。

她始终相信,谁若游戏人生,他就一事无成;谁不主宰自己,永远是一个奴隶。人生的路是自己走出来的,任何人任何事都像一个顿号,不过是人生路上的一个小小的停顿。精彩的活,活出自己的人生价值,风雨过后依旧光。

（二）第九届十佳大学生"体育之星"——章俊

章俊,男,1992年9月生,共青团员,原金融系农金12（2）班学生,曾任院田径队队长一职。

从小就对各种体育运动有浓厚的兴趣,上小学时在一次小型运动会中脱颖而出,得到学校老师的肯定和表扬,由此爱上了体育运动。

到了高中的时候,他以为自己会因为枯燥的学习生活而放弃体育爱好,但是他却坚持了下来,在高中期间他担任校学生会主席兼体育部部长,同时积极鼓励同学们多锻炼身体,这样有助于身心健康。为了完成自己的心愿,他毅然放弃了高考,报名参军,参军是他原有的心愿,于是他选择了参军,去报效国家,服役于武警四川总队南充市支队二大队六中队。在部队的日子里每天都有5000米跑,早晚各一次,由于他本来自己在体能这块就有着良好的基础,每次都是第一名,在代表中队去参加支队组织的趣味运动会时,他也为中队赢得了荣誉,最终他们获得团体总分第一名的好成绩。正是因为这样他也被中队评为"优秀士兵",第二年他就当上了班长,2012年他退伍回来,参加高考,考进了他向往的浙江金融职业学院。进了大学他并没有放弃自己对体育运动的爱好,每天坚持锻炼,在学校举办的运动会中他获得了男子1500米和5000米第一名,还有冬季长跑接力赛第一名等,同时代表学院参加了浙江省第三届大学生田径锦标赛,获得了男子10000米第一名和5000米第三名,当然取得这样的成绩也是与他自己的努力分不开的。

"勤奋学习,快乐生活,加强锻炼"是他学生生活的行为准则,进入大学他不断的充实自己,加强全面发展,以踏实诚信的作风及表现赢得了老师同学的信任和赞赏。

（三）第十届十佳大学生"体育之星"——周锦彬

周锦彬,男,1991年10月生,中共党员,原金融系金融13（4）班学生。

"一枝独秀不是春,百花齐放春满园"是他所信奉的人生格言,它贯穿在他的学习生活各个方方面面。他是一名优秀的共产党员,"赠人玫瑰,手留余香",他愿意尽他所能,向需要帮助的同学施以援手,和他们一起携手收获成功的硕果;他是一名21世纪的全能大学生,他希望成为一名德智体美全面发展的高素质人才,而"十佳"正是他不懈的向往和追求,为此,他持之以恒不断努力前行。

传说中的全能王子是怎样一个人呢?

速度与激情并重,学习与运动兼得。他个性活泼开朗、率真,爱好广泛,善于与人交往,并且能够积极参加各项学生活动。在体育方面更是脱颖而出,自小学开始,每次运动会都有他忙碌的身影,书写着自己的体育"光荣史"。在赛场上,他所向披靡,更可谓是体育健儿中的"常胜将军"。因此,被亲朋好友们调侃,称其为"全能教主"。不仅如此,体育方面的技高一筹让校方给予他巨大的信任,学院的金融队在他的带领下始创辉煌。优秀如他,在谈自己的成功之时,他只是微笑着说,我的成功就是给自己最大的信心与鼓励,从来不轻易放弃。如天空般澄澈的双眼中闪动着热情的光芒,英挺的鼻梁配上那有着优美弧度的嘴角,整个人散发着青春和活力。

他是退伍兵中的一员,担任了13、14届大一新生军训的教官。当问起他在军队时候的生活,他说:"军旅生活的确很苦,刚到部队的时候十分不习惯,感觉非常压抑,军队里有铁一般的纪律,一般新兵刚到部队都会经过不一般的洗礼。"谈及部队生活、训练的伤,他不以伤为痛苦,反而用回忆的口吻说:"我身上每个小伤口都有一个小故事,它充满了回忆。基本上每个当兵的人右手都会有一个小伤疤,因为新兵下连要考核爬低姿,我们右手拿着枪,手背朝下,匍匐穿过铁网,当你真正爬过去之后,那种成就感是不可言喻的!"……这些训练磨炼了他的毅志力,使得他比别人多了几分成熟与执着。

每天去操场跑几圈几乎成为了他的"必修课",甚至他从中找到了乐趣,觉得跑步是一件令人放松,令人快乐的事。他还说过:"做人跟运动一样,只要脚踏实地,胜利便会永远存在!就算失败了,至少自己的内心也已经得到极大的满足。"他便是在日积月累中,找到了人生这一闪光点,同时找到了足以让他享受快乐的地方,所以他才会坚定地选择这个赛场,让自己的青春在运动中展现出无限的活力,给自己以及身边的人带来了极大的惊喜。

在五项全能比赛中,他表现得更加出色,似乎是毫无压力,感觉很轻松就夺得了冠军。入校以来连续两年获得五项全能冠军。哪里有赛道,哪里就有他的身影。4×400米接力赛中,他赢得了冠军,获得了荣誉,只能说他有超能的力量,小小的个子,却隐藏着亟待爆发的小宇宙。

一切的成绩终归于过去,"战功赫赫"亦是昨日的他,面对今天,面对未来,"路漫漫其修远兮,吾将上下而求索",在未来的日子里,他必将勤勤恳恳,不仅是在体育方面突破自我,还会在各个方面不懈追求,成为名副其实的"十佳大学生"!

(四)第十一届十佳大学生"体育之星"——余星星

余星星,男,1993年2月生,共青团员,金融系农金14(1)班学生。

2011年12月至2013年11月服役于北京总队特种作战大队"雪豹突击队"特战一队二班狙击班。2014年9月考入浙江金融职业学院。

大一的暑假他担任了杭州联合银行和萧山农商行新员工培训的教官。当被问及年龄时,他每次都告诉自己的学员自己18岁,这并不是他装嫩,而是因为他觉得18岁是最青春,最热情,最积极向上,最有活力的年龄。培训期间,他严格要求自己的学员,希望他们做好每一个细节。他觉得每个人的心中必须有一颗敬畏之心,尤其是在银行这样高风险的职业中,如不怀有一颗敬畏之心,很容易迷失在各种利益面前,从而犯错。他这么要求学员的同时也时时在提醒自己,注重每一个细节,时刻保持一颗敬畏的心。

在学院十六届运动会和十六届冬季长跑运动会中,他担任了金融系运动员的教练一职。他每天总是最早到达田径场,然后带领金融系的运动健儿们慢跑、压腿,再一遍遍地为运动员们示范热身动作。然后,针对每个人的比赛项目合理地安排他们做各种训练。训练时,他不断的纠正运动员的错误动作。对每一个参训运动员的特点他都了如指掌。从平时的训练到最后的比赛他都能够守在田径场的终点,分享大家那份挥洒汗水而获得的快乐。体育是一种坚持不懈、永争第一的精神,他希望自己能够把这种精神传递开来,以金融系为中点,让更多的同学能够以这种精神去面对以后的学习和生活。

2015年,他代表学校参加了省十四届大学生运动会,为了备战大运会,他早在大一的时候就开始训练。那段时间,作为主力队员,他每天积极带头训练,每天都在田径场的跑道上挥洒自己的汗水,坚持跑完最后一米。别人看起来很辛苦的训练,他一直都是以一种享受的心理对待。他信奉一句话"最美好的永远在明天"。也是这句话使他在艰苦的特战部队中一步步坚持下来,并成为一个优秀的狙击手。在大运会110米栏最后决赛的8位选手中,他的预赛成绩排在第三的位置上,随着裁判员的一声枪响他并没有出现在第一的位置上,而是与第一名相距足足有 4 米的位置,看着第一名的背影,他当时并没有太多的想法,就是简单的想为学校取得第一名次,让浙江金融职业学院几个字能出现在最高的阶领奖台上。时间以秒的单位计算,距离在一点点的拉近,他已全然不顾撞栏的疼痛,终于在第九个栏的位置超过了第一名,并以 15.31 秒超过第二名 0.3 秒的成绩夺取第一。使浙江金融职业学院的旗帜在最高的领奖台上得以挥舞。

如今他依然坚持每天参加训练,因为体育俨然成为他生命的一部分。它让他懂得如何为自己的目标坚持,让他学会如何履行自己的责任义务,他相信在这一种体育精神的支持下他会一步步攀向更高的顶峰。

七、技能之星——指尖的舞者

（一）第八届十佳大学生"技能之星"——李凯

李凯,男,1990 年 3 月生,中共党员。原金融系金融 10(6)班学生。

古代剑客们在与对手狭路相逢时,即便对方是天下第一剑客,明知不敌也要亮出自己的宝剑,即使倒在对手的剑下也虽败犹荣,这就是亮剑精神。这种精神一直伴他左右。

在学习上,他积极进取。大学三年班级综合测评都名列前茅,获得了钻石奖学金,国家励志奖学金,和三次院三等奖学金。

在技能上,他不断努力。他是院百名技能尖子之一,在点钞技能上取得了一定的成绩。大一时院金钞杯点钞多指多张第一名,校际点钞综合第三名,在多次院技能擂台赛点钞项目上取得了一、二、三等奖,在系技能擂台赛上也多次获奖。他几乎获得点钞类比赛的所有奖项。2011 年在学院众诚杯技能比赛上取得了点钞多指多张和单指单张第一名的成绩,43 把与我院的 44 把的记录只差一把。2012 年,经过一年的努力,他在众诚杯上又获得了点钞单指单张和多指多张的第一名,并以 48 把的成绩打破学校的纪录。

在社团活动上,他积极参加。他曾在金融系团总支组织部担任干事,在院党员之家担任外联部副部长之职。

在班级里,他连续三年担任技能委员,积极为班级服务,积极组织班级技能活动,帮助同学进步。

在生活上,他洁身自好,积极参加各项活动。曾参加了第八届全国残疾人运动会志愿者活动,积极学习雷锋精神,乐于助人,曾多次参加义务献血,是徐州市应急献血志愿者。他还多次参加学校里的献爱心活动。

作为一名党员,他始终记得习总书记说过的一句话:打铁还需自身硬。他想说连接现实与成功的桥梁唯有奋斗。

（二）第九届十佳大学生"技能之星"——陈盼

陈盼,女,1994 年 2 月生,共青团员,原金融系金融 12(8)班学生。

说起技能,这还得从她刚进入大学那会儿开始。老实说她考进浙江金融职业学院的分数并不高,学习基础相对来说也比别人薄弱一些。但是她又很想有一技之长,在开学第一课的校领导讲话中,听说学校最重要就是技能了,并且技能好的可以进订单班,这顿时让她看到了自己就业的希望,她当时就默默下定了决心,无论如何也要把技能练好。于是,在老师上了技能课之后,她掌握了五笔的拆分规则,回寝室就练了起来。当时她还给自己定了一个目标:一个月上 60 个字/分钟。有了目标她也就有了规划,知道自己现在是处于一个什么阶段,要达到这个目标每天需要花多少时间。于是,在那段时间里,她每天一上完课,吃完饭就练五笔,把所有的空余时间都花在五笔当中。她每天都会去机房,因为在她看来,在机房里练习和在寝室里练习效果是截然不同的。机房的练习氛围肯定比寝室好得多,而且没准会在机房遇到高手,还可以向他请教。从最初的只会用两个手指头打字慢慢学会了盲打,再慢慢地逐日积累,速度一点一点地往上升,不管多累多难,只要能看到自己在进步,就是值得的。眼看一个月马上就要到了,每分钟她还只能打 40 多个字,于是她一咬牙,就练习了两个通宵,连续打一个晚上的后果她自己也知道,肯定是越打越慢的,几个小时下来手指已经没力气了,但是看看还没有到早晨 6 点,她还是继续打了,她给自己定的时间是到早上 6 点结束。后来一个月过去了,她总算达到了自己的目标。

算下来一个学期大概有 4 个月时间,她给自己定的期末五笔考试的目标是 100 字/分钟,虽然在此后的日子里没有通宵练,但她也基本上是除了吃饭就是练技能,对她来说比较奢侈的日子就是一天能看一两部电影,看电影也是要分段看的,只有在五笔实在是打不动的情况下,才稍微休息一下,看一会电影。等到感觉自己的手指又有力气了,就继续练习。这么下来,到了期末,终于实现了每分钟上百字的目标。

大一寒假期间,她也基本在练习五笔和传票中度过,一天下来也没有闲着,基本上是手暖就练,要是躲进被窝手还冷的话,就看会儿电影,趁这时间把手伸进被窝捂下,手捂热了就继续练。

大一的第二个学期,她参加了系里院里大大小小的技能比赛,并都获了奖。当拿到自己大学中第一张荣誉证书的时候,她真真切切的感觉到所有的付出都是值得的。

她本来也有去打工的打算。但自从走上了练技能这条路,就再也没有去打过工了。暑假也是照常练技能,只是不单单是五笔传票,还练点钞。她个人感觉三项技能最麻烦的就是点钞了,每次在家练完后,对于扎钞条的处理她都会纠结半天。用一次就扔掉感觉太浪费,要是整理的话就要把扎钞条一根根理整齐,然后用哑铃等重物压几个小时,使它平整。这样就可以反复练了,虽然麻烦,但是她还是这么做了,趁把扎钞条理整齐的这段时间稍微放松一下,看会电影电视。暑假回来后的第三个学期,她已是大二的学生了,经过自己一年的努力,她在这个学期给自己定的目标是获得 20 张以上技能证书,她觉得证明自己最好的方式就是用荣誉说话。

可以说,整个大学期间,她基本重复着每天和技能打交道的生活,在别人看来很无聊,但在她看来,却过得很充实。大学毕业时,她回想起自己的大学生活,最记忆犹新的日子就是自己刚开始接触技能,从指法学起,通宵达旦练习的那段时光。

(三)第十届十佳大学生"技能之星"——鲁梦琴

鲁梦琴,女,1994 年 1 月生,共青团员,原会计系会计 13(5)班学生,曾任会计系辅导员助理。

在高中期间,她深入接触过技能并参加过上海市、绍兴市、浙江省、全国等不同级别的比赛。这三年的比赛训练虽然辛苦,但是很开心,很满足,技能已经成为了她人生中的一部分。

一直以来她是一个不断上进的学生。记得大一第一学期刚开学的时候,她很勇敢地去竞选了技能委员一职。因为在高中时期参加过三届的各个级别的会计技能比赛并取得了优异的成绩,自认为在技能方面跟其他同学比,有不少的经验,因此非常想担任技能委员一职,来帮助同学更好地练技能并取得满意的成绩,但最终因票数不够而落选,但她没有灰心,继续努力。首先在各个方面都严格要求自己,努力使自己成为一名德、智、体全面发展的优秀大学生,其次在技能方面,每天都会坚持练技能,并把打破院记录作为目标。平时也会帮同学纠正错误的指法,减少小动作以此来提高速度,帮助同学解决在练技能方面的困惑。对学习和技能方面的荣誉她一向看得很重,因为她希望她的付出没有白费,因为她想为她的付出挣回一点自信,因为她认为她值得拥有。

在技能方面,作为一名会计系与学院的技能尖子,她严格要求自己,每天至少花三个小时练习技能,点钞、五笔、传票三项技能现已达到了技能尖子的标准。她专攻的是点钞多指多张,并以破院记录为目标。她积极参加会计系、院的技能擂台赛,平时也会参加浙江省、全国性专业比赛的培训并代表学院出去比赛。大一一年,她就先后取得了五十多张不同等级的技能证书。其实在她的心中,每一次比赛的结果并不重要,重要的是过程。虽然那过程是枯燥的,但很开心、满足,不仅让她重新体会到了高中时期整天练技能备赛的感觉,而且也让她更深刻地意识到了团队的重要性,那都是极其幸福的。虽然她是会计系的学生,但因为技能,她认识了许多外系的同学,平时她会跟他们一起练习技能,一起探讨技能,还会带着学弟学妹一起练习技能,给他们纠正指法,一起提高技能水平。有时候也会一起去图书馆看书准备考证,有资料一起分享。

不管是会计理论知识,还是会计的三项技能,她都以饱满的热情去学习。这使她很顺利地进入了会计系"金手指"工程点钞班和浙江金融职业学院的"技能尖子培养工程"。在这期间,她积极地参加了学校各项技能比赛,虽然她是点钞班的,但三项技能她都达到技能尖子标准。同时,她也很开心进入了会计系卓越人才培养班,让她变得更加有自信。大学生活,她过得非常充实且意义非凡。

大学期间,她还多次被高中老师推荐去中专学校讲解技能。对她来说,那是一个挑战。虽然路途远,但她还是一次又一次圆满地完成了任务。不管是哪个方面,她非常愿意帮助别人。她会让更多的人知道其实练技能有很多的乐趣,并非是他们心中想象的那么枯燥乏味。

她想人们无法计算人生路途有多远,但是人们可以把握的是旅途中的每个站台,每一个人,每一件事,每一道风景。她相信,机遇不只需要等待,还需要自己努力去创造。

(四)第十一届十佳大学生"技能之星"——董佳康

董佳康,男,1995年10月生,共青团员,会计系会计14(4)班学生。

自2014年进入学院以来,便严格要求自己,始终以提高自身综合素质为目标,以全面发展为努力方向,树立了正确的世界观、人生观和价值观。在努力提高自己科学文化素质的同时,他还努力提高自己的思想道德素质,努力使自己成为新时代的复合型人才,在思想、学习和工作等方面都取得了突出的成绩。

他深知学习是学生的天职,始终把学习放在自己生活的重要位置。在校期间,除了系统全面地学习会计专业的理论基础知识,他还努力扩展自己的知识面,广泛涉猎各科知识,培养其他方面的能力,同时也提高了自学能力,为踏入社会打下了坚实的基础。他一直坚信一份耕耘一份收获,时刻提醒自己端正学习态度,努力使自己保持一种积极向上的心态,保持一种谦虚谨慎的作风,保持一种永不服输的精神。正因为有了这些,他的学习成绩始终名列前茅,不仅系统地学习掌握了各项相关理论,还努力把理论知识运用到实践中去,深深体会到了一分耕耘一分收获的真理。

专业技能是他的一个闪光点。在大一期间,他的技能水平只有班级中等的水平。平时,他除了好好上课,其余时间都是在寝室休息。去图书馆看书或在寝室玩电脑,不懂得好好利用时间。不过,在他的班助指导下,他的技能水平迅速提升,一下子从班级的中等水平冲到了班级前10名左右。并且在2015年4月,荣获学院职业技能协会点钞单指组"新星奖",五笔单字组"新星奖"。虽然只是一个鼓励奖,不过这对他而言,意义非比寻常,这是他在技能方面的一个转折点。接着,在学姐引导下,他知道了会计系技能尖子班,并经过努力成功进入了这个班级。在这里,他见识到了好多技能大神。这里面的氛围,使他偷懒都感觉有点惭愧。一开始,他很羡慕,渐渐地,他也默默地投入练习当中,并在大一会计系尖子班接近尾声之时,获得了尖子班的第九期"百名金手指"五笔班培训优秀成绩。在2015年6月,荣获会计系技能尖子小写传票月度擂台赛三等奖、五笔文章月度擂台赛二等奖、五笔单字月度擂台赛二等奖。当时,五笔水平已接近每分钟125的成绩。他怀着破校五笔纪录的心态,于是便在大一暑假的时候,每天除了吃饭睡觉,其余接近有10多个小时在家里练技能。刚开学时,便进行了测试,出乎了他的意料,他达到了中文输入每分钟160的成绩。慢慢的,他也开始接触到了许多院里面的尖子们,互相交流心得,使得他的技能水平不断提高。同时,在大二期间,他担任了会计系技能部副部长、技能尖子班班长、技能委员,也是院技能尖子组成员,使他在提升自我的同时,也帮助了别人。在大二上学期,他们班便获得了技能优秀班称号。并且在各班级讲过一些关于他自己练技能方面的心得,使得大家练技能的兴趣也得到了提升。现中文输入达到了每分钟190字,传票输入130秒/百张。在2015年12月,荣获浙金院"众诚杯"比赛五笔单字组一等奖,五笔文章组一等奖。

八、服务之星——奉献的楷模

(一)第八届十佳大学生"服务之星"——杜丹丹

杜丹丹,女,1991年11月生,中共预备党员,原金融系金融116班学生,曾任院学生会主席。

在思想上:她有一个自己独立的价值观——吸收外界的养分为已所用。端正思想,提高思想觉悟水平,树立起作为学生干部应该起到的带头模范作用;努力提高自身思想素质,严于律己,扬善抑恶、求实创造。她积极参与学校组织的各项理论知识培训及实践活动,在活动中学习理论,在活动中实践理论。在大二顺利成为预备党员。

在生活上:她常常挂在嘴边的一句话就是:心里要有别人,对别人好点。她说,这是她妈妈教她的,她积极关心同学,走近同学。由于平易近人,待人友好,一直以来她与人相处甚是融洽。她在空闲之余,积极参加兼职,提高自己各方面的学习能力和适应能力。作为一个学生干部,常常关心同学们生活中的问题,并利用浙金院的微博,建立了服务同学的平台,为同学们处理生活中大大小小的困难,切实为同学们服务。

在学生工作中,她常对自己说自己是super woman。大一时,作为班长,为了不辜负同学们对她的期望,她一直致力于班级发展工作,把班级里的工作安排得有条不紊。一学期后,由于她的工作能力和工作态度,她成功当选为为金融系的青年志愿者协会副主任,在这个充满爱与服务的组织中,她深刻的理解了无私与奉献的含义。在 2012 年 3 月份与实践部一起承办了爱在"衣加一"的活动,为贫困山区的小朋友奉献她们的爱心。此外,她也参与了续写雷锋日记,组织、宣传献血活动,雷锋精神的征文比赛等活动,切实带动身边的同学一起为同学、学校、社会服务。成为学院的学生会主席后,在工作中她也一直尽心尽责,常常走进教室、寝室,了解同学们需要什么,然后思考学生会需要做什么,做到更接地气地为同学们服务。

在学习上,她始终相信努力的人是最美的。她一直努力让自己成为一个很好的姑娘。进校以来,有科学的学习生涯规划,有明确的学习目标,上课时认真听讲、做好笔记,积极思考并回答老师提出的问题,从而带动同学们与老师之间的互动,不仅自己收获颇丰,整个班级的学习气氛也大大提高。

此外,为了提高自身的综合素质,完善自己,她积极参与校内外的比赛。如大学生科技创新比赛、辩论赛、演讲比赛、朗诵比赛、歌唱比赛、知识竞答、PPT 创意大赛、摄影比赛,等等。她认为青年学生需要的是不失的激情,不减的热情,还有大大的梦想。

她说,她想给每个人展示自己大大的梦想,大大的微笑,她想用一个普通人的努力和真诚,去感染更多的普通人。发光不是太阳的专利,变成天鹅更不是丑小鸭的专利。每一个普通人都可以很耀眼,很优秀,很幸福。

很多人说这样的大学生活很累,她说,她不想把远途的梦想只是放在心里,所以她需要做很多事情去充实这漫长的生命,因为她相信只要肯努力,结局终将圆满,而她,就是那个幸福圆满的结局。

(二)第九届十佳大学生"服务之星"——赵星星

赵星星,女,1994 年 5 月生,共青团员,原国际商务系商务英语专业 12(6)班学生,曾任系学生会执行主席、杭州市翻译协会学生委员会副主席、金苑翻译社副会长等职。

1. 服务于班级

步入金院的大门喻示着开启了美好的旅程,当一切都是崭新的时候,你也会更有勇气去尝试,去给这个新环境创造更多的惊喜。不相信男生在竞争上一定会比女生有优势,尽管她什么都没准备好就被推上了讲台,但她觉得真心想做的事只要尽力去做就不会有遗憾。所以她背负她的使命,用心去践行她的承诺——为这个大集体服务。有一次班里同学发烧她半夜三更一起陪着去医院,后来她生病了朋友也愿意半夜陪她一起。所以服务更多时候是在帮助自己。一年的班长历练让一个黄毛丫头一点一滴成长起来,在大一的一年里,她也慢慢学会了怎么正确和同学交流相处,怎么在难抉择的时候去换位思考,怎么去权衡利弊,怎么去统筹时间兼顾学习和工作。

2. 服务于学生会

一年多学生会的工作实践让人受益匪浅。秘书处的工作从一无所知到渐渐熟悉上手,上传下达,每一次的短信编辑,每一个通知的传达,每一个表格的制作,每一次会议的记录和资料的整理。有时候她会发现服务于这个更大的团体,她的内心就会有更大的力量去督促自己把应尽的义务和责任做得更好。服务的过程也是一个自我完善的过程。随着时间的推移她突然发现自己对电脑的运用变得得心应手,与人沟通相处、待人接物也更平和,认识了很多朋友,也增进了和老师的沟通。随机应变能力更强,考虑问题更缜密。虽然也会有不知所措的时候,但冷静下来就会去思考很多解决方法,极力补救。

3. 服务于社团

社团生活同样缤纷多彩。作为翻译社的副社长,作为大使团的成员,她竭尽所能为其服务,为其发展出谋划策。作为杭州市翻译协会副主席,她也注重加强学校内部社团与杭州市译协的联系,她们在杭州市科普周举办的"公示语推广活动"深受观众好评,整个过程的策划和实行都让她收获了很多乐趣。舞台最能历练人,她深信不疑,这也是她为之着迷的原因之一。她们在把社团推广至更大舞台的时候,社团也把她们带到了大家的眼前。大使团让她有机会在舞台上展现自己。从颤抖胆怯到可以掌握拿捏,一次一次克服不自信,内心积聚了很多勇气。如果在明理因为第一次主持紧张得屡次报错选手分数稚嫩的赵星星让你难忘,那在金葵花穿着正装大大方方为你讲解校园景点的她一定更让你印象深刻。对于她来说,和其他志愿者一起服务社会真是很温暖的事情。作为献血日的志愿者,作为挑战杯项目的志愿者,作为亚太手工艺博览会的志愿者她都深感荣幸。

金院给她温暖,她愿把更多的温暖带给每一个同学。她是星星,她对于自己而言,就是最特别的存在。

(三)第十届十佳大学生"服务之星"——周其亮

周其亮,男,1991年10月生,中共党员,原金融系金融13(6)班学生。曾任金融系学生会主席职务。

他是一个阳光大男孩,曾经也是一名帅气的兵哥哥,他知道所有的不开心都是要付费的。所以时时刻刻看到的他都是笑容满面,他相信爱笑的人运气不会差。他说他要将自己的笑容感染到旁边的每一位同学老师朋友,将自己的正能量传播给每一位同学。

他一直说他要成为自己想成为的人。大一学年他是金融136班的团支书,带领班级同学率先实施"金院无手机课堂"并推广到全校,并在学院"千日成长"工程推进大会上作为学生代表发言。大二学年他通过竞选成为金融系学生会主席,为的是给同学们更好的服务以及成为同学们和老师及系部之间沟通的桥梁。

虚心,坚持,学会适应,是他常挂在嘴边的叮嘱,他也是一直以此为标准严格要求自己。无论是学习、工作还是交际,他都尽量做好自己的本分。他在班内经常帮助同学解决疑难,并把自己在各方面所学到的经验跟他们分享,也促进了同学们之间的良性沟通氛围。经过一年的努力,他以自己的实际行动和笑容感染着身边的每一位同学,引导他们在思想上积极要求进步,保持着较高的思想觉悟,树立了良好的人生观和道德观。

他相信人生是可以选择的,既然在最美的年纪选择了金院就要成为金院最美的自己,在同学老师们心目中留下最美的印象。

(四)第十一届十佳大学生"服务之星"——汤丽

汤丽,女,1996年6月生,共青团员,经营管理系企管14(1)班学生,现任企管141班团支书、院学生会学习部部长等职。

自入学以来,她一直从事多项学生干部工作并取得了一定的成绩,在同学中有着一定的群众基础和较为广泛的影响力。她是一个全面发展的学生,不仅在学生干部工作上取得了不错的成绩,在思想政治、学习、生活、文体等多方面都有不错的表现。

在政治理论学习方面,刚一入学,她就提交了入党申请书,主动向党组织靠拢。经过自己的努力和老师的帮助,她参加了党校的学习,学习党的有关理论知识。现在她已经成为一名入党积极分子。

在社交工作方面,为了锻炼自身的能力,汤丽积极参加各项活动。从大一开始到现在,已经参与服务了二三十场晚会、活动等。在大一的上学期,她在班干部竞选会上,竞选上了团支部书记一职,一直担任到现在。在这一年半里,她带领团支部开展了10多次团组织活动,先后向学校的业余党校推荐了7人参加党校学习,还有8人成为入党积极分子。支部在她的带领下,开展了丰富多彩的团日活动,如开展了"无手机课堂"主题团日活动、"我的大学生活"主题团日活动、"爱生节"主题团日活动、"感恩母校"主题活动以及雷锋月系列活动等。从学长学姐讲坛开始,她和其他班干部一起帮助同学们更快地融入大学,还和班长一起制定了班规,为了更加民主地倾听同学们的心声,她主动在教室里配置了一个邮箱,同学们可以将学习上的、生活上的、感情上的烦心事告诉她,然后她会耐心的开导他们,为他们找到生活的闪光点。她还注重加强大学生思想政治教育工作,抓住学生的心理动态,及时了解同学的心声,一切为了同学服务是她们团支部三人共同的宗旨,在班上得到了同学们的好评,得到了老师的表扬。同时,她也参加了院学生会的纳新,成为了一名体育部的干事。在体育部当干事的这一年多时间里,她除了日常的早晚监卡外,还先后参加了迎新晚会、元旦晚会、十佳歌手、四十周年校庆、教职工集体婚礼、教职工迎新年晚会等十多场晚会的后勤工作,成为了一只舞台背后的小蜜蜂。此外,她还积极参加社会实践活动,先后获得系部寒暑期社会实践先进个人称号。

在学习方面,大一学年她取得了综合测评第一的好成绩,获得学院的二等奖学金,还曾荣获三好学生、优秀团干部等荣誉称号,在第十一届全国职业院校沙盘模拟经营大赛中获得一等奖。她还积极带动班级同学,利用早自习的时间练技能、背英语单词等,因此班级里的技能通过率和英语三级通过率都很高。她积极宣传诚信应考的相关概念,在考试中以身作则。当同学在学习上遇到困难时,她总是耐心地分析给别人听,一遍不懂讲两遍,两遍不懂讲三遍,做到让同学真真切切弄懂题目。她想,学习是无涯的,希望自己在有限的生命里能够取得一些进步,不能鼠目寸光,安于现状。

在生活方面,她也以身作则,与同学和舍友的关系都很好、很融洽,她们宿舍在她的带领下,每周三都要进行一次大扫除,每次的宿舍检查几乎都是优秀,每个学期都被评为文明宿舍。她也很乐意分享打扫卫生的小秘诀,经常在寝室之间走动,督促全班同学打扫好卫生,保持宿舍洁净。同学们的寝室卫生有问题的时候,她总是耐心的指导,甚至手把手的示范给大家看。当同学们生活上有困难的时候,她也常常伸出援助之手,比如有同学生活拮据的时候,她常常将自己的生活费拿出一部分来借给同学,班级同学室友之间有矛盾了,她也常常分析给同学听,使同学们的心胸更开阔,生活在一起时关系更融洽。当同学情感上遇到问题时,她也会悉心倾听,开导同学走出阴影,使其努力成为更加优秀的人。

这就是她,一名普通平凡的大学生,一名跨世纪的青年,一名默默服务于同学的学生。把每一件简单的事情做好就是不简单,把每一件平凡的事情做好就是不平凡。也许并不是每一个人都可以成为一颗照耀地球的太阳,但我们可以成为黑夜里的一颗星星,在自己的岗位上,默默的奉献,默默的为他人照亮前行的路。

九、诚信之星——品行的骄子

(一)第八届十佳大学生"诚信之星"——陆燕

陆燕,女,1992年10月生,共青团员,原经营管理系房地产经营与估价11(2)班学生。

在大一开学不久,她参加了经营管理系学生会生活部和党员之家学生干事的两个面试。因为在高中时她就是一名学生会干部,她担任了三年的心理部长,为此对于学生会她是衷心的热爱。本来她也想要报心理部的,但是她想到生活部涉及面要比心理部广,锻炼自己的机会更多,所以她选择了生活部。而对于党员之家,她觉得它是更容易向党组织靠拢的大团队,能为党组织贡献出一分属于自己的力量。所以她参加了系学生会和党员之家的面试。很荣幸她都被录取了。这代表着她争取到了两个能锻炼自己、学习更多知识的机会和展现自己的大舞台。

她也参加了班级班干部的竞选活动上,因为她想通过锻炼,让自己变得更有责任感和耐心,让自己变得更加优秀。同时,她也想更好地融入房产112班这个大家庭中,能为它做一点事。

在大一的时候她参加了业余党校培训班。曾经有人问她,做这么多的事累不累,学习和工作会不会起冲突?她的回答是不。因为这样能让她的大学生活过得很充实。在工作中锻炼自己,会学到一些意想不到的知识,能让自己变得更成熟、更稳重,更有责任心和耐心。工作和学习不会发生冲突,因为她有自己的管理方法,她能合理协调学习和工作的关系。

在2013年寒假期间,通过朋友介绍,她在嘉兴平湖的万家乐烟花爆竹批发有限公司做兼职。那个烟花爆竹店很特别,在那里没有一个正式员工,平时收钱和销售的都是和她一样的大学生。老板和老板娘一般在中午和晚上收钱时来看看她们,或者是需要进货时来一下店里,平时一般不会来。春节期间,每天的销售额一般为三四万元,但是在大小年夜、年初一、初五、初八这几天,销售量要比平时多好多倍。在那几天里,店里挤满了人,说像挤公车一样一点都不过分。也就是在那几天里,老板娘和一些老师傅会来店里帮忙。毕竟客流量太大,她们6个学生忙不过来,而且一些老板的朋友和大客户会来店里买东西。记得在那几天中,她们赚的最多的一天是30万左右。

说实话,在寒假工作的那几天中,她想的最多的一个问题就是,在没有正式员工的情况下,老板为什么这么放心她们6个学生,让她们在店里工作。他难道就这么放心她们,不怕少钱,缺货吗?在一天的工作休息中她最终还是对老板问出这个问题。老板的答案很让她意外,他说:"用人不疑,疑人不用,我相信你们的为人。"因为这句话,她们更加卖力的工作,她们谁也没有做出违背良心的事,她们会如实向老板汇报每天的收入与支出情况,有时晚上结账时会出现多收钱的情况,但是她们没人会将它装进自己的口袋,她们会把多出来的钱交给老板。也正因为她们的诚实,老板很看重她们。他把她们的工资提高了,在过年时还发了她们好几百块钱的烟花。她们每个人都在快乐中结束了这份工作。在工作结束时老板还打过她一次电话,他说毕业后让她去他的另外一家公司去工作,她很意外,也很高兴。在电话中他还说起信任她们的原因,他说他可以在盘货时看出一天的实际销售额,他很满意她们的工作,和她们合作很愉快。

（二）第九届十佳大学生"诚信之星"——施超

施超，男，1992年7月生，中共党员，原会计系会计13（7）班学生。

该生2010年开始在中国人民武装警察部队服役，在部队期间主要担负中国人民银行天津分行重点库和中国印钞造币总公司天津仓库的看守和武装押运任务，表现出色，多次被中队任命去担负押运任务，也曾数次在外参加集训。在部队期间，他还参加了中南海周恩来邓颖超遗物押送任务，并圆满完成。因个人表现突出，曾被评为"优秀士兵""训练标兵"。

2012年底退伍，并于2013年迅速就业，任职于上海房产行业。由于以前对销售比较精通，同时学习兴趣浓厚，很快熟悉了上海房产的行情，对于各个楼盘的情况十分清楚。在工作中兢兢业业，苦学勤问，时常起到模范带头作用，善于沟通并会耐心解答客户在买房中的各种问题，做到了星级的售后服务，因此获得了上级的肯定，在短短的3个月内业绩在新人中名列前茅。

自得知退伍军人可以读大学消息后，他在工作之余认真复习以往所学知识，积极备考。在2013年的高校招生考试中，顺利考入浙江金融职业学院的会计系会计专业。进入大学后，他仍能发挥特长，延续着"退伍不退色"的本质，用部队的经验来树立良好的作风，同时不断加强自我约束。在担任新生军训教官的时候，严格要求自己，由于表现突出，最后获得了军训"优秀教官"的称号。在班级担任纪律委员一职，在自己的岗位上他能尽职尽责，始终把班级的利益放在首位，严格管理班级同学，同时在生活上对同学给予关心。在部队是一名出色的军人，在班级也是一名负责任的好干部，能利用自己以往在部队学得的经验和做法增强班级的凝聚力与向心力。也注重培养班级的团队协作精神，以身作则，用自己的行动去感染每一个人。在班级有困难时能够勇于担当，总是把最困难的事情留给自己，尽力做到为大家服务。在寝室里，能够发扬部队的一些技巧，带动宿舍的同学一起打扫卫生、整理内务，为男生宿舍树榜样，进而带动了所在系的部分男生宿舍一起改变。

担任楼长期间，他也能很好的协调好各个楼委之间的关系，带领大家把楼里的秩序维持得有条不紊，并在第一学期的社区邻居节中获得"模范之星"和"优秀组织奖"等个人和团队的荣誉。

在学习上，虽久离学校，有些文化知识已经生疏，但是其学习的动力不减。始终能够严格要求自己，不断追求、不断向上。

他他十分注重提高自身的政治理论水平，在课余时间努力提升对党的认识，并时刻把党的指导思想作为自己的行动指南。作为一名正式党员，他在自己的实际生活中，时刻以党员的标准来要求自己。

退伍不褪色，永葆军人本色。不管在学习、工作还是生活中他都以军人的姿态要求自己，从不间断。

（三）第十届十佳大学生"诚信之星"——邵蓉蓉

邵蓉蓉，女，1994年8月生，共青团员，原投资与保险系保险13（4）学生。曾任系学生会主席、班级团支部书记职务。

她自信、乐观，相信微笑能战胜所有的的不悦。她为人和善、乐于助人，始终怀揣感恩之心；她刻苦、好学，心怀梦想，努力的脚步陪她一路走过成长的道路。

学生会的干部经历让她积累了丰厚的工作经验，同时也对学生会的工作更加富有激情；

在班级工作和学习中,她始终严格要求自己,起到了带头作用,她积极努力学习,取得了优异的学习成绩。

作为班级的团支书,在团工作方面,她积极认真,任劳任怨,具有一定的组织能力和创新能力,工作成效突出。她积极配合学院团委的工作,并很好地完成上级团组织交给的任务,同时积极带领团支部开展各类富有活力的团学活动,并鼓励班上的青年志愿者参加各项志愿服务性的工作。

大学期间,她和班上的同学团结互助,齐心协力,共同为班集体做贡献,为班级争荣争光。同时,作为一名入党积极分子,她更是以党员的标准来要求自己,保持思想、觉悟的先进性,努力学习马克思主义,毛泽东思想和邓小平理论以及三个代表重要思想等。

"学无止境永攀高峰",这一句至理名言始终鞭挞着她在学习的道路上勇攀高峰,不断进取。虽然工作忙碌,但她没有放弃对文化知识的学习,在学习上,能做到认真踏实,勤学苦练,刻苦钻研专业知识,严格要求自己学好各项专业知识及相关基础知识,并不断提高实际动手能力,取得了优秀的成绩。她还充分利用课余时间到图书馆不断充实自己的知识体系。

她认为人的一生是一个成长的过程。如果一个人的一生必须面临不同的选择,那么她就是伴随着这些选择成长起来的。无论是工作,还是参加各种活动,都是她成长的锻炼:她学会了怎样和同伴友好相处,学会了怎样为人处世,学会了正确处理工作和学习的矛盾,学会了在失败中找到成功的经验。

她始终把提升自身综合素质、服务广大同学作为自己的信条,在日常工作中,积极带领学生会各部门协助系部做好学风建设和各项工作,积极引导广大同学投入到系部实践育人工作和各项活动中,并取得了显著成果。

（四）第十一届十佳大学生"诚信之星"——李万垠

李万垠,男,1996年7月生,共青团员,投资与保险系保险14(4)学生。现任系学生会秘书长、班级团支部书记。

在他的人生观里,诚信意味着要信守承诺,说到一定要做到,诚实待人,诚信做事。

在学生会的工作中,他积极参与学生会的工作和建设,自进入学生会工作以来他一直在秘书处历练,在负责学生会工作的同时他也担任了投保系职业与技能协会副会长,这些经历让他积累了丰富的工作经验,同时也对学生会和社团的工作更加富有激情;在班级工作和学习中,他始终严格要求自己,积极努力学习,取得了优异的学习成绩。

作为班级的团支书,在团工作方面,他积极认真,任劳任怨,具有一定的组织能力和创新能力,工作成效突出。在担任团支书期间,积极配合学院团委的工作,取得了优秀团支部的荣誉。

在高手如云、人才济济的金院想要博得众人之彩很难,但他凭着自己的努力参加了几项活动并取得了较优秀的成绩。在大一第一学期,参加了学院的明理知识竞赛获得了"三等奖",在校运动会中获得了"先进个人"的称号,在大一第二学期获得了浙江金融职业学院2014—2015学年军协"优秀个人"和投资与保险系职业与技能协会"优秀干事"的称号。在大一学年中,他所在的寝室获得了"创文明寝室"称号。大二当选了保险151班班主任助理,在学院"社会主义核心价值观"演讲比赛中获得了"三等奖"的成绩。

十、助人之星——博爱的天使

（一）第八届十佳大学生"助人之星"——陈梁

陈梁,男,1993年3月生,中共预备党员,原信息技术系计算机121班班长。

作为计算机121班班长,在工作上,他积极配合老师,努力完成老师布置的各项任务。同时,为了增进班级同学间的关系,增强班级凝聚力,使大家能更好的融入计算机121这个温暖的大家庭,他牵头举办了多次积极向上,内容丰富的班级活动,如"献礼青春"班会、"春蕾行动"义务捐献、户外素质拓展、心理视频鉴赏、各种团日活动等,还策划举办了信息技术系大一班委座谈会,获得了同学以及老师的一致好评。工作之余充分聆听同学的意见和建议,从而多方面加以改进。在他的带领下,班级财产清晰,班委分工明确,同学学习氛围良好,班级管理严谨有条理。计算机121班迅速发展为信息技术系一颗闪亮的"明星",无时无刻不发出那璀璨的光辉。

作为一名单身家庭的孩子,他从未因此而感到丝毫的自卑,从小在艰苦的环境中长大,懂得了许多完整家庭的孩子领悟不到的道理。"吃得苦中苦,方为人上人",从小母亲就用这句话教育他。穷人的孩子早当家,从高二开始,他便利用空余时间外出打工,自己支付学费及日常的生活费,给家里减轻了开支。在工作期间他的良好表现获得领导的一致好评,他多次被派遣去总部比赛、实习。在学校生活中,他也是同学心中的好班长、好朋友,每一次放假都要统计到家的人数情况,对同学的安全十分重视。班级的利益大于自己的利益,大一上半学期是一个十分忙碌的学期,在寝室里经常能看见他奋斗在书桌前的背影,无论是策划班级活动还是制作班级报告等,经常到凌晨两三点才上床睡觉。有时天冷,还早起敲开每个男生寝室的门,督促同学们不能睡懒觉,准时起床打卡。有时候他也想过要放弃,只是那一句"吃得苦中苦,方为人上人"的话让他咬咬牙坚持了下来。

高中是一个改变他一生的地方,无论是在学习还是为人处世上,他都学到了许许多多的知识。他曾是宁波鄞州职教中心的校学生会主席,代表学校参加了五年一次的宁波市学生联合会,在大会上与其他校的学生会主席和团市委副书记沟通交流,加深了他对学生会的理解,从而会从更深层面的对学生会的工作有了独到的想法,任职结束之际,他所在的学生会获得了宁波市优秀学生会干部的称号。在大一的寒假即将结束之际,他受学校领导的邀请回到高中母校,对全体高三数百名同学进行了一次名为"相信未来"的励志演讲,获得了在场同学以及老师的一致好评。

让生活恬淡成一汪平静的水,然后告诉自己:水穷之处待云起,危崖旁侧觅坦途。他正积极地为自己谋划着未来。他告诉自己:宝剑锋从磨砺出,梅花香自苦寒来。他相信,他的阅历相比同龄人来说是更胜一筹的,无论社会经验还是工作态度上亦或是为人处世。"先做一名优秀的人,再成为一名优秀而有内涵的人,最后,成为一名优秀、有内涵又大方的人"这便是他的人生目标,而他正一步步向着自己的梦想进发,他看到的不仅仅是他脚下的艰难险阻,还看到他身后那些支持他鼓励他鞭策他前进的家人、朋友,或许他会失败,但他,不会放弃。

（二）第九届十佳大学生"助人之星"——黄美晓

黄美晓,女,1993年3月生,中共党员,原投资与保险系保险12（4）班学生,曾担任班级学习委员。

想必大家都听过这样一句话:"知人者智,自知者明。"斗转星移,历史的车轮从废墟上辗过,从愚昧上辗过,势不可当地迈入了繁荣、文明的社会。站在历史新的高度上,我们可以说:助人者善,自助者明。助人,是道德的种子,是充满人情味的社会温情,是对他人的同情、注意和给予,是人的德行、良知和教养的体现,是社会稳定的人性基础。

担任班级学习委员期间,虽然很多人都认为这是一份很累的工作,但她却做得很开心,因为她从中找寻到了很多的快乐,帮助同学们解决一些学习上的问题,传达老师的一些意见,都会让她觉得再苦再累都是值得的。

最令她印象深刻的还是担任班助的日子,那段日子,她觉得会是她整个大学生涯里最难忘的记忆。因为作为一名班主任助理,她可以帮助很多新生来认识学校,了解专业。在他们刚刚踏入大学的起始阶段,她可以成为他们的向导,解决他们学习、生活上的一些困难,当然最重要的,也是做好榜样,因为一个班助可以影响一个班级,他们会在最初,以你为榜样,不断努力。军训的那段期间,不仅仅是他们在成长,她也在成长。她可以放弃自己的课余、中秋节、周末的休息时间,和他们在一起只是为了让他们觉得,她一直都在他们身边陪着他们。那是一段让她黑眼圈不断加深的日子,却也是笑得最灿烂的时光,因为她的付出让她很开心。

她现在担任的是系学生会秘书处秘书长一职,她觉得这是一个很适合她的职位,因为她从中找到了自己在大学生活中的价值,她可以服务班级、学生会及老师,不仅使自己得到了提升,也能通过不断地努力,帮老师、同学解决一些问题。她踏踏实实,做好自己的本职工作,做到上情下达,认真负责的对待每一件事物,并定期召开部门会议,和部门的干事不断交流心得体会,解决平时工作中的一些问题,为系团总支学生会的共荣进步而努力。

在生活中,她积极乐观,诚实守信,乐于助人;讲道德、遵守校规校纪,以饱满的热情迎接生活中每一天的挑战,并始终牢记着这样一句座右铭——"我从不降低自己的目标,我从不停留在力所能及的事上,我从不满足现在的成就,我要使自己的下一刻比此刻做的更好!"

丰富多彩的大学活动和社会实践,给她的课外生活平添了几许亮丽的色彩,锻炼了她的意志与坚持不懈的精神,给了她关于人生与生活的磨练。

人的一生总是会面临一次又一次的崭新的考验,大学是继高考之后,她人生的另一个转折点,她会充分利用大学的时光,不断提升自己,学业上努力勤奋,工作上认真负责,生活中积极进取,对将来,她充满了期待,期待更多的挑战。战胜困难,抓住机遇,相信自己一定会演绎出一个又一个的精彩。

(三)第十届十佳大学生"助人之星"——汤志鹏

汤志鹏,男,1995 年 9 月生,共青团员,经营管理系企管 14(2)班学生,现任系学生会主席。

他是一名来自舟山群岛新区贻贝之乡美丽海岛嵊泗县的充满朝气的 90 后男孩。海岛独特的地理环境和渔民勤劳勇敢的品性给予了他努力拼搏、做事认真、敢担责任的良好基因。热情大方、活泼开朗的性格是他积极从事各项公益活动的先决条件。入学以来,本着"学好知识、锻炼自己、提升能力"的目标,他加入了系学生会实践部,之后他便以高标准来做好每一件事,参加好每一项活动,完成好每一项工作,做事讲求实效、注重认真,希望把每一件事做到极致、做到完美。

1.落红不是无情物,化作春泥更护花

作为一名系学生会实践部干事,一名普通的青年学生,他做了自己喜欢的事——积极投身社会实践活动。在他的家乡舟山市嵊泗县东海社区(该社区是县乐和社区创建试点社区),他是一名省"春泥计划"的志愿者。他承担了假期学生特色培训的系列工作,从课程开发到联系教师,从推广宣传到落实报名,在中期参与每一次课程与活动的管理,并承担了部分课程的教学任务。在教学中他创新方法,不断增强小学生的学习兴趣,极大地丰富了暑期青少年的学习生活。同时,他协助社区工作人员处理部分民情事务,比如宠物狗上牌登记、扫盲以及纠纷调解等等。在此期间他获得了社区党总支书记、工作人员与志愿服务对象的一致好评,幸运地获得了2014年浙江省"春泥计划"志愿服务优秀个人荣誉称号。

2.组建班级团队,推出"乐和微公益"

在刚刚过去的寒假期间,他组建了自己的公益小分队,进行"乐和微公益"实践活动。他带领着他的团队成员在前期做了大量的准备工作,在开展活动的过程中,他们分工明确,认真快速地布置好场地,并很快与窗口单位的志愿者们合作,利用新媒体,在微信平台上发布志愿服务信息,向社区广大群众介绍本次志愿服务活动,并向他们赠送由老年大学的学员们创作的春联与剪纸。他们的付出也得到了参与活动的其他志愿者以及接受服务的群众的一致好评。该团队也积极参加了学院2015寒假社会实践优秀团队的评选。

3.发挥实践部干事余热,组织策划志愿活动

他自担任学生会实践部的干事后,把认真做好实践部的各项社会公益工作作为第一任务。首先是积极参加系学生会实践部的活动。他深知学生会干部,不仅仅是一个简单的名称,更是学院、系部赋予自己在大学时代开启能力素质锻炼的崭新起点,一定要利用好这次宝贵的实践锻炼机会,完成好每一项工作,在实践中提高自己、丰富自己,为自己的大学生涯添上浓墨重彩的一笔。因此,他在完成学习任务的前提下,能积极主动参与部门工作,不讲条件、克服困难,在部门负责人的带领下,与其他部门的干事密切合作,努力完成好每一次工作任务,截至目前,已经多次承担各类活动的志愿者、活动策划等工作。

浙江金融职业学院给予了他充分吸取知识养分的环境,更是为他充分发挥自己的潜能提供了一个良好的平台。在这里,他不仅获得了更高的文化和专业知识,也得到了更多更好的管理实践能力提升的机会,更使他的综合素质有了进一步的提升。

(四)第十一届十佳大学生"助人之星"——金跃

金跃,男,1995年12月生,共青团员,信息技术系计算机14(1)班学生。现任班级学习委员、系学生会社团部部长、e帮帮信息技术服务协会会长等职。

作为学生,首要任务就是学习。刚进入大学的时候,同学们都还没适应,但他能很踏实的学习,上课认真听讲,有时间就去图书馆,向老师请教问题,学习态度认真,不逃课,不迟到早退,认真做好课前预习和课后笔记整理工作,学习目的明确,锐意进取,对大学课程充满了浓厚的兴趣,并且善于总结学习经验,不断改进学习方法、理论联系实际,通过不懈努力,取得了优异的成绩。除此之外,他还会经常浏览一些和专业有关的网站,学习自己专业最前沿的知识,为自己的未来就业做准备。

工作方面,大一的他是班里的学习委员,在此期间,他认真工作并积极参加活动,先后获得院互联网金融比赛第二名、第九届 ACM 程序设计第一名、2014—2015 学年优秀学生干部等奖项和称号。虽在职期间工作量不是很多，但他一直坚持认真做事，以做好每件事为原则。他还在系学生会社团部担任部长一职，和副部长及部门干事，监督管理多个社团，如 e 帮帮大型义务维修活动、计算机协会拆装机大赛、数学建模协会魔方比赛等大型社团活动。通过这些活动，现在的他具备了极强的组织、策划、交际等各方面的能力。自己也真正学会了勤于学习、善于思考、勇于探索、敏于创新。作为 e 帮帮信息技术服务协会的会长，他能很好的组织社团每月开展一次大型义务维修活动，并且能较好的管理好社团，不断使其发展壮大。

在学校，拥有电脑的同学与日俱增，可是很多同学遇到电脑故障束手无策。为了解决他们的实际困难，他带领 e 帮帮成员免费提供电脑维修服务。两年来，他凭借自己的技术，以自己的热情和耐心，为需要帮助的学生解决了一个又一个燃眉之急。截至目前，他共帮助 1300 余位师生解决了电脑上的种种问题。作为一个公益志愿者，他成功策划并实施超过 20 次 e 帮帮信息技术服务协会大型义务维修活动，不仅在校内，他还参加了多次校外巡回义务维修活动。他秉持着公益理念，热心地为需要帮助的同学排忧解难，不计名利，志愿奉献。

课余，他还带领同学走进 IT 企业，学习技术，指导同学进行专业化训练，培养同学间的团队合作意识，一起锻炼动手能力，增加实践经验，更好地用于公益服务活动中。

他认真、尽职、全心全意为他人服务，每天都能抽出 3 小时课余时间为他人服务，常常顾不上吃饭，为了能帮助更多的人，他经常牺牲双休日的时间去更多的地方帮助他人解决电脑上的种种问题，他的行为得到老师同学的广泛好评，迄今为止收到的维修反馈表已有百余张。

十一、实践之星——躬行的典范

（一）第八届十佳大学生"实践之星"——潘叶

潘叶，女，浙江宁波人，中共党员，原会计系会计 11(3) 班学生，曾任会计 11(3) 班团支部书记，会计系学生会主席。

2011 年 9 月 16 日，她在父母的陪同下背着行李踏上异乡的求学之路，报到后学校开始组织新生军训。作为临时负责人，带领班级取得了军训优秀方阵荣誉称号，后来她以高票当选为团支部书记。

作为团支部书记的她，为了增强她们班的凝聚力。她一学期先后组织开展了近 9 个活动，通过一学期的努力，她们班在系部取得了不错的成绩。

大一时，她积极参加系部组织的各项活动，包括寒假社会实践，积极的她也获得了较好的成绩。尤其是在寒假社会实践中，她被评为先进个人。

在大一下半学期，还有一件让她最难忘的事情。那就是她们系部的暑期社会实践。作为队长的她，与她们系的 11 个队员一起努力去完成每一项任务。在实践活动中她们每一个人都有自己的任务，而她作为队长，作为这个队伍的负责人，她知道她的责任更重，事先的分配，事中的指导，事后的报告，这一系列的工作让她深深明白了团结协作的重要性，也让她们在一次次的交流讨论中知道标新立异，在一次次分配任务中学会承担和付出。不论前一天晚上大家为提高团队工作效率的方案争论不休，不论白天在外做调研时被烈阳晒伤，更不论每晚写报告,写日志,写总结,为明日准备到深夜,她们每个人都坚持着。每天的调研、吃饭、走访、总结、休息,成为了她们的主线,每天奔波于桐乡的各个小巷街头,她们询问着,记录着,目的只为出色的完成实践任务,让自己明白更多属于她们、属于她们这个时代的真谛。每一天,捧着厚厚的问卷,怀着一份份坚定的信念,她们在烈日下奔跑着,汗珠滴落早已浸湿队服,但她们任何一个人都不曾想过放弃。在向路人进行问卷调查和反假币的宣传过程中,她不仅积累了社会经验,与各类人群接触时有了更灵活的应对方法,学会了如何更好地去与人接触认识,并与之交流,也让她在此过程中,充分地克服了自己害羞畏缩的心理,多了一份自信,新添了一份自如。对校友的采访,不仅充实了她们的暑期社会实践生活,而且在整个采访过程中,她学到了在学校很少能接触到的一些知识。经过努力,她带领的实践团队被评为了 2012 年浙金院暑期社会实践"优秀团队",而她个人也被评为了 2012 年暑假社会实践先进个人。

大二时,她成为了会计系学生会主席。这对她而言又是一个新的体会与提升。在任系学生会主席期间,她带领着她的团队推动系部拓展校外大学生实践基地 5 个,其中系级 3 个、团支部级 2 个(突破会计系往年"0"记录);她组织学生开展校园清洁活动,志愿者工作得到了肯定,她们获得下沙多蓝水岸"学习雷锋精神,传递社会美德"社会赞誉锦旗等各项荣誉;她还带领团队组织学生参加无偿献血活动 400 余人次,被浙江省血液管理中心、浙江省无偿献血志愿者协会评为无偿成分献血"优秀组织奖",一名学生获得浙江电视台专题报道,多项实践活动被《浙江在线》、《杭州互动电视》等媒体关注,产生了较大的社会反响。

(二)第九届十佳大学生"实践之星"——戴珍珍

戴珍珍,女,1992 年 10 月生,共青团员,原人文艺术系文秘 12(1)班学生。曾任系学生会外联部、社团部部长。

她出生在台州天台县一个偏僻的小山村,她自幼跟随外出打工的父母来到宁波生活。拮据的家庭条件让她比同龄人更早地学会了坚强和独立。

记得小时候,父母工作都很忙,根本无暇顾及她的课余生活。那时候的她没事就爱带上一群比她小的小鬼们在家附近的池塘里钓龙虾打发时间,钓完后又放回池子里,因为家人根本不爱吃。在一个夏天的晚上,叔叔带她去街上喝冷饮,她发现几乎每家冷饮摊都有小龙虾,当时她就萌发了卖龙虾的念头。第二天,她让那帮小鬼帮她钓龙虾,为了提高效率,她给他们每人做了两杆龙虾杆子,一下午她们钓了满满一桶,她拎回家里给每只小龙虾"洗澡",她想这样卖相好看价格也会高一点。于是,她就赶在 5 点之前把虾卖给了当地生意最火热的夜宵摊,当时老板看她小,不仅没压她的价格,还多给了她 5 元,就那一下午她带领着她的小伙伴赚了她人生的第一桶金——30 元人民币。拿到钱后,她给他们每人买了一支雪糕,他们很开心,她也很满足。就这样,在暑假 2 个月里她足足赚了 800 元,她很满足,她的"小团队"也很开心。那年她 8 岁,她的团队最大的 7 岁,最小的 5 岁。

上小学二年级时,学校要求学生用钢笔写字,她也很想要钢笔,但是她觉得太贵了,不好意思问家里人要,于是想到靠捡易拉罐卖钱。有一天放学,她看到很多小朋友在地摊上买桑叶,说养蚕宝宝。要知道,那段时间,身边同学谈论的都是谁家的蚕宝宝大,谁家的蚕宝宝"上山"。于是她也萌发了靠蚕宝宝买钢笔的念头。学校门口的摊贩卖一包桑叶要 1 元,她就打算在学校卖 5 角,并且别人在校外,她在校内,所谓近水楼台先得月嘛。于是她放学后就去摘桑叶,第二天拿回学校卖,那一季她赚了 50 元,也买到了她心爱的钢笔。

转眼间她上了高中,为了减轻父母的经济负担,她又开始了她的"小创业"。因为上学的时候,校园小卖部十分远,且教室在 5 楼,去小卖部买零食垫饥十分不便,时常会出现因买零食而上课迟到的现象。于是先在自己班级里卖零食,后来逐渐蔓延至整个楼层甚至整幢楼,那年她每星期赚的钱都超过父母给她的零花钱。既方便大家又使自己很有收获,她真的很满足。

她认为一个人活着的价值,不光是为自己索取收获,更应该奉献社会,为社会发光发热。进入高中后她每学期都会参加青年志愿者活动,活动内容很丰富,经常去孤儿院或养老院,为院打扫卫生,陪伴他们聊聊天,做做游戏等。还时常在节假日时给他们送祝福、送温暖。这些活动让她至今印象深刻。

进入浙江金融职业学院后,她感觉这样有意义、有爱心的活动越来越多,形式多样。她也积极参与其中。身为系学生会外联部、社团部部长的她,更应该起好带头作用。像献血的爱心活动,为山区孩子送温暖的活动,她觉得都非常有意义。平时周末,她带领同学定期开展志愿者活动,去钱塘江边捡垃圾,维护周边的环境。

她个人觉得其实一个人最大的成功,不是收获了物质上的满足,而是获得心灵上的快感,行善积德不是佛家的事,而是每个人都应该做到的事。

她个人是比较注重实践的人,喜欢脚踏实地做事。在 2012 年 10 月,她有幸参与由浙江省委宣传部、浙江广播电视集团主办,浙江电视台教育科技频道承办的 2012"十月的阳光"浙江儿女喜迎十八大文艺直播活动。作为志愿者,她积极做好协调工作,争取为这样的大型活动贡献绵力。随后在 2012 年 10 月 26 日,她又参加了第三届世界华人美术教育大会活动。经过杭州宝仑会议服务有限公司为期 3 天的专业培训后,她的专业知识更加精深,在该活动上更得心应手。她主要负责接待来自世界各国的外宾专家、协助各类会场布置以及会后相关的服务工作。在为期 3 天的大会上,她不仅充分地将课本上的知识活学活用,更重要的是学会了如何应对实践操作中的难题。此次实践活动一方面让她学习到许多专业知识在实践中的运用,体会到实践性的重要性;另一方面,她也强烈的感受到了自身知识的匮乏,例如外语知识以及相关专业设备的使用方法。所以那次大会结束后,她在业余生活中也更加注重了对其他知识的汲取。

大学期间,她所接触兼职种类不下 10 余种,上至最体面的礼仪会务人员,下至最苦、最累的奶制品仓库搬货员这些她都做过。在马路上发传单,她懂得了何为宣传? 在专柜做促销,她懂得了何为销售? 在柜面查保质期,她懂得了何为负责? 在酒店接待,她懂得了何为门面……这一切一切她觉得都很辛苦,流汗流泪流血家常便饭,但是她从未想过放弃,因为她的人生不允许她放弃。

进入大学后,她的专业知识受到了系统化的培训,能力也得到了提高。在大一大二的寒暑假期间,她在一家传媒集团工作,主要担任文员,时常也出去跟着前辈学习各类赛事的执行,2 年的经历确实学到了不少实践经验,渐渐地萌发了创业的念头。

在 2014 年 3 月,她注册了杭州华帆娱乐管理有限公司,主要经营模特经纪、模特培训、礼仪庆典服务、时装发布会、商业演出活动等。现公司有员工 30 人,员工分工明确。公司发展项目有:模特、舞蹈、影视艺术人员的开发挖掘、安置就业、赛前培训;模特包装、经纪推广、影视拍摄、商务演出、形象代言、礼仪庆典;并定期推送优秀选手参加市内、省内、国内、国际模特界各类赛事,同时承接国内、港、澳、台各类大型演出策划活动。

公司倾力打造华帆模特网这一网络平台,拟发展成为集模特培训、模特就业推荐、模特视频下载、T台秀场、奢侈品发布、模特杂志、模特交友、模特婚恋,模特商演,模特广告代言,模特换装游戏,模特美图秀等为一体的综合性休闲门户网站。

她用毅力、勇气、汗水和坚持铸就了充满正能量的她,她对她的未来充满十足的信心。

(三)第十届十佳大学生"实践之星"——谢玲玲

谢玲玲,女,1994年10月生,共青团员,原金融系国金13(1)班学生。曾任班级班长、系学生会秘书长职务。

在生活方面,她性格开朗,严于律己,宽以待人。身为寝室长,又是学生干部,她和她的室友努力建设一个和谐寝室,杜绝一切不良的生活作风,主动关心同学,帮助同学解决问题。在她们的共同努力下,她们寝室获得了美化寝室三等奖、创文明寝室以及文明寝室的称号。

在工作方面,她始终保持着积极的热情、坚定的信念和强烈的责任心。从大一入学开始,便被同学们选举成为班长,她在平时的班级工作中,认真务实,尽职尽责,踏实肯干,积极配合学校、老师、同学们开展各项活动,在活动中,以身作则,受到了老师及同学们的一致好评! 除了在班级中担任班长,她还是金融系学生会秘书处的秘书长。在学生会,"急老师之所急,想同学之所想"是她工作的目标,"勇往直前、永不言败"是她工作的信念。在工作上,能做到一丝不苟,认真踏实,能积极完成好部门工作,也能积极主动的协助其他部门做好工作,一直都是以"今日事,今日毕"的原则去做每一件事情。作为老师和同学沟通的桥梁,她总是亲身参与到活动的策划和组织中去,积极参加各类社会实践。而这些也成了她人生中最为宝贵的经验与回忆。

在金融系"我的青春我的团"赴井冈山红色之旅的社会实践中,为缅怀革命先辈,继承和发扬优良传统,坚定信念,她怀着激昂的心情,来到了中国革命的摇篮———井冈山。在这里她追寻着革命先辈的足迹,身临其境的感悟井冈山精神。这几天的实践中,她最大的启发莫过于革命先辈那种艰苦奋斗的精神。

在金融系赴安徽黟县三下乡暑期社会实践中,初次担当队长大任的她,什么都是懵懂的。在老师和同学们的帮助下,她用行动来证明自己的成长,虽然过程很苦,可是结出的却是香甜的果实。

一份耕耘,一份收获,她的付出有了回报。她相信生活的路是在自己脚下,而成功与否在于是否用心去把握。

(四)第十一届十佳大学生"实践之星"——郑伟杰

郑伟杰,男,1994年7月生,中共党员,金融系农金14(1)班学生。现任系学生会副主席一职。

2011年12月至2013年12月服役于武警北京北队,2014年9月进入浙江金融职业学院学习。

大学的两年里,通过在学校里的学习与锻炼,让他拓宽了视野,做事更加全面。对待生活,他是个充满阳光与微笑的人,遇到困难挫折都当做是人生的磨炼;而对待学习他是个认真刻苦的人,他对"大学"两个字的理解是更加广泛更加全面的去学习,不仅是停留在专业的知识书本上,更是要付出实践。因为他始终坚信理论是实践的基础,实践是理论的检验。

书本上的学习是贯穿大学三年最重要的事,读万卷书才有能力去行万里路。作为一名退伍兵,他深知自己在学习这一方面落后于同班同学,学习方法上也有很多不足,但是在他不懂不会的时候老师同学们都非常热情的帮助他。正是这些帮助与他的坚持不懈,让他在大一学年中荣获班级智育排名第六、综测第二的好成绩,并获得了学院银星奖学金,所以他很感谢给予他帮助的同学和老师。由于浙江金融职业学院相当重视技能,所以在这方面他刻苦练习,和大家一样从零基础开始,每天他会与室友一起练习并相互之间做比较,俗话说"有竞争才会有动力"。在大一担任班长期间他也多次组织开展技能小测式活动,把"比学赶帮超"的学习技能氛围带动到整个班级,正是这样,使班级整体的技能成绩从第一次系团体赛的第六到后来一直稳居前三,他个人也以全优的成绩通过了技能鉴定,并成为了系技能尖子班的成员及系百名技能尖子之一。

在学习之余,他积极参加各种院系的活动。任院国旗班班长时,在每次的升旗仪式中他尽力保证升旗的质量;任系银雁班班长时,与同学更是相互配合,锤炼了团队的合作能力;任班级班长一职时,带头进行了早晨即兴演讲,让每一名同学都有机会上台提升自己的表达能力,并为以后的面试打下基础;担任新生教官时,他严于律己做好榜样并严格训练连队,在一个月的训练后他荣获"优秀教官"称号;他多次参加毅行活动,并获得杭州市喜迎 G20 峰会"毅行英雄"的称号。

他热衷于参加各类实践活动,让他记忆犹深的是在 2015 年的暑假,他以金融系赴安徽黟县暑期社会实践分队的队长身份去当地支教。当听到要去社会实践时他是十分激动的,因为他不仅可以去接触社会,还能利用大学生的知识能力去帮助需要帮助的人。同时当知道自己要当队长时他心里又是多了一份紧张和压力,因为尽管平时在学校里有过管理的经验,可毕竟是要去到一个人生地不熟的地方,而且不但要保证任务的高质量完成,更要确保大家的安全,与此同时还想将金融系的风采展现给当地人们。实践中,他深知一个团体想要完成好任务就必须得要有完整的方案计划,所以每天晚上他们都召开总结会议,并结合头一天的情况提出第二天具体实施任务及改进方法。在总结会结束之后,他与组长们还会继续留下来商讨第二天详细的分工情况,那时的他们不管夜多深只知那种宁静得来不易。每天早晨迎着还未初升的太阳全队集合围饶着大山进行 5 公里的长跑,过程当中每个队员都尽力坚持,也会相互鼓励,整个团队的凝聚力也由此得到升华。

十二、自强之星——不屈的勇士

(一)第八届十佳大学生"自强之星"——胡慧赟

胡慧赟,女,1991 年 9 月生,共青团员,原金融系国金 11(2)班学生。曾任金融系团总支副书记、国金 112 团支书。

胡慧赟同学思想上要求积极进步,性格乐观开朗,学习成绩优良,工作认真务实,为人谦虚坦诚,能够真正地为同学们起到模范带头作用。在校期间,她先后获得了三好学生、优秀团干部、优秀学生干部、国家励志奖学金等二十余项荣誉。

"宽以待人,用心、用情、用执着去书写人生轨迹"是胡慧赟同学的人生信条,也是她作为一名优秀学生干部做人处事的真实写照。大学期间,胡慧赟同学始终在思想、学习、工作和生活等各个方面严格要求自己,积极要求进步,并取得了显著成绩。

胡慧赟同学具备较高的理论素养和政治素质。入学后不久,她就主动递交了入党申请书。平时认真学习马克思列宁主义、毛泽东思想、邓小平理论、"三个代表"重要思想和科学发展观,学习党的基本路线、方针、政策及决议,学习党的基本知识,拥护党的领导。在2011年12月被列为入党积极分子,在浙江金融职业第三十七期的党校考试中成绩优秀,并积极参加了相关培训,从中受益匪浅,使她明确和树立了正确的世界观、人生观、价值观。

求实敬业,甘于奉献,工作成绩突出。胡慧赟同学进入大学以来,积极参加学生工作,始终保持着积极向上、昂扬蓬勃的热情,努力为学校、为同学服务。她始终牢记自己的身份,以踏实认真、严谨务实的态度对待每一项工作,注重创新,善于思考,力求完美。在工作中她能够积极主动的与同学们交流,及时了解他们的思想动态和生活学习情况,尽其所能去帮助同学解决困难。同时,胡慧赟同学还积极协助院系老师做好学生工作,多次出色地完成任务,赢得了院系师生的一致好评。

辛勤和努力,换来的是胡慧赟同学在每一个工作岗位上得到了广泛的认可。大一时,作为班内团支书,在做好团支书本职工作的前提下,她及时"上情下传、下情上传",主动参与整个班级的管理,积极发动并组织了多次班级活动,进一步提升了班级凝聚力,工作热情高、待人和善、乐于助人,得到了同学们的认可,此外,积极配合辅导员工作并根据班级同学的个人爱好和对学习的追求,为了激发同学们的学习热情,她协同其他班委一起探讨学习方面的问题,使得同学们的学习兴趣不断提升,班内的同学关系从陌生到相处融洽。为了使得每月一次的团日活动成功开展,她都会提前做好准备,收集资料,使之生动而有特色。她以"赠人玫瑰,手有余香"作为自己的工作态度,她先后获得学生工作先进个人、优秀学生干部、优秀团干部等称号;

作为金融系团总支副书记,她带领各个团支部积极开展了以"秉团风志,扬团风旗,铸民族魂"为主题的特色团日活动,让每个同学都动起来,积极投身到团的活动中来,让每个同学知道自己不仅仅是个参与者,更是活动中的主人。

锐意进取,与时俱进,勇攀学习高峰。作为一名主要学生干部,胡慧赟同学在学习上勤奋刻苦,勇于进取,认真钻研,为身边同学做了表率。她一直坚持认真学习科学知识,努力提高自身专业知识水平。大学三年,她一直以勤奋、踏实、认真的态度一丝不苟的对待专业课程的学习。较多的学生工作和社会实践活动占用了胡慧赟同学很大部分的学习时间,但她从来没有怨言,而是积极去面对,努力挤出自己的休息和娱乐时间来保证自己的学习,获得院二等奖学金并光荣的获得了国家励志奖学金。

律己善思,自强不息,牢记学生干部使命。胡慧赟同学时刻牢记自己是一名主要学生干部,时时处处以身作则,严于律己。她十分注意礼貌待人,尊敬师长,团结同学,热爱集体;她能虚心接受周围的批评和建议,善于思考自己的不足,进行自我批评,并及时改正缺点,完善自己。

她来自单亲的贫困家庭,因此她深知生活的艰辛,从不铺张浪费,从不盲目攀比,从不搞特殊化,始终保持勤俭节约的生活习惯,积极参加勤工助学和兼职来减轻家里的负担。但是当周围同学有困难时,她会毫不犹豫的尽力去帮助他们!

在领导、老师的关怀、教育、引导和帮助下,胡慧赟同学的综合素质得到了很大的提高,取得了显著的成绩,获得了许多荣誉。但她始终保持谦虚谨慎的态度,以平常心对待获得的成绩和荣誉。同时,她能够将荣誉转化为动力,以更大的努力去充实自己,提高自己,完善自己,以更加饱满的热情努力为学校、为老师、为同学们服务。

（二）第九届十佳大学生"自强之星"——邵峰

邵峰,男,1994年5月生,共青团员,原信息技术系计算机12(2)班学生。曾担任班级校友联络员、院团委新闻中心技术服务部副部长。

他是一个平凡的少年,但他却有不平凡的人生。他就像春天里的一缕微风,给身边的人一种清新的感觉。他就像夏日里的细雨,给身边的人带来凉爽。他就像秋日里盛开的花,给身边的人带来芳香。他就像冬日里的一把火,给身边的人带来温暖。所以他身边有着许多的朋友,并且身边的人都很喜欢他。

他来自一个贫困的家庭,但是他却从来没有因为家庭的贫困而感到一丝的自卑。他乐观阳光,积极向上。他的正能量总是能够带动身边的每一个人。家庭的困难并没有成为阻挡他进步的理由,他不断的告诉自己,通过自己的努力让生活变得更精彩。

（三）第十届十佳大学生"自强之星"——王幸

王幸,女,1995年8月生,共青团员,会计系会计14(1)班学生,现任会计14(1)班的生活委员,院自律委员会生活服务部干事,会计系就业服务部干事。

作为一个特困生,她比其他人更加独立,更加懂事。她的身世不像其他人一样平常。她的亲生父母自她一出生就遗弃了她。她的养父收养了她。但是,命运继续和她开玩笑。10岁那年,养父母离异,养父去世,再一次让她的生命陷入黑暗之中。幸而,养父的妈妈、哥哥,就是她的奶奶、大伯从不曾放弃她。在这十多年没有养父的日子里,她和体弱多病的奶奶还有残疾的大伯相依为命,仅仅靠低保收入生活。

也许,有人会同情她,但是要强的她不需要这些同情。她认为这样的生活经历使她不会成为温室里面的花朵,她比同龄人更加懂得如何去面对人生中的风风雨雨。她能直面生活的困境,用微笑来面对人生。她始终相信自己足够坚强,可以去面对人生中的任何挫折。因为她注定要学会自立自强,学会自己面对一切。

她把自己的大部分空余时间用在学习上,有时候甚至会学习到深夜一两点。大二时,她考出了会计从业资格证书,智育班级排名第一,综合排名第三。但是她知道自己可以更好,不然就会被别人远远甩在身后。

她一直积极乐观,从来没有因为家庭的事情有过消极的生活态度。因为她明白,很多事情,只有积极乐观的面对,才不会陷入悲伤的往事里面。唯有用微笑来面对生活,才能让生活给她笑容。在高考结束后,她不间断地去做各种兼职。发过传单,打过房产电话,做过华数客服,做过软件测试员,做过双十一打包员,做过服务员。因为她想她应该比同龄人更加要学会自己去面对社会,更早的接触社会。在平时的双休日,她也总是去外面做兼职。寒假期间,她在茶室打工,一干就是两个月,没有休息,也不曾放弃过。她也知道选择了在外面打工,就不要把自己当个小女孩。在打工的过程中真的可以学到很多,让自己更加成熟,更加坚强。所以,她一直以女汉子的标准来要求自己。她一直是一个不服输的人,不想屈服于命运的齿轮。她执着,她倔强,但是她更自立自强。

大学期间,她努力让自己做得更好,更加优秀。有时候困难不期而至,但她总是想着去克服,而不是去逃避。她努力协调好工作与学习的关系,系里、院里的学生会她都参加了,是班委成员,还是寝室长,她总是想着在每件事情都做得更好。

她从不曾抱怨过命运的不公平,因为她想她可以凭借自己的努力去改变这一切。自强现在已经成为她的一种习惯,她希望可以更加成熟,让自己可以更加勇敢的面对人生路上的风雨。

人生之路,她不用战战兢兢地生怕影子的黑暗遮住太阳明亮的光线,因为人生中有那么一次面对朝阳也是一种幸福。人生中任何东西,包括往事、记忆、失望、时间都可以被替代,但是她不能无力自拔,因为人生中有更重要的事情要做。学会独立,学会自强,是这十多年的生活告诉她的。同时她也知道,她从来不是一个人在努力,她有爱她的家人,也有很多好心人伸出自己的手来帮助她。现在的她对于他们的帮助还无以为报,她只能让自己更加勇敢地面对生活中的一切困难。她会笑着面对人生,让自强自己更加勇敢。

(四)第十一届十佳大学生"自强之星"——陈家乐

陈家乐,男,1994年6月生,共青团员,经营管理系营销14(2)班学生。

他来自宁波市象山县一个农村家庭。自打出生,他的家庭生活条件就比较困难,全家只有爸爸一个劳动力(爸爸是一名木匠,每天早上6点就要出门,直到晚上5点多才回来),而且收入不高,最多维持家庭的日常支出,经常还入不敷出。他记得小的时候,爸爸为了赚钱去了外地,从小,他和哥哥是被外婆带大,一直到8岁。虽然当时他没有想过要挑起家庭的重担,但从小就意识到自己家庭经济条件不好,外婆和父母工作辛苦,非常不容易。那时的他非常老实,不会去惹事,也不乱花家里的钱。上初中的时候,他经常会听到有人对爸爸说能把两个孩子养大真的不容易。那时,他逐渐体会到压在父母身上的担子有多重。到现在,他仍然不记得小时候过生日收到过什么礼物,因为除了蛋糕没有其他。

初一的暑假,他一个人坐车去了杭州,来到姨娘上班的饭店,因为姨娘的关系,他在那里的点心房做小工。早上九点到晚上九点。虽然那里的人对他挺照顾的,但他也真正知道了上班赚钱的不易,体会到父母的艰辛。第一次的暑假工打,拿到900元的工资。900元,真正通过自己的汗水换来的。他把这900元都交给了家里,希望能有一点点的帮助。开始了第一次的打工,他就没有停下来,只要一到6月份,当别的同学都在计划哪里游玩,何如happy的时候,他已经提前找好了打工场所。

初一,杭州饭店点心房小工,30来天。

初二,镇上一家快餐店做服务员,30天。

初三,他又来到第一次上班的,杭州饭店,做起了传菜员,50来天。

(无意间,他知道了淘宝,在初三上学期做了2个月的淘宝代购,一天所有的空余时间都用来下单和取快递)

高一,通过朋友介绍,独自去了杭州的一家酒吧做吧员,50来天。

高二,在家附近的小厂做零件装配,30天。

高三暑假,在一家汽车配件车床车间做压机员,100来天。

高三寒假,在朋友家的小饭店做打荷与服务员40来天。

大一寒假,在宫龙酒店做传菜和服务员,40来天。

大二寒假,在杭州物美做收银员,30来天。

这是他八年来的寒暑假打工经历。其间总会有人问他,为什么放着假期不休息而是出来打工,他和哥哥的回答一直是:在家无聊就出来锻炼锻炼。其实他们心里想的是:高额的学费自己无法负担,但起码生活费要自己赚取,自己想买的东西靠自己去获得。

第二节 成才先锋——学生可敬的楷模

一、"十大成才先锋"之国际商务系郑婷

郑婷,中共党员,曾担任浙江金融职业学院青年志愿者服务总会副会长、青年志愿者服务指导中心副主任、英语09(1)班团支书等职务。自2009年跨入大学以来,她始终严格要求自己,在思想上积极追求上进,在学习上刻苦努力,在生活上顶着家庭生活压力迎难而上,力争做到最优。同时,大学期间,她还怀着一颗感恩的心切实服务好身边同学,始终用实际行动践行着一名共产党员的誓言。

(一)认真学习理论知识,不断提高政治素养

为提高自身思想政治修养,她始终以一名共产党员的责任感和光荣感来严格要求自己,鞭策自己,通过党课和自学,认真学习马列主义、毛泽东思想和邓小平理论,深入贯彻落实科学发展观。关注时事,强化政治意识,坚定理想信念,努力提高先进性素质,不断提高自己的马克思主义理论水平。始终坚持理论联系实际,学以致用,提高政治理论水平,提高解决实际问题的能力。作为一名学生干部,她积极带动周围的同学团结合作,在工作、学习和社会生活中切实起到先锋模范作用。

(二)扎实搞好专业学习,多方锤炼综合能力

知识的海洋里,她不断遨游,无论课堂、实验室还是图书馆,严谨的学习态度和坚韧的学习劲头始终为同学啧啧称道。在认真学好每门课的同时,她还注意利用课余时间扩充自己的知识面,经常到学校图书馆查阅各类书籍,从中文书籍到外文原版书籍。充分利用学校图书馆的资源,感受文学魅力,提高自身的文化内涵,在广泛的阅读中汲取养分。她也十分注意学习方法,课前会自觉预习,课堂上紧跟老师的上课节奏,积极回答问题,主动参与老师的课堂活动。这样不仅能有效地掌握老师所授的内容,还能进行深入的思考。本着与同学们共同进步的愿景,她经常与同学交流学习经验,帮助后进的同学。她热爱自己的专业,酷爱英语,觉得能讲一口流利地道英语是一件很酷的事。于是,她勤练口语,积极参加各类实践活动来提高自己的英语水平。她还加入了杭州市翻译协会,渴望结识更多和她一样喜爱英语的人。

辛勤的付出也得到了肯定。大学三年,她的学习成绩一直名列专业第一,获得了校一等奖学金,多项校外奖学金,校素质拓展奖学金,并且通过了2011学年国家奖学金特别评审(浙江省仅十人获此荣誉);获得了第三届高职高专院校"挑战杯"创新创业竞赛一等奖;"外研通杯"全国新概念英语大赛浙江省赛区F组二等奖;全国高职高专实用英语口语大赛浙江省赛区优胜奖等多项省级专业竞赛奖励。

她还尝试走出校园,希望能用自己所学的专业知识为社会尽一份微薄之力。随着越来

越多的中华老字号走向海外市场,如何能发展得更好,引起了她的思考。于是,她加入了中华老字号浙江省品牌翻译的调研队伍。炎炎夏日,与同学走街串巷,一家一家地寻找老字号店,认真记录下每个老字号的译文。在这个过程中,她发现一些百年老字号目前还没有自己的品牌翻译,而大部分的老字号的翻译则采用的是音译法,即直接用汉语拼音来翻译其品牌。她认为中华老字号是中国百年文化的积淀,这样翻译虽然保留了其原来的品牌,但是却不能体现出它其中蕴涵的意义,而且形式冗长,不便于记忆,不能给外国顾客留下深刻印象。这样对浙江的老字号的经营,对浙江的经济发展也是不利的。这些译文需要结合老字号产品本身的特色和原商号的含义来进行翻译,这样才能使老字号更好地走向国际市场。

她还成为外教的好帮手。曾随同外教去西湖边的西子宾馆为那里的员工进行口语培训。杭州是个美丽的城市,每天都有许多的外国人前来考察、旅游,作为宾馆的工作人员能够掌握一些基本的交流用语,就能更好地为外宾提供服务。在"第三届中国国际外包交易博览会"上,她担任了翻译和引导志愿服务工作。

学习是基础,工作是动力。能力的锻炼很重要,学习不是她大学生活的全部。在班级里,她担任着班级的团支书,带领同学们积极开展各项活动,为班级良好的班风建设积极努力。她所在的班级也获得了"学风示范班"的荣誉称号,同时也是系里的"优秀志愿者班级";在社团中,她是浙江金融职业学院英语口语协会的发起者。组织同学们早读晚听,组织各类英语活动和英语竞赛。凭着他们的努力和社团取得的成效,口语协会创建一年之后,就被评为了校"十佳社团"。在系里,她曾任团总支组织部副部长,负责全系学生党员及团员青年的各项相关工作。在学院,她已经成为学校青年志愿者总会的负责人,志愿服务校园、社区、各类赛事等,组织全院同学投身社会公益事业。

（三）积极面对生活磨难,身体力行励志他人

同学们乍一见她,都会为她阳光的笑容所感染。若没有听过她的故事,或许你无法相信她默默承受着命运的多舛,肩负常人难以想象的重担。

她的家在绍兴县王坛镇一个名为越联村的自然村中。2008 年 9 月,她以优异成绩考入浙江金融职业学院国际商务系英语专业。军训一结束,她就不得不含泪离开期盼已久的大学校园,父亲因病早逝,母亲突发脑溢血瘫痪在床,无法自理的智障姐姐,接踵而至的灾难降临在她的肩上。休学期间,她以常人难以想象的毅力和勇气含着泪支撑着破碎的家。下地干活、寻医煎药,竭尽全力照顾好母亲和姐姐。但她从未放弃过对知识的追求。每每空余,她都会拿起珍爱的书本。在学校和社会的帮助下,2009 年 9 月,她重返校园,把苦难和社会的帮助当成前行的动力和回报社会的行动,选择了微笑面对生活,坚强,阳光,自信,开朗,进取,奉献……

站在爱的支点上,她希望将爱延续。休学期间,她的情况曾被电台媒体报道,当有更多的社会好心人士愿意来资助她时,均被她拒绝了,她坚强地向社会表示学费已有着落,其余困难靠自己解决,不再接受捐款,希望把钱留给更需要帮助的人。她认为再富有的人也需要别人帮助,再贫困的人也可以帮助别人。在学院第 27 届教师节大会上,她将自己获得的由团中央颁发的"自强之星"奖学金捐赠给了学院"爱心基金",希望帮助更多需要帮助的学弟学妹们;在学院 2011 级新生开学典礼上,她作为一名老生代表,与所有的学弟学妹们分享了她的人生感悟,希望自己曲折的经历能给予他们更多的精神力量,激励他们积极进取;对

思想或生活上有困难的同学进行交流和引导,帮助他们树立起面对困难的信心和勇气;在学院贫困生助学金名额有限时,她把自己的助学金让给了家庭出现突发困难情况的同学;当看到身边还有许多特困家庭的问题未得到解决时,她和同学们组队深入到农村贫困家庭进行了社会调研,针对目前浙江省社会救助工作的现状及存在的问题,翻阅了大量文献资料,通过深入分析,他们提出了适用于政府社会救助工作的 SMFD 战略对策,以期能弥补现行社会救助体系中存在的缺陷,更好地推动浙江省社会救助工作的发展,从而使更多的贫困家庭受惠;在全国第八届残疾人运动会上,作为浙江金融职业学院志愿者临时团总支负责人之一,为赛事的成功举办也尽了自己的一份力。

滴水之恩当涌泉相报。她认为人生最重要的是拥有一颗感恩的心,用感恩去体会每一件事。她心存感激,一直铭记着社会好心人、学校老师们对她的恩情。同时她还有一个理想,希望可以用自己的力量去帮助千千万万需要帮助之人。

(四)收获人生成长感悟,坚定信念一路前行

她的事迹和实际行动也获得了社会和学校师生的肯定和支持。在校期间,她荣获了"浙江省十佳大学生"荣誉称号、"2010 年全国大学生年度人物"入围奖、"2010 年全国大学生自强之星"提名奖,"全国第八届残疾人运动会优秀志愿者"称号、"校三好学生"、"校优秀团干部"等国家级、省级、校级近三十项荣誉,并在省部属高校党员代表会议上当选为省十三次党代会代表。丰富的大学生活培养了她良好的道德品质和综合素养,养成了一种勤学慎思的学习习惯和勇于创新、勤于实践的工作作风。但她也深知这些荣誉的取得只是眼前的,并不能代表未来。同时也认识到自己的学识和能力还是远远不够的,仍需要不断地提升。而今,作为一名中共党员,一名优秀的学生干部,她将始终坚守着"勤奋学习、积极工作、锻炼自我"的青春追求,在"披沙拣金,融会贯通"校训的引领下,高扬自信、坚定的青春风帆,一路昂首前行。

二、"十大成才先锋"之国际商务系严芳芳

她是国际商务系国贸 091 班的严芳芳。在校期间担任院学生会主席、班级团支书、国贸 103 班班助。也正是这一系列的职务,让她在每一件事中找到了作为一个学生干部应有的素质与服务心态及自己的价值,让她知道做任何事都要明白如何去要求自己。是的,她以一名正式党员的身份要求自己,希望有一天能够回报所有帮助过她的人。

她想人们无法计算人生的路途有多远,但是人们可以把握的是旅途中的每一个站台,每一个人,每一件事,每一道风景。她始终保持着积极向上的心态,妥善处理好学习和工作两者之间的关系,努力做到全面发展。她从各方面严格要求自己,努力提高个人素质,她学会:做人,要认真负责;做事,要讲求原则。在院系领导和老师的教育指导下,通过自己的不懈努力,她建立起了正确的人生观和世界观,端正了学习和生活的态度,明确了自己人生发展的目标,坚定信念,激励自己向高素质人才靠拢,并坚持不懈地为之努力奋斗。

(一)学习方面——"学习永远不晚"

高尔基有句话说"学习,永远不晚"。作为学生,首要任务就是学习。学生必须以学业为重,要不断学习,不断进步,用知识武装自己,而从长远的眼光来看,则是为国家贡献力量。进入大学以来,她始终把专业学习放在首位,因为只有牢固的专业知识才是她今后工作的根

本。在学生会工作忙碌的时候她也能够端正态度,很好地处理工作与学习的矛盾。平时她也注意学习和自我调整,提高自我约束能力;在自身努力学习的同时,积极开展有利于专业学习和多方面知识拓展的活动,以帮助其他同学共同进步,共同打造良好的校园学风。同时,在学习本专业的同时,她意识到新时代大学生只掌握一门专业是远远不够的,必须丰富见识面,增强自己多方面的理论水平。经过自己的努力,在大一期间她就获得了英语四六级证书及综合素质名列专业第一的成绩。在大学三年里获得过两次校内一等奖学金,两次校外奖学金,一次国家奖学金。

（二）综合素质——"态度决定一切"

端正的态度能带领人走上正确的道路!渐渐地她学会了用一种理性的态度去考虑自己的前途,去从另一个角度思索自己的价值所在,思索自她价值实现的过程。踏实、坚持,"低调做人,高调做事",也是一直以来她严格要求自己的标准。无论是学习、工作还是交际,她都尽量做好自己的本分。在班内她会把她在各方面所学到的经验跟同学分享,带动了同学们之间的良性沟通交流,发挥好党员的模范作用。经过一年的努力,她以实际行动向党组织表明自己的决心,也于2011年10月通过表决成为一名正式的中共党员。她也积极参加各项活动,并获得了良好的荣誉,她想这与同学们对她的支持,老师对她的肯定是离不开的。

（三）奉献之旅——"宝剑锋从磨砺出,梅花香自苦寒来"

记得那个炎热的九月,她作为新生,带着三年的高中班长所给予她的信心站在那个陌生的讲台上,面对着那么多还并不熟悉的脸庞,参加了班级学生干部公开竞选,最终以综合优势当选为班级团支书。确实那时候,她觉得那是一个新的开始。也正因为如此,她对大学有了新的憧憬,明白了自己想要达到的目标,虽然也偶尔迷茫,但她总能找到坚持下去的动力。一步一步地,她又从系学生会实践部副部长做到院学生会主席,在任期间,她组织参与了各项志愿者服务活动,在每件事的背后都有她努力的汗水和用心的态度,她想这就是她的收获,他人无法给予她的感受!担任院学术会主席期间,她不断加强和改进思想教育工作,切实提高学生干部和广大同学的思想政治素质,对学生会工作认真负责,保持较高的热情与恒心。在2011年9月,她所领衔的学生会获得了"杭州市优秀先进集体"荣誉,她也获得了"杭州市优秀学生干部"的荣誉称号。这是对她,对她所在的整个团队的工作成果的肯定。她庆幸在这样的一个集体中奋斗过,努力过,成长过。

（四）生活之途——"敢于担当,让生活充满希望"

进入大学,除了学习,还必须懂得生活。平时工作中她严于律己宽以待人,生活中尽力去和每一个普遍同学交朋友。现如今她已踏入社会,但她仍在不懈地磨炼自己,但又不缺失年轻人应有的活力与激情。一步一步地,脚踏实地,然后为自己的未来每天都积累一点一滴。

三、"十大成才先锋"之金融系许韵涛

人生就是一条崎岖不平的长路。路上的风景、荆棘、艰辛都是人生宝贵的经历和财富。有的人一生没有在路上留下什么,有的人却用辛勤的汗水种下一路芳香的花朵,用一串串坚实的脚印走出奋斗的路,绽放青春的风采。

她是一个乐观开朗、积极向上的女孩,一个乐于助人、甘于奉献的学生干部。她就是浙

江金融职业学院金融系金融管理与实务专业 09 级的许韵涛。曾担任院学生会执行主席、校辩论队队长、楼委、副班长等职务。

（一）学习：知识是她奋进的动力

思想贫困往往源自理论贫困，而理论贫困往往是不学习的结果。面对新形势，她深知党员一定要把学习当作一种神圣职责，一种精神境界，一种终身追求，并作为自觉的、经常的、不间断的任务来完成，努力提高自身的理论素质。

"知识就是力量""知识是人类进步的阶梯"，她从中体会到了知识对于自身发展的重要性，尤其是在当代社会，她深切地感受到了掌握知识的迫切性。她的人生信念是："既然选择了远方，就应该风雨兼程。"作为学生干部的她，从没有因工作忙、活动多而放松自己的学习。相反，在学习上她比别人付出了更多的努力，每天她都抓紧课上每分每秒的时间学习，把老师讲的重点和不懂的难点标上标记，课后向老师同学请教；空余时间她会到图书馆，尽可能地多读一些书籍，来拓展自己的知识面，努力提高自己的专业技能。

知识是无边无际的，她常怀着活到老，学到老的观点，不断地学习，不断地在学习中找寻适合自己的学习方法，她以 2009 年自主招生全省总分第一的成绩，进入梦寐以求的学府，她的成绩一直在班级名列前茅，技能突出，综合测评取得了专业第一的好成绩，并且取得了校内外共五次奖学金，也被评为校优秀毕业生和省优秀毕业生！

（二）思想：党的要求是她的行动准则

她从小就对党有着一种强烈的向往，在思想上、行动上她始终与党组织保持一致，刚入学她就向党组织递交了入党申请书，她相信只有积极向党组织靠拢，才能更好地服务于社会，真正地实现自己的人生价值。通过她自身的不懈努力，2009 年 9 月她被确定为第 32 期入党积极分子，通过党课培训班的学习，对党的基本理论有了更深层次的认识，思想也得到了升华，思想觉悟有了明显提高。生活中她时刻以一名党员的标准要求自己，以身作则，全心全意为广大同学服务，尽自己最大努力帮助和关心其他同学，她想要用自己的实际行动来感召更多的同学积极向党组织靠拢。目前，她已正式被党组织所吸纳，她将用自己的行动来向党组织证明自己的觉悟。

2011 年 5 月，在下沙高教园区建党九十周年党史知识竞赛中，她通过笔试，和其他两名队员，在决赛中脱颖而出，以高出本科院校几十分的成绩取得了团体第一的好成绩，为系部和学院赢得了荣誉！

（三）工作："奉献""认真"是她前进的船桨

大学是通向社会的中转站，不仅是储备知识的阶段，更是人生观和价值观形成的关键时期，因此，她十分注重自身综合素质的提升。她责任心强，奋发进取，一心扑在工作上；工作认真，态度积极，雷厉风行，勇挑重担，敢于负责，不计较个人得失；工作勤勉，兢兢业业，任劳任怨。"人的生命是有限的。可是，为人民服务是无限的，她要把有限的生命，投入到无限的为人民服务中去。"这是摘自雷锋日记的一句话。每当读到它的时候，一股莫名的暖意从她心中缓缓升起。

她曾作为实践委员参与到班级工作，与其他班委一起积极地为班级同学服务，为了提高班级同学的凝聚力，她们组织和开展了诸多、联欢会班会等，在这个过程中她的能力得到了锻炼，同时获得了大家的认可。她希望在她的带领下，她所在班级的各项工作开展得有声有色。同时她还参加了系学生会,从一名干事做起,积极配合学生会组织开展各项活动,得到老师和同学们的一致认可。

时间对于每一个人来说,都是公平的,但是生活对于每一个人来说,又是不同的。短短的大学三年,对于许韵涛来说,是奋斗、充实、收获的三年。现在的许韵涛,正以她所一以贯之的勤奋、乐观、热情、果敢的姿态,坚实地走着她的每一步,并让每一步都坚实有力,让生命更绚丽多姿。

四、"十大成才先锋"之会计系张宏广

全国大学生英语竞赛三等奖、新概念英语大赛浙江赛区一等奖、浙江省实用英语口语大赛三等奖、浙江省财会信息化竞赛三等奖、浙江省大学生高等数学竞赛三等奖;GMAT考试获得650分、大学生英语六级541分……他,就是张宏广,一位来自浙江金融职业学院会计专业的学生。当年高考发挥不理想的他曾一度情绪低迷,但是他将苦难看作是上天对自己的考验,相信唯有经历过风雨,才能见到最美丽的彩虹。在大学三年的时间里他用自己的拼搏与奋斗描绘了一道属于自己的彩虹。

（一）坚持、坚持、再坚持:一年半通过自考

从大一开始,他就开始参加自学考试,他的目的不只是获取一纸本科文凭,而是希望通过这个过程,更了解自己的潜力,更了解自己需要什么,以至于让自己成长。他知道成长比成功更重要,所以刚开始在市区自考的时候,一个人早上五点半起床,去公交车站,下午换乘好几路车去另一个考点。记得那次等车的时候看书有点"入境",差点误了车,这一切的经历都远远比那一场考试来得精彩。直到大二,他才逐渐懂得在这个过程中自己是真的成长了。

要提高学习的效率和达到更好的学习效果,就需要有一个良好的学习环境和学习氛围。他认为,在寝室中看书自学,或抵挡不住网络的诱惑,或被其他杂事干扰,学习过程时断时续。无法保证良好的学习环境,学习效率就无法提高,学习效果必然很差。而在图书馆中学习,既能有拥有一个不被太过干扰的学习环境,并且同学之间还能互相交流学习心得和考试经验,因此选择在这样的氛围中学习,很容易就提高了考试的通过率。

此外,自我的积极进取,也是十分重要。在进入学院之前,他提前到校报名参加自学考试;1月和7月的自考都在学校期末考试结束的一星期后,同学都放假了,他还要留下来考试。最终,十四门课程他坚持下来了,在大三上学期结束的时候,他通过了所有自考课程和毕业论文。

（二）用心学专业:一条崭新的学科竞赛之路

学习的过程,有欢笑也有泪水。和许多新生一样,刚入大学的他对大学学习显得有些不适应,生活似乎一下失去了重心。整天奔波忙碌于校园中的他,却始终未能找到一个心灵的寄托。但同时,他又是幸运的,通过老师和学长的引导和帮助,此时的他开始接触科研,一些与他兴趣和专业相关的高水平学科竞赛也渐渐展现在他的眼前。

对大多数人来说,财会信息化竞赛也许会是一个陌生的名词,正如当初他刚接触它时一样,只是朦朦胧胧地知道它需要通过编制分录,并记录一些企业运营问题。但慢慢地,随着对其认识的不断加深,他渐渐地迷上了这一集专业和益智于一体的高水平赛事。他喜欢财务带给他的挑战,在计算的过程中,会不断发现问题,这都需要他不断思考去寻求解决问题

的办法。这个过程,有时候却显得有些乏味,也相当痛苦,往往几天都没有答案。但这些挫折不能击败真正的勇士,在苦思之后,当那灵光在脑中闪现,当这困扰你多日的题目被成功解答时,那种喜悦与满足是无法用言语形容的。

用勤奋播种学术的种子,用努力浇灌学术的花朵。三年中,他用自己的实力赢得了浙江省财会信息化竞赛三等奖两次,这些奖项记录着他一路成长的足迹。

学科竞赛与专业学习相辅相成的促进作用也让他在专业学习上取得了十分出色的成绩。经过三年的努力,其成绩在全专业 119 名学生中排名第一,专业成绩均在 85 分以上。优异的表现也让他连续两年获得国家奖学金、工行牡丹奖学金、校一等奖学金,并成为全校的"十佳大学生"。

(三)自信、方法、毅力:一个多彩的英语魅力世界

也许很多人不会想到,他成功的背后也曾有过一段迷茫与低落的日子。2009 年的 9 月,带着高考失利的悲伤情绪,他开始了他的大学生活。那时的他,丢掉了高中时期的自信与张扬,直到有一天,这一切都因一块广告牌而改变。据他自己回忆,当时赶去上课的他看到学院门口树立着一块关于新生英语演讲赛的广告牌,虽然心动,但那时信心匮乏的他还是犹豫了,最后还是在同学的鼓励下才报了名,最终却获得了一等奖。但也正是这次尝试,让他拾回了丢失已久的自信,也重新尝到了英语学习带给自己的快乐。从此,他迷上了这一充满魅力的语言,而每天学习英语也成为他最开心的事。

而熟悉他的同学也常常发出这样的感慨:"你的生活真是无时无刻都有英语啊!"正是对英语的兴趣,让他在英语学习这条道路上孜孜不倦地追寻着。他喜欢在清晨的时候到尚德池边,找一个安静的角落,一边听着 MP3,一边背诵"New Concept English""Born to Win"等适合朗读背诵的优秀教材。课余的时间,他喜欢到学校图书馆的外文期刊阅览室,阅读那里的英文原版小说。他推崇 Charles Dickens 小说中的故事情节,喜欢"Jane Eyre"中一个个有着鲜明性格的人物,欣赏莎士比亚笔下那一段段经典的台词。这样的书籍,没有经过翻译者的加工,没有参杂翻译者多余的情感,能保证读者与作者间最直接的情感交流。与此同时,他还喜欢翻阅相关的英语原版教材,并通过教材去感触东西方之间不同的文化内涵。

在英语学习方面,他还坚持多"开口"。英语作为一种交际的语言,仅仅靠死记硬背单词本上的单词是无法学精学通的,关键还是要多交流。而常常开口交流的他,也因此练就了一口标准的发音,并获得全国大学生英语竞赛三等奖,新概念英语大赛浙江赛区一等奖、浙江省高职高专实用英语口语竞赛三等奖,取得了大学生英语六级 541 分的好成绩,同时获得剑桥商务英语(中级)证书。

而说到他学习英语过程中最让他印象深刻的事,莫过于他"闭关"两月应考 GMAT 的故事了。由于时间的缘故,他错过了新东方 GMAT 考试的培训班,因此回来后只能靠自学的方式来应考。在应考的这两个月中,他每天早上六点起床开始背诵英语单词,一直到八点才去简单地吃个早饭。而由于采取自学的方式,他只能通过电脑来搜寻考试的资讯和考点内容,于是他每天早饭过后就开始坐在电脑桌前整理考试的资料并进行复习,而每天都这样复习到晚上十点。正是由于他对英语的执着和热爱,让他挺过了高强度的两个月备考时间,也让他最终获得了 GMAT650 分的好成绩。

古人云:得道多助,失道寡助。成功路上,少不了他人的扶持和帮助。他也是如此,一路

走来,他感谢老师、家长、朋友们一路的指导和鼓励。因此,他也常常怀抱一颗感恩之心。他常常会把这些感悟分享给周围的人,鼓励大家努力拼搏,一同进步。

五、"十大成才先锋"之投资保险系张欣伟

他是张欣伟,中共党员,原保险系094班学生,曾任保险系学生会主席、保险094班班长。在校期间,他认真学习,努力提升综合素质,曾荣获国家级奖学金、浙江省高职高专挑战杯比赛一等奖、杭州市优秀学生会干部等多项荣誉。

在学习方面,他从入学开始就保持谦虚和严谨的学习态度,两年多的在校学习中,成绩名列保险专业前茅。在专业知识的学习中,课上认真听讲,做好笔记,积极完成老师布置的各项任务;课下积极跟老师交流,先后考出了保险代理人、保险经纪人、保险公估人等保险专业证书。英语学习中,一次性顺利通过大学英语四级,并利用课余时间积极参加浙江大学本科自学考试,努力提升自己的学历层次。同时为了提升自己的创新创业能力,积极参加由国家劳动与社会保障部和人力资源部主办的大学生SYB创业培训,从而使自己更好地全面发展,提升自己的整体素质。在任务众多,时间却很少的时候,他能够充分掌握自身特点,合理地分配时间,做好自己的事情。在学习专业基础课程的同时,他抱着努力学习各种知识的兴趣与信心,广泛涉猎,并积极帮助其他同学解决各种问题。2011年6月,经过层层选拔和考核,他考入浙江省新世纪人才学院,成为14期的学员,新世纪人才学院的精英培训让他眼界更为开阔,同时也更加笃定了共产主义的理想和信念。

在工作上,他从入学开始就担任保险094班班长一职。在日常的班级工作中,他以身作则,严于律己,积极领导班级建设,和班委一道运用班级力量大力推动系部提倡的"课证融合"工程,班级的每一位同学都投入到其中,班级的学风建设取得了良好的效果,保险094班连续三学期被学院评为"学风示范班"。在学生会的工作中,他先后在组织部和就业指导中心历练过,多部门的工作经历让他对学生会的工作始终富有激情,并且积累了丰厚的工作经验。在担任保险系学生会主席期间,他踌躇满志、意气风发,以更加饱满的热情投入到学生会的建设和工作中,和新一届委员一道努力提升学生会的服务意识,积极为同学维权,努力提升学生会的服务意识,得到了老师和同学们的好评,先后被评为杭州市优秀学生会干部、校三好学生、校优秀学生干部等。

在思想方面,他在大一一入学便递交了入党申请书,经过在学院党章学习班的学习,他对党有了更加清晰的认识,并以优异的成绩顺利结业。在日常的学习和实践中,他能够认真学习邓小平理论、"三个代表"重要思想、科学发展观及习近平总书记系列重要讲话精神,及时掌握党的工作重点方针,与党组织保持高度的一致,并注重将理论和实践相结合。一方面,他在学习的同时,能够积极学习党的最新理论和方针,将对党员的先进性教育等指导思想运用到他的实际学习、生活和工作中,切实做到从他做起,从小事做起,努力提高自己的工作责任心,增强自己的刻苦学习精神,不遇难而退;另一方面,他在搞好自身理论学习的同时,也能够积极帮助和关心身边的同学,在与大家的交流过程中实现共同的进步。

积极参加校外的重大竞赛项目,为学院争得荣誉。在2011年5月的下沙高教园区建党90周年党史理论知识竞赛中,他和队友凭借过硬的党史理论知识,优异的临场发挥,以总分领先第二名27分的明显优势喜获党史理论知识竞赛第一名的好成绩,在下沙14所高校中

展现了金院学子优良的学风;在 2011 年 12 月举办的浙江省高职高专挑战杯比赛中,他参与的作品《明月何时能照他? ——一位省十佳大学生与社会救助的实证研究》荣获社会调研论文类一等奖,为学院争得了荣誉。

寒暑假期间,他踊跃参加社会实践活动,在实践中提升自己的能力。2010 年暑假参加学院团委组织的安吉实践队伍,深入企业调研、走访校友。2011 年暑假参加省直机关组织的"走进嵊泗 青春建功"活动,关注海洋经济;为了改进浙江省的社会救助现状,他和队友深入到绍兴地区进行了为期 8 天的实地走访,针对浙江省的社会救助现状,提出了自己团队的改进意见,在实践中增长自己的才干。

在生活方面,他始终将严于律己宽以待人作为自己的行为准则。他觉得只有严格约束自己的人才能取得成功,一直秉承"梦想点亮人生、拼搏成就未来"信条的他始终对自己高标准、严要求。对待生活他相信,只有经历过风雨的翅膀才可以飞得更高更远。也许他此时的翅膀还不够有力,他飞过的痕迹还只是淡淡的,但是生活告诉他成功的秘诀是:爱拼才会赢。只要他坚持不懈地努力,他一定会成为生活的强者。另外,他和同学相处得非常好,他把朋友看作是最宝贵的财富,他们不仅在学习上互相帮助,更在生活中互相关心,并由此建立起了深厚的友谊。

在大学的三年时间里,他遇到过很多困难和挫折,尽管如此,他一直都乐观向上地面对,不为眼前的困难所吓倒。

作为中国共产党的一员,他深知肩上的责任之重。他会坚守在自己的工作岗位上,一心一意地为他人服务,为他人贡献自己的一份微薄之力。对待工作他总是一丝不苟,认真严肃,严格要求自己;对待同学他总是充满热情,当他们需要帮助的时候他会全心全意地帮助他们;对待朋友他也一样的热情友好…无论是工作、学习还是生活方面,他都有自己的一套行之有效的方案。一分耕耘,一分收获。他相信生活的路是在自己的脚下,而成功与否取决于是否用心去把握。

六、"十大成才先锋"之会计系叶思佳

叶思佳,原会计系会计 091 班学生,中共党员,曾任班级生活委员、会计系团总支副书记。自跨入大学校门伊始,她就认认真真、脚踏实地地走好每一步,让自己的每一天都丰富多彩。

(一)学习上严格要求自己,刻苦勤奋

作为一名学生,其天职就是认真学习知识,不断充实自己。课后的时间里,她积极阅读各类书刊,时刻关注时政新闻,通过了解当代先进人物和优秀的知识来丰富自己的精神世界。

通过自己两年半时间的努力与付出,她便顺利通过大学英语三、四级、浙江省计算机一级考试,并且取得会计从业资格证书、银行从业资格证、外汇从业资格证、反假币从业资格证和普通话二级乙等证书;在历次专业课考试中也获得了优异的成绩,无论智育还是综合成绩都名列前茅,获得 2009—2010 年校内一等奖学金和校外金曙光奖学金及"三好学生"称号,2010—2011 年校内三等奖学金及 2011—2012 年校内二等奖学金。

（二）作为学生干部,认真踏实,尽心尽职

自担任班委和系学生干部以来,她始终怀揣着一份热情与责任心认真踏实地负责学生工作,丝毫不敢有任何松懈。

生活委员,让她体会到服务同学、深入同学、了解同学是一种踏实的快乐,担任新团总支副书记,则大大提升了她的工作能力与工作效率。她在这两个岗位之间穿梭自如,乐在其中。

在担任系团总支副书记期间,她积极参与系部活动,与其他学生干部一起团结合作做好老师的左右手。在一年的工作里全面负责团总支日常管理工作及系团学、团部评优工作,紧紧围绕系部"三个千人"的成长成才计划,以班级文化节与素质拓展节为活动载体,认真落实院级文件精神,积极开展各类学生活动并在这些活动中参与组织及宣传报道工作。同时定期了解共青团员思想动态并采取相关措施正确引导团员使其形成正确的世界观、人生观、价值观。

2011 年 4 月她认真整理系部活动与工作情况资料并代表系做"优秀团总支"评选报告,获"五四红旗团总支""优秀团总支"称号。2009 年至 2011 年获得的"优秀共青团员"及第四届"我最喜欢的团学骨干"称号就是对她的肯定与鼓励。

（三）积极参与各类实践活动,丰富课余生活

她的课余生活丰富,兴趣爱好广泛,喜欢打羽毛球、乒乓球的她积极进行体育锻炼;喜欢手工制作和画画的她在课余时间里常常摆弄些小玩意。在这样的生活中她体验着自由与创意。

2009 年 10 月她在院团委指导下积极参与西湖烟花节志愿者活动,于西湖曲院风荷景区与志愿者共同维护周边绿化和烟花节现场秩序。2010 年会计系暑期社会实践中担任萧山实践分队队长,全面负责以宗教信仰与农村政治文化建设关系研究为主题的暑期实践活动,之后带领小组成员开展调研并负责调研报告的撰写及成果册的编辑与制作。她带领的团队被评为校优秀实践团队,而她也被评为"校社会实践先进个人";在参与院"挑战杯"社会调研类比赛中,她所在团队撰写的《宗教信仰变迁与农村政治文化建设的思考》调研论文荣获院一等奖及省第十二届挑战杯社会调研类三等奖。次年暑假参与组织的"金曙光"社会实践成果获"中国工商银行杯"大学生暑期社会实践有奖征文三等奖。

2011 年 3 月,为进一步学习与发扬雷锋精神,她参与了"阳光三月,春风送暖"——关心杭州市良山民工子弟学校的雷锋行动。在此期间,她们共募集约 2500 元的现金物资送往该校与该校学生开展学习生活交流活动并建立书信往来。此举在该校得到了良好的反响,也鼓励了更多的同学参与其中,不久后她促成会计系在该地成立党员实践基地,为在广大学生党员中发扬雷锋精神创造了良好的载体。

面对过去她无怨无悔,面对将来她信心满怀。她将用她的双手为自己创造一个更加美好的未来,为社会做出更多应有的贡献。

七、"十大成才先锋"之信息技术系段锋萍

段锋萍,女,1990 年 12 月出生,原信息技术系信息安全技术专业的学生。三年的大学生活,她每一步都走得踏踏实实,并收获了辛勤耕耘的累累硕果。

（一）思想积极要求上进，不断提高政治素养

思想上坚持四项基本原则，拥护改革开放，热爱社会主义祖国，拥护中国共产党的领导，正确贯彻执行党的路线、方针、政策和上级的决定，能处理好个人与国家、集体的关系。在班级、学校、生活中，她时刻以党员的标准严格要求自己，能够起到模范带头作用。分别在大一、大二学年，被评为"优秀团员"称号，并于 2010 年 12 月 17 日，光荣地成为一名中共预备党员。在成为预备党员之后，她积极向领导、党员学习，以他们为榜样，时刻以一名优秀的共产党员的标准来严格要求自己。同时，她每天坚持看新闻联播，上网了解最新时事政治，努力做到与时俱进。在不断加强自身素养的同时，她全心全意为同学服务。并经常与同学们展开讨论，交流想法。经过几年的历练，她逐渐成长为一名自信、坚强、踏实、认真、严谨的学生。

（二）认真学习，学以致用

在学习中，她从来不放松自己，严格要求自己学好各项专业知识及相关基础知识，并不断提高实际动手能力，取得了优秀的成绩，入校以来，每学年都以班第一的成绩获得了三次校内一等奖学金，校外浦发奖学金，校外联合励志奖学金，以及多项素质拓展奖学金。在努力学好各科专业知识的同时，还参加各种等级考试，先后通过了 CET-4、财务、办公软件、计算机等考试。同时，通过一年的努力，在浙江省"挑战杯"创新创业中以"一款基于显开痕的快递包装盒"项目获得特等奖，以"多功能节水箱"项目获得二等奖。

"学问未必全在书本上"，学好书本上的东西是远远不够的。在她的思维中，学习与能力并重。所以，她一直对自己要求要"学以致用""理论联系实际"。在校期间她积极参加院系组织的活动，假期还参加学院组织的社会实践活动。通过三年的学习与工作，她积累了许多宝贵的经验，从而大大提高了她的组织能力、协调能力、交际能力和处事应变能力。

（三）生活朴素，乐于助人

在生活中，她积极乐观，诚实守信，始终以饱满的热情迎接生活中每一天的挑战。在班级里，她和同学互相关心，共同努力，同学们都很喜欢她，信任她。平时，养成了批评与自我批评的优良作风。不但能够真诚地指出同学的错误和缺点，也能够正确地对待同学的批评和意见。面对同学的误解，她总是一笑而过，不会因为同学的误解和批评而耿耿于怀，而是诚恳地接受，从而不断地提高自己。在生活上也十分俭朴，从不铺张浪费，不乱花一分钱。她也尽最大努力带动身边的人，让每个人都意识到自己的力量，培养大家乐于助人的精神。

（四）工作踏实，认真负责

在工作上她严格要求自己，为同学们带头做表率，树立起一个自立、自强、争做合格大学生的典范。在担任信息技术系学生会副主席一职时，积极配合老师、同学，认真负责完成各项工作。默默无闻的工作作风，积极的工作心态和高度的工作责任感，让她赢得了同学、老师的好评。在班级，作为副班长的她也主动接近不太爱学习的同学，希望通过自己的努力，唤起他们对学习的重视。

作为一名中共党员，归纳大学所度过的时光，她觉得充实而无悔。不会悔恨，因为她没有碌碌无为，没有虚度年华。

八、"十大成才先锋"之经营管理系陈佳丽

她是经营管理系电子商务 091 班的陈佳丽,在校期间担任班长一职,还光荣地成为一名中共党员。正因为这样,她在各方面都严格要求自己,并时时刻刻提醒自己要发挥带头作用,无论是在工作上、学习中,还是在生活的点点滴滴里,她都尽力做到最好。

作为一名学生,她用心做好学生的本职工作——好好学习,在课堂上她认真听老师讲课,勤于动手,重视知识的积累与运用,对于不懂的问题也总是虚心地向老师请教。在课余时间也经常看书,拓展自己的知识面,开阔自己的眼界,不断充实、提高自己各方面的素质。对于学习,她丝毫不倦怠,在大一的第一次英语等级考试中,就通过了浙江省三级的考试,通过不断的坚持,她顺利通过了全国英语四级的考试在每一次综合素质测评中,她都以优异的成绩名列前茅,以丰硕的成果给每一学期的学习生活画上圆满的句号。通过努力学习,她获得了两次学院一等奖学金、一次二等奖学金,还有校外"浦发"奖学金、"中财"奖学金及国家奖学金等多种奖项。

作为一名学生干部,她努力发挥好老师与同学之间的桥梁纽带作用。作为班级班长,对于老师安排的任务,她会尽全力去完成。曾经有老师这样评价她,"事情交给你,我放心""你做事我就不用再检查了"……这样的评价是对她最大的认同与肯定,她觉得非常满足。但是她不会仅仅止步于此,在之后的工作中,她更加努力,充分发挥学生干部的作用,处处起模范带头作用。除了做好老师所布置的任务之外,她也乐于服务同学,对于同学们所遇到的困难,她也非常关心,尽她所能帮助同学们。除此之外,她与其他几名班委经常组织班级活动,以此增进同学们之间的感情,他们曾组织全班同学去安吉的百草园春游,在那里他们一起骑马、玩高空弹人,自己动手烧烤……度过了一段难以忘怀的美好时光。同时作为一名社团的会长,她积极配合学院社联的活动安排,一直都努力去做好这个角色。由于自己的优秀表现,两次获得了"优秀学生干部"的荣誉称号,还有系"十佳大学生之服务之星"的荣誉称号。这些荣誉都是对她作为一名学生干部在工作上的肯定,有了这样的认可,才让她在今后的工作中有了源源不断的动力与激情。

身为一名党员,她时时刻刻以党员的标准来严格要求自己,努力践行党员义务,时刻提高自己的道德水平和理论素养。在思想上积极进取,有坚定的共产主义信念,她积极参与党组织的活动,在每次的党支部会议中,都积极分享自己的观点,仔细倾听其他成员的阐述,也积极参与到会议主题的讨论氛围中。

在三年的大学生活中,她收获了许多,不论是学生干部的经历抑或是专业知识学习的过程,都使她受益匪浅。在大学这个舞台上,她尽情地展示自己,也曾迷茫过,失落过,但更多的时候是充实和快乐的,因为她所体会到的酸甜苦辣,对她来说都是一笔宝贵的财富。

九、"十大成才先锋"之投资保险系吕佳彤

吕佳彤,女,汉族,中共党员,浙江省杭州人。曾先后担任学院团委组织部干事、班级技能委员及心理委员。大学期间,先后获得"国家奖学金""校一等奖学金""校外中财奖学金""校素质拓展奖学金"等奖学金,以及"入党积极分子""院三好学生""优秀个人""优秀共青团员""优秀心扉会员"等荣誉称号。

大学的三年,她经历了很多,也成长了很多。有人说:大学是人生的一本教科书,她很庆幸自己读了这本书。浓厚的学习氛围,蓬勃的校园文化,丰富的团队生活,真诚的同窗友谊,大量的锻炼机会,这是大学生活给她留下的印象。大学时光对于她来说,是经历,是成长,是锻炼,也是一种蜕变。

从跨进学院校门那一刻起,她就立下了自己的大学目标,那就是为以后的人生耕耘,规划好自己的人生道路。将成长和发展作为大学生活最有意义的人生目标,她决定用最坚定的信念,最刻苦的努力,向着思想成熟、素质过硬的"多面手"成长和蜕变。经过两年的学习和生活,她觉得自己没有浪费光阴,她可以坦然地说对得起自己。她努力过,她拼搏过,所以她很快乐。

(一)坚定理想信念,树立党员形象

深感党和社会赋予大学生群体沉甸甸的殷切期待的她,政治上积极上进,怀着对党的感激和热爱,一入校就向党组织递交了入党申请书,并多次递交思想汇报,让党组织了解他在各阶段的思想、学习和生活情况。在 2010 年初她光荣地成为一名中国共产党员。"梅经霜雪香愈烈,人到无求品自高。"作为一名年轻的共产党员,她时常以这两句诗自勉,时刻不忘遵照党章的规定来严格要求自己。

她坚决服从党的领导,能够严格地要求自己,积极参加党组织的活动。

(二)学好基础知识,练好专业技能

累累硕果源于"专注学习"。学习是学生的头等大事,只有学好科学文化知识,才能为将来的实践打下扎实的基础,成为社会有用人才。作为一名学生她深深明白学习的重要性,只有学习才能使人用智慧来面对无常的人生,进而能"诗意地栖息"在这个世界上。刻苦钻研的学习劲头和孜孜不倦的学习态度,使得她的学习成绩一直名列前茅,也获得了"国家奖学金""校一等奖学金""校外中财奖学金"等荣誉。只要有时间,她就去图书馆看书,扩大知识面。在学校中,她也积极考取了银行、外汇、反假币、证券、基金、英语等相关资格证书;基于自身的专业素养,她报名参加了学校理财规划大赛,并获得了广发银行杯暨"第五届时代金融杯"大学生理财规划大赛一等奖",在同学中起到了良好的模范带头作用。大一时她深知自己的英语基础较差,为此她制定了严密的学习计划,每天坚持晨读,通过近两年的努力,她的英语水平取得了很大的提高,顺利地通过了四级考试。

一枝独秀不是春,满园春色照眼新。帮助学习困难的同学,带动他们共同进步,是一个党员所应该具有的良好作风。作为一名职业院校的学子,技能方面是相对于本科生的一大优势,所以大力发扬在技能方面的优势就显得尤为重要。基于此,她在平日里,勤奋练习,在大一时就加入了技能尖子班,规定了自己每天练技能的时间,功夫不负有心人,她在系技能全能擂台赛中荣获传票一等奖、五笔文章三等奖的好成绩。

在平日里,她也利用自己的技能优势,积极做好传帮带工作,把所学所会的知识毫无保留地传授给其他同学,积极向大家宣扬学技能的好处。

(三)勇于开拓创新,努力做好本职工作

大学三年,她一直严格要求自己,主动关心帮助同学,与同学保持良好的关系。通过努力,班级同学对她都有着很好的评价。同时她也是班主任的得力助手,及时将同学们的意见向老师反馈,努力做好同学们的思想工作,起到了老师与同学们的桥梁作用。

大一时她进入了校团委组织部,在组织部的一年里,她的组织能力得到了极大的锻炼,说话能力及办事效率也得到了很大的提高,一改她从前的犹豫不决的习惯。大二时,她担任了班级技能委员,任职期间她以身作则,技能三项达到优秀的标准。自大一起她就担任寝室长,合理安排值日,为室友创造整洁的环境。同时还能协调好宿舍各成员间的关系,了解宿舍成员的心理动态,及时给需要帮助的同学在学习和生活上给予关心和帮助。所在寝室地被评为"文明寝室"。

(四)多方面提升个人素质,争做优秀青年

在大学校园,除了学习,还必须懂得如何安排自己的生活。她喜爱舞蹈,一次机缘让她加入了院舞蹈队,并且有幸获得了浙江省大学生舞蹈比赛一等奖的成绩。她也非常热爱体育运动,三年的体质健康标准均达到了优秀。并且在大二时她参加了校运动会,在比赛中获得了女子100米第五名的成绩。

(五)积极落实社会实践,提升个人价值

在课余或假期,她也常参加社会实践,如积极参加义务献血等志愿活动,在汶川地震后,主动为灾区捐款献爱心,还有很多如爱心献血活动、捐书活动等。这些活动使她的大学生活变得忙碌起来,但在忙碌的背后她也收获到了令她欣喜的成果,学无止境,有付出才会有收获。

2010年暑假期间,她到工商银行进行实习,通过实习,她更加认识到了学好专业知识、理论联系实践的重要性,实习过后,她对金融和理财的知识有了更加深入的掌握。社会实践期间,她虚心请教,认真学习,理论联系实践,积极将所学专业知识应用到实际工作之中,也得到了实践单位的领导及同事的一致好评。

虽然大学生活对每个人来说都不是一帆风顺,但是山之所以美是因为利剑般的顶峰和深不可测的峡谷;海之所以美是因为惊涛骇浪,浩荡呼啸;大学生活之所以美是因为荆棘中有鲜花。她铭记:即使意外的风浪一千次打来,她也会一千零一次地竖起坚持的桅杆。

十、"十大成才先锋"之金融系杜海霞

杜海霞,女,汉,1990年9月24日出生于浙江嵊州一个农村里,中共党员,原金融系国际金融专业09级学生,曾担任院兰韵戏曲社副社长、班级团支书、金融系国际金融党小组组长等职务。

(一)奏思想之凯歌

自迈进校门的那一刻起,她就坚定了信念,从思想及行动上积极向党组织靠拢。她认为,不断地学习党的先进理论知识,是她必修的功课;积极地为大家服务,是她永远的追求。在2010年10月20日她光荣地加入了中国共产党,成为一名中共预备党员。作为国际金融党小组的组长,课余时间她经常与低年级的同学进行沟通和交流,了解同学的思想动态,帮助他们排解困惑。而平时,她认真开展并尽她所能地完成好国金支部的每一次党建活动。种种锻炼使她的思想政治理论水平得到了进一步的提升。

此外,她还积极投身社会实践活动,多次参加譬如走访贫困外来子弟学生、走访老年福利医院、无偿献血、爱心植树、爱心捐款捐书等有意义的活动。她总是以她自己的实际行动实践着当初的入党誓言,努力向一名优秀学生党员的方向前进。

(二)谱奉献之乐章

她是一个讲原则,正直诚实的人,所以在工作上,她作风硬朗,工作态度认真。她希望通过自己的不懈努力为同学们搭建与老师良好沟通的平台,营造良好的学习氛围,建设优良的学习风气。

作为班级团支书,她恪尽职守,以饱满的工作热情全心全意协助老师,为支部服务,为同学服务,认真负责地开展好每一次团日活动,丰富同学的大学生活。她公正公平,从不偏袒,从没有私欲,总是以同学的快乐为自己的快乐,以同学的难处为自己的难处。思想上,她注重及时了解同学的思想动态、个人需求,尽可能为他们排忧解难。经过两年多的努力,她在同学中树立了很高的威信,赢得了大家的一致认可与肯定;作为院兰韵戏曲社的副社长和表演部部长,她积极组织社员开展一系列如戏曲专场表演、下沙各高校戏曲社的交流活动,让社员在活动中提升自己的能力,丰富自己的文化内涵,同时也为学校社团文化添彩。

(三)插知识之翅膀

她始终牢记:学习是学生的第一要务。她刻苦学习,力求在学好专业知识的同时不断提升自己的文化素养。"有付出不一定有回报,而不付出却注定没有回报",因为她明白这样的道理,所以她常常这样鼓励自己:她不是最聪明的,也不是最幸运的,但是她可以做个最努力的。宝剑锋从磨砺出,梅花香自苦寒来。通过两年多的努力,她庆幸她的付出有了一定的回报:2009—2010学年她以智育和综合测评均列专业第一的成绩荣获了当年的国家奖学金、校内一等奖学金和浦发校外奖学金;2010—2011学年她也以同样第一的名次获得了该年度的国家奖学金、校内一等奖学金和中财校外奖学金。同时,她还积极考取了证券从业资格证书、会计从业资格证书、银行从业资格证书、外汇从业证书、英语四级证书,反假货币资格从业证书、会计电算化证书。学无止境,活到老,学到老,她会一直在知识的海洋中遨游成长。

(四)绘生活之美好

大学是个小社会,她深知能力对于个人发展的重要性,所以她一直十分注重自身综合能力的培养。她积极参加校内外一系列的活动并在演讲、朗诵、写作、越剧表演、红歌赛等比赛中取得了可喜的成绩。在日常生活中,她乐于助人,为人热情真诚、宽容大度,遇事能设身处地地为他人着想。正是她的坦诚与谦逊,实在与友善,使她的亲和力潜移默化地感染着周围的人。

(五)抒人生之坚强

她来自一个偏远的农村,父母都是朴实无华的农民,以务农为生。农村的生活赋予了她吃苦耐劳、不畏一切艰难险阻的品质。2009年高考成绩出来,为了不加重家里的贫困,她毅然放弃了读省内三本院校的机会,坚定地报考了大专院校。同时为了减轻家庭负担,从高考结束一直到大学的每一个寒暑假和一些小长假,她都积极主动寻找社会兼职:她曾做过玩具厂的普工,做过围巾包装员,做过后道管理员,做过初高中的家教,做过话务员,做过冰箱临促人员,做过电信、移动的销售人员。其中给她印象最深的是大二的寒假,她只身一人留在杭州一个小酒店做了为期一个多月的服务员,那是她第一次不在家过春节。她微笑着扫地,拖地,铺台,上菜,收拾餐盘,迎客送客,她微笑着吃大锅饭,来回走半个多小时路程的雪地,吹刺骨的冷风,可是她始终微笑着,坚强着。虽然她的生活跟很多人比显得很艰苦,但是她从没有因为家庭困难而自卑过,她也从来没有对父母抱怨过,她清楚他们远超过她百倍的艰辛与不易。她时刻告诫自己:虽然她不能选择她的出身,但是她可以把握自己的命运,掌舵自己的未来。坚强的意志和不服输的精神让她在大学受益匪浅。

路漫漫其修远兮,她深知成绩只代表过去,今后她定会一如既往地严格要求自己,以求有更好的表现。在未来的生活中,她将以百倍的信心和万分的努力去迎接更大的挑战,用辛勤的汗水和默默的耕耘谱写更美好的明天!

第三节 退伍士兵学生——退伍不褪色的校园绿花

一、林俏云:一个 90 后高职女孩的责任与担当

2008 年,18 岁的她职高毕业,成了浙江省公安边防总队的话务兵。在部队的两年里,她一直在浙江省公安边防总队摸爬滚打。2011 年,退役士兵报考高等职业院校在浙江省试点。凭着自己的刻苦努力,她考到浙江金融职业学院,成为该院农村合作金融专业的一名学生。像所有的 90 后女孩一样,她开朗活泼,自信乐观,干练直爽。年纪不大,却已有多重身份:退伍兵、大学生、志愿者、义乌蓝天救援队发起人兼队长……她就是林俏云。入学两年来,林俏云除学生以外的身份逐渐被师生们关注,尤其是雅安地震发生后,她带领义乌市蓝天救援队赶赴灾区抗震救灾的事迹被浙江金融职业学院的学生们传为佳话。

雅安地震当天,得到消息的林俏云第一时间号召自己的救援队一边积极筹备赴灾区救援所需的物资和药品,一边及时跟班主任和系部相关老师请假,告诉他们自己想要前往灾区的决定。考虑到她有数次现场救援经历,又有专业的救援技能,学院老师最后答应了她的请求,但前提是必须每天报平安。得到老师的允许,林俏云领着她的救援队(队员几乎全是 60 后、70 后、80 后的叔叔阿姨辈)和募集来的两万多元的医疗药品,同时带足了在灾区所需的生活用品,并在取得四川省公安厅的通行证后,赶到灾区,投入到了紧张的救援工作之中。

在灾区的日子里,当看到别人家破人亡时,林俏云无数次润湿了双眼;当自己遇到艰难险阻时,也想过要放弃;当灾民们齐喊"雅安加油!"将救助车助推发动时,她顿觉互帮互助的美好;当"感谢人民解放军"等文字映入眼帘时,她感到无论何时何地自己都有坚强的后盾……

4 月 29 日,历时一个星期,林俏云从灾区平安归来,除了到班主任和系领导那销假,她没有和任何人提起到雅安抗震救灾的事情。与林俏云所在系领导无意间的一次谈话,浙江金融职业学院学生处处长张鹏超听说了她的事迹,"这样的学生,学校一定要大力宣传,要让她的事迹走进更多同学的心间"——这是张鹏超当时的第一反应。张处长第一时间找她谈话,详细了解了她奔赴雅安抗震救灾的具体情况。期间,恰逢该院的十佳大学生评选,张鹏超极力动员她参与这个奖项的评选活动,可一向淡泊名利的林俏云,并不愿意去角逐这个奖项,因为她觉得,自己做的事情其实微不足道,不值得学校颁给他这个奖项,但是十佳大学生评审委员会最终还是决定授予她十佳大学生特别奖——感动金院人物奖。

5 月 8 日,在浙江金融职业学院第八届十佳大学生的颁奖典礼上,当大屏幕播放完她的事迹 VCR 时,在座师生皆为之动容,现场掌声雷鸣。

"我所做的事情其实很平凡,就像吃饭喝水一样",林俏云在发表获奖感言时显得极其平静。然而,平静的后面是湖南通道大火救援、云南宁蒗地震救灾、武义搜救采药老人……从2012年3月开始,短短一年多时间,林俏云有过4次系统的自救与救援知识技能培训,先后参加4次救援工作,志愿路上帮助过许许多多人。她还不忘告诫同学们,一旦灾难发生,不要盲目前往灾区。林俏云说,学校的志愿活动与救援工作存在一些差别。前者专业性不是很强,几乎无门槛;后者必须要有专业的救援知识和技能,一般得是有救援经历者才能加入,同时还得做好充分的准备,包含救援的必备知识、必备工具、必备的生活物资。

"敢于担当、迎难而上、坚忍不拔",林俏云所在系党总支书记熊秀兰如此评价她,同是退伍士兵学生、林俏云的同班同学鲁健祥看了她的事迹视频后感慨地说:"其实,她在灾区所经历的一切,都是一堂堂刻骨铭心的思政课,经历了大家想要但没有勇气去经历的悲与喜,我们打心眼里佩服她!""老师,能不能把林俏云的视频 VCR 拷给我们,我们要在班级召开主题班会,要号召更多的同学向她学习。"表彰大会结束的那刻,该院许多班级的班长、团支部书记围着团委老师不肯离去,纷纷索要林俏云的视频资料。

5月9日到16日,浙江金融职业学院在校园 LED 大屏幕上滚动播放了林俏云的事迹视频资料,不时吸引了众多学子驻足观看。林俏云和她的救援梦,正在被越来越多的师生知晓和敬佩。该校的学生组织及个人微博、微信这段时间讨论最多的也是同学们发表的对她的由衷赞叹和表示学习她这种精神的决心。5月23日,是浙江金融职业学院一年一度的"爱生节",记者从该校的"爱生节"方案中得知,"学习林俏云、学习十佳大学生"是今年"爱生节"的重头戏,学校要求各班必须通过主题班会、座谈会、专题学习会等形式,集中学习林俏云的事迹,目的就是通过这些活动,进一步树立学生身边的榜样,进一步增进教师对学生的了解,进一步加强全院师生的核心价值观教育。

飞扬的青春,燃烧的爱心,愿每一位青年都是最美的志愿者!用微笑去感染人,用爱心去服务人,用真诚去善待人……

二、卢彦谕:在美丽金院中绽放的"军花"

她来自浙江丽水的一个小山村,山村赋予她特有的纯朴与坚韧,2008年,她光荣地成为中国人民解放军海军南海舰队航空某部一名通讯女兵。2009年,她获得了部队"优秀士兵嘉奖"称号;2010年,她获得部队"优秀教官""优秀团员"称号。退伍后,2011年9月她怀着迫切的求学之心,踏进了浙江金融职业学院,就读会计专业。人们初见她,无非就觉得她是一个再平凡不过的女同学。但是,恰恰相反,多年来她以不平凡的执着精神,成功踏出了美丽人生的重要一步,享誉军营,传诵校园。2011年,她入学第一个月就获得"军训优秀学员"称号,2012年,她获得了学校一等奖学金、稠商奖学金、"三好学生"称号,又被全系同学推举为系学生会副主席,并光荣地加入了中国共产党。她,就是浙江金融职业学院首届退伍士兵转学学生,在美丽金院中绽放的一朵"军花"——卢彦谕。

(一)军队"炼炉",炼"弱"成"钢"

作为一名女生,父母唯一的女儿,坚强让她在求学与从军的十字路口毫不犹豫地选择了军队的生活。在军队里,超负荷并十分艰苦和苛刻的训练,日日都在考验着她,不论烈日暴晒还是风吹雨打,都必须和其他男兵一样要接受体能训练。同时,她每日还要熟记成千上万的号码。作为女生，与男兵间工作技能的差距时常给她带来巨大的烦恼和困惑，她必须要用比他人多得多的时间起早摸黑去练习话务工作技能，直到磨破嘴角。她曾想放弃，特别是感到十分无助和无比思念家人的时候，但她最终选择吞咽眼泪和咬紧牙关，不断坚持。两年如一日的军队岁月，让这位普通的女孩发生了难以置信的蜕变。她坚定顽强，艰苦的体能训练中从未说过一句"不"，从未向家人透露半句"苦"；她刻苦自励，为了通过考核优秀来争取多一分钟的时间与家人通电话，坚持强化训练，提升工作技能；她勤奋求学，为了退伍后的大学梦想，她还千方百计挤出时间学习文化知识。超凡的意志力让她圆满完成服役生涯，实现了自己的大学梦。

（二）从"军花"到"学子"，退伍但永不褪色

2011 年 9 月，她抱着远大的志向走进了这所学校。但起初的校园生活她过得并不顺利，技能差距、文化知识差距、计算机操作水平差距、生活水平差距等等问题日日困扰着这位女生。每次技能测试，她总是以班级最后一名而告终，第一学期期末考试成绩又班级倒数。在生活上，很多同学用起了高档笔记本电脑、苹果牌手机，穿着漂亮的名牌衣服，但家庭经济不是非常宽裕的她并没有享受到这样优越的物质生活。习惯了部队早起晚睡的她，偶尔还遭到寝室同学的不理解。那时的她顿时感受到现实的落差，内心受挫，自卑不已。

但是，这样的困难并未让她选择逃避和放弃。很快，她便从逆境中站了起来。她坚持刻苦学习、追赶以缩短差距：每天坚持 6 点半起床去教室早自习，走路时背单词，吃饭时背公式，在别人选择上网、逛街时她坚持在教室练五笔、点钞和传票，她几乎已经把自己绝大部分时间用在了学习上。她以身体力行的方式，践行诚信的品格，从未出现上课迟到、早退或无故缺席的现象。同时，她也不放弃参加学生干部工作锻炼和参与校内各类活动，并与同学团结奋进，共同进步。终于，功夫不负有心人，2012 年 9 月，在第一学年综合测评中，她以绝对优势名列班级第一，并获得了学校一等奖学金、稠商银行奖学金，并荣获"三好学生"荣誉称号。她还积极参加院系活动，并在院"众诚杯"技能大赛、演讲比赛等各类竞赛中获得 13 次不同等级奖项。转眼间，她让全系同学刮目相看，敬佩不已。

2012 年 10 月，她被全系同学一致推举为会计系学生会副主席。从军队中养成的高责任心、高负责态度和高意志力获得了良好平台而得以充分发挥。作为一名一年级班干部队伍管理和全系学生学风学纪学貌建设学生干部，她始终坚持为同学服务的恒心，积极投身各项工作。她自大一新生入学那天起，每日早晚和课间都深入每个新生班，从照料军训生活到指导适应大学生活，再到指点专业学习和技能练习，从不懈怠并深受学弟学妹们喜爱。她每天一早和晚间就到各班检查早晚自习情况，维护秩序稳定，并与繁杂的出勤统计数据日夜为伴，从不厌倦并深受全系老师称赞。此外，她还积极引导全系学生参加校内外竞赛、投身社会实践和志愿者服务，并作为会计系寝室文明建设督查队成员，积极投身寝室文明建设。

近两学年来，她共组织学风纪检督查工作 950 余次，寝室文明督查工作 200 余次，组织学生参加校内外各类竞赛并获奖达 480 余人次，组织学生开展校园清洁活动 100 余次，组织学生参加无偿献血活动 400 余人次。在卢彦谕同学及其学生干部团队的积极参与和共同努力下，会计系学风学纪两年保持全校领先；优质通过浙江省高校寝室文明建设督查；指导寝室文明建设的班级在学院新生军训专项评比中荣获"优秀寝室内务连""优秀寝室内务排"称号；推动系部拓展并建立校外大学生实践基地 5 个，其中系级 3 个、团支部级 2 个（突破会计

系往年"0"记录);志愿者工作获得下沙多蓝水岸"学习雷锋精神,传递社会美德"社会赞誉锦旗,被浙江省血液管理中心、浙江省无偿献血志愿者协会评为无偿成分献血"优秀组织奖";一名学生获得浙江电视台专题报道,多项实践活动获得《浙江在线》《杭州互动电视》等媒体关注,产生了较大的社会反响。

鉴于其出色表现,卢彦谕相继被院系评为"优秀学生干部""我最喜爱团学骨干""优秀寝室长"等荣誉称号。2012年12月,党组织吸收了该同学为中共预备党员。

在全浙江如火如荼地开展寻找"最美浙江人"行动时,浙江金融职业学院也掀起寻找"最美金院人""最美金院事"的浪潮,卢彦谕同学就是其中的一个优秀典型,她是第一朵绽放在浙江金融职业学院中的"军花"! 在她身上展现出了不怕困难、勤奋刻苦、尊师重道、明理诚信、乐于奉献的当代大学生优秀品格,展现了一个正能量传递者永不褪去的光亮!

三、陈伟:昔日军中青年才俊,今朝校园学习标兵

陈伟,男,汉族,中共党员,1990年2月出生于浙江萧山,2005年进入萧山第一职业中学,2008年至2010年服役于成都军区西藏军分区77680部队62分队,2011年9月考入浙江金融职业学院,曾任金融系金融管理与实务114班体育委员及金融系2012级新生班主任助理。

(一)学海无涯苦作舟,宝剑锋从磨砺出

高中三年期间,陈伟同学一直担任班长一职,他始终秉着认真严谨、一丝不苟的工作态度,尽心尽力地为班级同学服务,在积极配合各位老师做好工作和带领全班同学全面发展的同时,更是严于律己,不管在学习或日常生活中,陈伟同学一直是全班同学的模范先锋。高中三年的生活,让他明白了很多的道理,学会了如何待人接物,友爱同学,尊敬师长。高中三年的学习生涯给他积累了宝贵的财富,让他明白在学习的路上,只有正确的选择,选择一生勤奋不止,才有获得成功的希望,才能津津有味地品尝到成功的滋味。在攻克一个个难题的同时也锻炼了他敢于面对困难、敢于面对挑战的勇气,同时也为后续的人生篇章增添了光辉的一页,更为部队生涯的优异表现奠定了良好的基础。

在高中毕业后,也就是2008年的暑假,陈伟收到了大学的录取通知书,而此时的他,内心世界交错编织着喜悦与悲伤。他深知,家里的经济状况显然无法负担起他上大学的费用。他怀着矛盾的心理将这一消息告诉了父母亲,得知考上大学的父母也并没有感到异常的开心,而更多的却是忧愁。顿时,整个家庭也陷入了喜悦之外的忧虑之中,忧虑的是如何凑集上大学的费用。他父亲默默地坐在角落一口一口地往外吐着烟圈,幽幽散发开的烟丝在薄薄的空气中无声地倾诉着浓浓愁绪。在经过无数次的叹气后,父亲最终决定即使卖了老屋也要筹钱给儿子上大学,在父亲坚定的意志下,陈伟彷徨着选择了上大学。然而,一张"征兵通知书"改变了他的决定。也就是在他刚年满十八岁的时候,他收到了当地征兵的通知,陈伟瞒着父亲,偷偷地去参加了征兵体检。自古英雄多磨难,从来纨绔少伟男。怀着对家里的担当,对军旅生活的渴望和追求,他放弃了上大学的宝贵机会,选择了到部队磨炼。通过了四次体检,陈伟如愿地踏上了前往遥远的西藏军区的列车。第一次离开熟悉的家,离开熟悉的城市,火车上度过的五十多个小时是如此的漫长,他的心情也是十分的激动。但接下来发生的事却是他始料未及的。酸甜麻辣苦,五味刺心。第一次吃大锅饭的难以下咽,第一次高

原反应的难受,第一次站军姿一小时的痛苦,第一次五公里全副武装越野的绝望,无数的第一次让他倍加思乡,倍加感受到家里的温馨,也倍加感受到部队里的寂寞,用他的话说,"在那里,他们白天兵看兵,晚上数星星;在那里,他们看不见丝丝绿意,更看不见天空飞鸟轻巧的痕迹;在那里,年平均气温零摄氏度,含氧量仅为内地的二分之一,而紫外线辐射却是内地的 5 倍,更加意味着即使平地行走也像内地负重 20 公斤,即使躺着不动心脏负荷也像内地刚爬上七层楼梯"。但他却没有放弃,而是以更加坚强的意志去奋斗。经过这样的磨炼,他圆满地完成了新兵训练,渐渐地从一个普通的青年转变成为一名经得起磨难、意志坚强的优秀的人民士兵。

然而,新兵三个月魔鬼式训练换来的却是他满手的冻疮和黝黑的皮肤,与此同时部队接到了上级的命令,由于昌都的形势发生变化,再加上 2009 年昌都将举行 60 周年大庆,部队立即出动,经过四天的机动,穿越川藏线,从西藏林芝辗转来到了海拔更高、条件更加艰苦的昌都地区进行当地的维稳工作。维稳期间,陈伟一直能够服从上级命令、听从上级指挥。在平时的军事训练中,他始终能够做到一丝不苟,每天的五公里跑步、专业的体能素质训练,他从来不敢落后,始终保持名列前茅,后来也荣幸地被评为"优秀士兵"。

当然部队主要的任务还是维稳,他们在抓好军事训练的同时,一刻也没有放松警惕。夜晚一次次的紧急拉动,平时一系列有针对性的战备演练和实战型训练,把他们训练成为一只拉得出、打得响的精锐之师。最终部队圆满完成上级的维稳任务并得到昌都领导和军区领导的高度赞扬。

两年的部队生活如同钢铁炼炉,锻造了他坚持不懈的精神,练就了他刚强坚毅的品质。不论是在管理能力还是在身体素质和集体荣誉感方面都有了质的提升,这离不开当时部队领导的正确引导及战友们的互相帮助,当然更离不开陈伟同学自己的艰苦努力和持之以恒的奋斗。

在谈及是否后悔过选择到部队历经如此的艰辛和苦楚时,陈伟同学毫不犹豫地回答"从未后悔",因为他知道如果我们蹉跎了今日,当明天变成今天继而成为昨天,最后成为没有任何痕迹的某一天,我们会突然发现那些光阴是如此的苍白空洞。渐行渐远中,他无声的成长,在光阴的打磨中成了另一个自己。他时刻以自己能成为一名西藏军人而感到骄傲,能为人民服务而倍感自豪。

在 2010 年 12 月退役后恰逢浙江省领导及省军区领导提出的给予退役士兵报考高职高专继续深造的政策,他怀揣着对知识的向往和自我深造的渴望,再次进入高中母校进行了为期两个多月的复习,一切终归简单素白和宁静,他积极行动、勇于突破,知道自己要什么,该怎么做,做足了充分的考前准备,终于在日益精进中创造了不可磨灭的成绩。最终在全省共600 多名退役士兵参加的考试中脱颖而出,以全省第五名的优异成绩顺利考入了梦寐以求的浙江金融职业学院金融系金融管理与实务专业进行深造。

(二)人生难得几回搏,此时不搏待何时

1. 学无止境,上下求索

学习是大学生最根本的责任,追求"学无止境"是一个优秀大学生的品质。自入校以来,陈伟同学在学习上并没有因为基础比其他同学弱而气馁,而是将其化作动力,让它们遇风化蝶随水成尘。他始终把专业学习放在首位,虚心请教、踏实认真、积极奋进,且十分注重思想政治素养的学习和学习过程中的自我调整,努力提高自身综合能力和品质。与此同时,他积极开展有利于专业学习和多方面知识拓展的活动,明确学习重要性,并在建设良好的班风、学风方面取得了较为突出的成绩,在大学期间,无论是专业知识学习还是综合成绩,始终名列专业前茅,获得浙江金融职业学院"一等奖学金"、"浦发银行"校外奖学金、"三好学生"、"先进个人"和"优秀大学生"等各项荣誉。然而,他并不满足于此,在做好学习的基础上,积极做好各项系部和班级的工作,配合班主任和班长开展班级文化建设、班级学风建设,让部队优良作风感染班级每一位同学,组织开展有利于专业学习和知识拓展的活动,帮助其他同学共同进步。

2. 博观约取,厚积薄发

人们常说:"一个人先要会享受寂寞,才可以了解人生,才体会到人生更高远的一层境界。"在专业技能方面,尤其是在技能练习方面,他忽略周遭的种种喧哗热闹,跳出灯红酒绿,繁华奢靡,审视自己的不足,花足了功夫,日复一日坚持不懈练习点钞、传票和五笔三项技能,并经常虚心向学长、学姐及老师请教,钻研如何进一步提高技能水平,如何破解技能练习中的难点,探索技能练习技巧,让自身水平跨越一个新的台阶。在技能这条大河面前,他坚信只有不断地超越,积极行动,才能不断鞭策着自我。技能练习的过程是辛苦的,寂寞只是一时的,但他知道这是一个考验人生品质、实现人生理想的过程。而成果终究是喜人的,经过刻苦努力的训练,陈伟同学的技能水平显著提升,取得了质的飞跃。各项技能水平均远远超过银行技能鉴定优秀的标准。尤其是在点钞方面,多次在学院各类点钞比赛中获得优异的成绩,曾一度刷新学校自创办以来的历史纪录(大二第一学期学院"众诚杯"技能大赛中以每十分钟达到 45 把的优异成绩获得大二大三组点钞多指多张第一名并打破学校创办以来的同阶段历史记录),并获得了许许多多的各类奖项。譬如,学院第二届"金钞杯"点钞比赛多指多张二等奖、单指单张一等奖,学院系别技能友谊赛点钞多指多张第一名,学院"技能尖子培养工程"月度擂台赛点钞单指单张第二名,等等。同时他也用自己的实际行动,带领班级同学积极练习点钞技能,将自己总结出来的经验和教训与大家一起分享,并将他在部队学到的"要将每一次训练当作打仗"的精神传递到同学中,严格要求大家"要将每一次平时练习当成比赛"。持续的坚持和努力必将取得显著的效果,经过陈伟同学的引领示范作用,整个班级的技能水平、学习能力得到了迅速的提升,不仅帮助全班同学克服了以往技能考试由于紧张而发挥失常的状况,使得全班同学在技能方面得到了共同进步,而且营造了班级在各项工作中追求"永葆第一"的决心,提升了整个班级的凝聚力和氛围,使得整个班级在每一次的评比中均以优异的成绩遥遥领先于同专业其他班级。

3. 强身健体,夯实根基

他知道精彩需要漫长的等待。等待需要的是一份执著于自己内心深处坚定不移的信念即追求卓越的成绩,而优异成绩的取得需要强壮的身体条件作为后盾。因此,陈伟同学积极参加体育锻炼,并一直坚持着部队的良好习惯。日复一日,不管天寒地冻还是酷热当头,陈伟同学的身影总是准时出现在操场上,他利用每天早自习前和晚自修以后的时间进行跑步、做单杠等体育锻炼,培养了他顽强的意志和强健的身体素质。作为一名体育委员,他积极开展自身工作,时常组织全班同学进行科学锻炼。他在军训期间依旧以一名军人的标准严格要求自我,自主积极地协助教官做好军训工作,使所带班级的军训工作得到军训团领导的高度赞扬,而且所带班级在军训期间组织的班级歌咏比赛中获得了第二名的可喜成绩。带领班级同学在金融系组织的拔河比赛中取得了较为优异的成绩,自己还代表金融系积极参加学院运动会,获得 4 * 400 米团体第一名、1500 米第三名、800 米第三名和 5000 米第四名等较为优异的成绩,为金融系争得荣誉并被评为"体育之星"。

4. 默默奉献,不求索取

工作中的他常怀一颗感恩之心。作为院团委青年志愿者指导中心的一名助理,他不仅自身默默投身于志愿活动,而且还带领身边的同学们积极参加各类校内外的志愿活动,以一位优秀军人和优秀大学生的忠诚使命感默默地服务社会,他真挚的服务之心像是细碎的光芒,从遥远处抵达,缓慢而优雅,像潮湿的箭矢,从地底射出,热烈而冷静,在志愿活动中留下不可复制的痕迹。譬如,陈伟同学带领着志愿者们积极参加学院校友返校日的志愿者工作,其团队以优异和出色的表现被授予校友返校日"优秀志愿者服务集体",其个人也被授予"志愿者积极分子"的荣誉;又比如说学院的学雷锋活动月的志愿活动、消防演练活动及义务献血活动……每一次的志愿活动,无论付出多少,无论是艰辛或苦楚,他总是以一颗乐观、积极的心态,以一种饱满、高效的精神,完成其志愿者的使命。与此同时,他以一种"服务同学为己任"的崇高精神品质积极参加了金融系班主任助理的报名和选拔,经过层层筛选,最终以优异的表现脱颖而出担任了金融管理与实务 127 班的班主任助理。作为大一的班主任助理,积极协助班主任做好教学工作,深入班级了解新生的思想、学习、生活等方面的情况,为新生的大学生活贡献自己的一份力量。而身为金融 114 班班委,回顾工作的时光,他与其他同学风雨一起走过,经历了许多的事情后慢慢地变得成熟,刚刚长成破土的嫩芽,已经伸展腰躯,准备着用自己的热情与努力去迎接灿烂光明。

5. 勤俭节约,自强不息

生活上的他,艰苦、朴素、乐观、开朗。部队生涯养成的艰苦朴素精神和良好生活习惯始终伴随着他成长。他深知他的背后还有年迈的父母殷切的目光,亲如手足的朋友的深深祝福。因此他在生活上愈发朴素、勤俭,并利用课余时间积极参与实践工作帮家里减轻负担。在其他同学还沉浸在进入大学的喜悦和兴奋之时,陈伟同学却选择了到下沙移动营业厅兼职,同时还利用学校提供的勤工俭学工作机会,依靠自己的努力,解决生活所需。因为内心的目标明确,相信自己所做的一切都是有意义的,所以,无论遇到什么坎坷,都能保持满足、快乐的心态;这些实践不仅锻炼了陈伟同学的能力,也为其家里减轻了些许负担。个人良好的生活学习习惯及对自身的严格要求固然可贵,但更可贵的是他能够将自己的优异品质和艰苦朴素的生活作风感染身边的成员。作为一名寝室长,他不但能够引领示范,而且还以身作则带领寝室成员一起搞好寝室卫生工作,美化寝室环境,创建和谐、美好的寝室氛围。

6. 持之以恒,追求梦想

过去并不代表未来,勤奋才是真实的内涵。"机会只给有准备的人"是他一直秉承的人生格言,他深信精彩需要漫长的等待,等待需要的是一种执著于自己内心深处坚定不移的信念。人生就像马拉松,获胜的关键不在于瞬间的爆发,而在于途中的坚持。成功就是多坚持一分钟,这一分钟不放弃,下一分钟就会有希望,陈伟同学的每一步坚持与努力都向着他自己选定的终点渐渐迈进。他始终坚信,他能够以"浙金院"作为他人生起航的港湾,在学院领导、老师和同学的关心、帮助下,凭借其在部队生涯培养的优良品质,一定能够在"浙金院"这座温暖的港湾中快速成长、成才。在以后的学习、工作和生活中,他将一如既往地发挥在部队培养的优良素质,继续发挥模范带头作用,传递并融合作为一名优秀军人及优秀大学生的优秀品质来点亮校园,挥动他的奋斗之笔,描绘人生浓墨重彩之色,续写更加美妙精彩的学习生涯乐章。

第四节　优秀学生干部——学生成长的领头羊

一、2013 年浙江省优秀学生干部——杜丹丹

2011 年至 2012 年,作为班长,她一直致力于班级的发展工作,把班级里的工作安排的有条不紊。一学期后,凭借自己的努力,她成功当选为金融系的青年志愿者中心副主任,在这个充满爱与服务的组织中,她深刻地理解了无私与奉献。

2012 年,作为浙江金融职业学院的学生会主席,带着做志愿者工作时学习到的热情、坚持与奉献,用自己的微笑和信念继续践行着自己的服务精神。

进入院学生会以来,在学院老师的指导下,她坚持"服务同学"的工作宗旨,本着建立"家"文化的目标,依靠广大同学的信任和支持,将学生会的组织建设不断推向深入。

长久以来学生会干部的官僚主义形象在同学们的心中根深蒂固,导致新上任的学生干部常常会傲骄自满,而同学们也不愿意寻求学生会的帮助。在普通同学的心里,始终认为学生会在他们的学习生活中仅仅是一个监管者或者是活动的组织者。因此她上任后对组织和干部进行重新定位:将学生会作为帮助全院学生全面发展的重要载体,帮助更多的普通人成长成才,将学生干部的发展与奉献同学相结合,首先从思想和定位上改变他们。

担任学生会主席初期,她发现整个组织,不够亲近普通学生,甚至学生干部之间也缺少了一定的联系,无论是对外,还是对内都缺少一定的温度。针对这些问题,在新一届学生干部成立初期,她便组织学生干部开展素质拓展活动,提高他们的团队合作和精神。除此之外,她还创新性举办了学生会内部的干部和干事之间的辩论赛,奖项名称根据每个部门各自的故事和特点或者部长一直的期许设置,包括:"最佳团结组织奖""无敌活泼可爱奖""高八度闪闪惹人爱奖"等。凝聚了学生会部门的力量,调动了学生干部的工作积极性。

针对同学们普遍对学生会的信任感和依赖度的下降的问题,她打出"有事请找学生会"的口号,利用当时比较流行的微博的方式,设立学生会服务平台,创新使用淘宝物流法,将同学们的反映的大小问题,目前解决到哪一过程,解决的结果,是谁受理都以公开透明的方式呈现,让同学们知道学生会在为他们服务。除了同学们反应上来的问题,自己也带着伙伴们一起走进同学们的生活,走进新生寝室,给他们答疑解惑,在这群新学员里,重新树立学生会的形象。以一个服务者的心态走进图书馆、食堂、医务室等,发现同学们日常学习生活中的问题,并帮着解决,提高了同学们对学生会组织的信赖感。

而为了更好地完善自己的学生会组织建设设计者的角色,除了参与各种学生干部的培训讲座、各校学生会会工作交流会和学联会议以外,她也积极参加各类活动和比赛来持续提高自己的战斗力和自己的综合素质。先后获得"浙江省第四届高职高专挑战杯创业创新计

划特等奖""2012年浙江省大学生辩论赛冠军""2013年浙江省大学生辩论赛冠军""浙江省大学生演讲达人赛二等奖""浙江省大学生职业生涯规划大赛优胜奖""浙江金融职业学院十佳大学生""浙江金融职业学院优秀学生干部""浙江金融职业学院志愿者积极分子""浙江金融职业学院最佳主持之星""浙江金融职业学院摄影大赛三等奖""浙江金融职业学院知识竞赛二等奖"等奖项。

两年的学生干部工作,她自己深有感触,这个组织特别需要他们学生干部的热情和坚持。她希望自己昨天的服务能够成为同学们明天的微笑,让他们的回忆,绽放在自己不一样的微笑青春的服务里。

二、2014年浙江省优秀学生干部——吴智敏

她活泼开朗,美丽大方,她的名字叫吴智敏。曾担任学生会副主席、院体育舞蹈俱乐部部长、院体育舞蹈队队员与班级副班长。

她做事认真,积极主动,争取每一件事情都做到最好!生活中的她对艺术有着浓厚的兴趣,她觉得艺术是人类精神的延伸,也可以说是一种文化的传承,她喜欢艺术胜过她的生命。

在思想上,她积极要求进步,自觉学习党的理论。坚持党的四项基本原则,坚持党的基本路线,认真学习马克思列宁主义、毛泽东思想、邓小平理论、"三个代表"重要思想和科学发展观以及习近平总书记的系列讲话精神。拥护党的方针政策。她坚持以一名优秀学生干部的标准来要求自己,规范自己的言行2014年12月,她正式加入党组织。

在学习上,她认为学生最主要的还是学习,所以即使平日学生会工作再忙,她也没有把成绩落下,大学三年,她连续获得多次奖学金。在学好专业课的同时,她还潜心科技创新,2013年10月,代表学院参加浙江省第四届高职高专院校"挑战杯"工商银行创新创业竞赛,荣获特等奖的优异成绩。

在校园文化活动上,她最喜欢舞蹈,以及喜欢从事关于文艺方面的活动,并且表现突出!凭借着扎实的舞蹈功底,她是我们学校的台柱子,多次在学院的各类文艺演出中担当主角。她还代表学院多次在浙江省的大学生舞蹈锦标赛上取得佳绩!

她是一个乐观的女孩,她爽朗的笑容感染着身边的每一个人,也激励着身边的每一个人!

三、2015年浙江省优秀学生干部——何益之

何益之,男,出生于1993年9月,中共预备党员,曾担任浙江金融职业学院学生会副主席、浙江金融职业学院第四、第五届学生会委员等职务。自入大学以来,他始终以一名学生干部的身份严格要求自己,一直本着学生干部"平常时候看得出,关键时刻站得出"的理念开展工作。此外,他在学习中勤奋刻苦,工作上踏实努力,思想上进取上进,并积极向党组织靠拢。在两年的学生工作经历中,他一直努力提升自己的工作能力与个人修养,争做学生工作的先锋,学生干部的榜样。

(一)学业成绩

在校期间,除了认真学习专业理论知识,他还积极参与学院举办的各级各类活动的学生工作,参加系部党校、学院党校的培训,学习党章知识,用马克思主义中国化最新成果武装自

己的大脑,从而提高自身的思想认识,帮助自身更全面地成长,并在 2015 年 6 月成为一名中共预备党员。除了积极参与丰富的校园文化活动,他依旧没有忘记学生的本职工作——学习。通过努力,他以每学年智育、体育、德育前三,综测第一的成绩证明了自己在专业学习上的成就,并于 2013—2014 学年荣获学院二等奖学金、校外素质拓展奖学金,2014—2015 学年获学院一等奖学金,2015 学年获国家奖学金。

（二）工作经历

从大一开始,他就成为了院学生会的一员,他曾先后担任院学生会文艺部副部长、院学生会副主席等职务,在日常工作中,他认真负责,恪尽职守,愿意主动与老师、同学交流,作为学生干部,工作上承上启下,生活上敬上爱下,努力发挥着师生有效沟通的枢纽作用。在每学期的评优中,他均能获得"优秀学生干部"称号,并在 2014—2015 学年,荣获学院十佳团学干部、系十佳大学生"服务之星"的称号。在任职期间,他从没有一丝丝的懈怠,秉持着管理即服务的工作理念积极组织、参与、策划、筹备晚会 30 余场,从事工作项目 10 余类,在学院校庆晚会、十佳歌手等大型晚会中担任总协调一职,并圆满完成任务。此外,他还多次与兄弟院校的学生干部交流、座谈,取长补短,以此完善学生工作。

（三）参与文体社会活动情况

除了在校内参与学生工作,他还会利用课余时间参加各种比赛,如:辩论赛、主持人比赛、演讲比赛、挑战杯比赛、志愿服务、社会实践活动等等,均取得了优异的成绩。入学以来,参与各类文体活动 20 余场,获得各类奖项荣誉 20 余项。其中在 2014 年,荣获浙江省大学生辩论赛冠军、在学院金鹰班生存实践团队赴德清社会实践活动中荣获"先进个人"的称号、在宁波市中国工商银行实习期间荣获"优秀实习生"称号。通过这些活动的历练,进一步培养了他团队协作能力与临场反应能力,为他今后的工作奠定了更坚实的基础。

四、2015 年浙江省优秀学生干部——戴红萍

戴红萍,女,出生于 1994 年 11 月,中共预备党员,曾担任浙江金融职业学院团委书记助理兼办公室主任职务。

在校期间,她勤奋刻苦,虚心好问,以务实的态度对待每一门学科,努力做到一步一个脚印,她认为自己作为一名学生干部,必须严格要求自己,起到模范带头作用。在政治思想方面她积极要求上进,不断提高政治素养。她具有坚定正确的政治方向,拥护党的领导,坚持党的基本路线。刚进入大学,她便积极向党组织靠拢,递交了入党申请书,并且定期向党组织递交有质量的思想汇报。在 2015 年 12 月成为一名中共预备党员。她认真积极参加各类党的理论知识的讲座。文化课学习方面,刚入学时她的成绩位居班级中等,经过一年多的努力,其成绩在班级就名列前茅,专业技能更是出色,荣获 2014—2015 学年学院二等奖学金、2015—2016 学年学院二等奖学金。另外,她还获得系十佳大学生"技能之星"荣誉称号以及2014—2015 学年浙江金融职业学院"三好学生"称号。

她在大一时就成为院团委办公室的一员,后又当选为院团委书记助理兼办公室主任,工作中,她总是站在普通同学的角度考虑问题。为了更好地推动帮困助学工作,她力促团委拓展勤工俭学的岗位,,尽可能为贫困学生提供必要的帮助。她每天按时更新校园信息港的内容,让全校同学尽可能第一时间看到校园内的最新动态、消息等,她也积极配合团委的两个

微信平台的宣传,出创意与提建议,让同学们关注团学组织的微信平台并宣传校园活动,有力地推动了学校精神文明建设。

除了在校内参与学生工作,她还利用课余时间积极参加各种比赛以及社会实践活动,来全面提升自己。她爱好广泛,擅长书法,多次参加比赛并获奖。她从小学习舞蹈,也是院舞蹈团的一名成员,积极参加学院各类演出。另外,她还参加 2014 年暑期"三下乡"的社会实践活动,在实践中发扬不怕苦不怕累的精神,表现优异,所在团队获 2014 年浙江金融职业学院大学生志愿者暑期文化科技卫生"三下乡"社会实践活动"优秀团队"称号。

第五节　优秀集体——学子成才的沃土乐园

一、2013 年浙江省先进团委——共青团浙江金融职业学院委员会

多年来,浙江金融职业学院团委坚持"党建带团建,团建抓创新",团结带领全院团员青年紧紧围绕学院中心工作,以促进团员青年优质成才为目标,以加强和改进团员青年思想政治教育为主线,以提高青年学生职业素质为重点,以"学生千日成长"工程为统揽,以丰富的校园文化活动为载体,扎实工作,开拓进取,各项工作均取得了一定的成绩。

(一)思想政治工作常抓不懈,团员青年的政治觉悟和思想水平不断提高

始终坚持用邓小平理论、"三个代表"重要思想、科学发展观及习近平总书记系列重要讲话精神为指导,构筑青年一代强大的精神支柱。充分利用微博、校园网等宣传阵地,积极向团员青年宣传党的理论、路线、方针、政策和国内外时事,报道我院团学工作动态,宣传典型,树立新风。开展各类征文比赛、演讲比赛和书画大赛,在团员青年中唱响了爱党、爱国、爱社会主义的主旋律。结合文明寝室建设,开展大学生文明修身教育活动,强化了团员青年的基础道德修养,弘扬了校园文明新风。

(二)服务学院大局工作扎实有效,信息调研反馈工作有序推进

工作中,我院团组织紧紧围绕学院建设发展的工作大局,积极倡导良好的校风和学风,建设校园文明环境,完善师生沟通渠道,为广大同学成长成才及学院建设发展的工作大局服务。在校友返校日、重大会议的志愿服务、文明寝室督查、公共艺术督查等重大工作中,各级团组织和广大团员青年都发挥了积极的作用。

为密切党和群众的血肉联系,真正体现共青团的桥梁纽带作用,我们通过建立学生会、学生社团、学生自律委员会等多重信息反馈机制,密切注意反馈学生的思想动态。同时,各级团干部坚持深入学生,定期召开不同年级、不同类别的学生座谈会,及时了解、掌握学生情况。在学院教育教学改革的大背景下,各级团组织还通过座谈、专题讨论、调查问卷等方式,进行调查研究,了解学生的思想动态。今年,我们还结合新媒体,特别推出各级团学组织的工作微博,引导广大同学利用微博及时向学院反馈各类信息,收集同学对学院建设的意见和建议,为学院的改革和发展提供决策参考。

(三)校园文化活动蓬勃开展,科技创新工作硕果累累

学院团委以"学生千日成长工程"和"学生素质提升工程"为依托,大力开展各类文体活

动,认真组织开展科学文化艺术节、学生社团巡礼、学生社团文化节系列活动,全面促进了校园文化的蓬勃发展。学院团委还以大学生科技创新活动计划暨新苗人才计划及挑战杯系列竞赛为龙头,带动校园学术科技创新活动多层次、多形式、多渠道蓬勃开展。不断提高了学生的科技素养和科研水平,培养了学生的创新意识和创新能力。

(四)社会实践活动卓有成效,志愿服务工作广受好评

为引导学生把理论学习与专业学习、社会实践、社会服务结合起来,促进青年大学生在实践中的锻炼成长,全面提高大学生的思想政治修养和综合素质,使广大学生在社会实践中经受锻炼,增长才干,每年寒暑假,学院团委都会结合学院社会实践活动教学周、"挑战杯"创新创业项目调研、新苗人才计划项目调研、"千名学生访校友"活动、校外奖学金夏令营、大学生骨干培养金鹰银雁计划实施以及中国金融教育发展基金会"金融进社区大学生社会实践活动"、大学生银行产品创意设计大赛、浙江省大学生职业生涯规划大赛的整体安排,以分散实践和统一组队两个形式,开展寒暑假社会实践活动,取得了较好的成绩。

志愿者工作是学生"履行社会责任,奉献自己爱心"的重要形式。长期以来,院团委始终把它放在大学生思想政治教育工作的主要实践抓手的高度加以认真对待。在学院自主招生、迎新生、校友返校日等重大活动中,到处可见志愿者的身影,除此之外,我院志愿者还积极参与了省"十月的阳光"电视文艺直播等大型活动的志愿服务工作,深受主办方的好评。学院青年志愿者总会牵头发起的"幸福基金"项目,入选在杭高校"十佳百优"项目。学生志愿者参与无偿献血的热情连年不减,学院团委获得"感恩于心,奉献于行"第六届高校无偿献血感恩月活动"杰出团体奖"。

(五)团的组织堡垒不断巩固,服务能力不断提升

我院团委始终坚持党建带团建,强力实施团建基础工程,团的自身建设全面加强,组织堡垒不断巩固。工作中,院团委始终把团员管理和团干部队伍建设作为重点来抓。在团员管理方面,针对学院团员比例大、流动快的特点,强化了团员管理,严格团员资格审查制度,坚持和完善了新生团员入学教育制度。在学期初开办了不同层次的团干部、学生会干部培训班,大力倡导学习之风、调研之风,广大团干部和学生骨干的综合素质不断提高,各级团组织的战斗力不断增强。

为更好地发挥团组织的服务功能,我院团委按照学院的统筹部署,利用学生事务大厅载体,牵头制定了事务大厅运行和管理方案,在大厅设置了勤工俭学服务、综合事务服务、学平险服务、教务管理服务、就业指导服务、考证考级咨询服务、学历提升服务等窗口。在全院范围内公开招募了60余名勤工俭学学生,经培训后,周一至周日轮流在对应窗口值班,并积极与有关职能部门协调,落实了所设置窗口的人员业务培训、人员值班及业务办理程序等事项,同时引进九堡客运中心售票窗口,解决了学生周末及长假回家购票难的问题,极大地提升了团组织的服务力。

(六)科学指导学生会、学生社团联合会的工作,学生骨干的培养和管理得以加强

学院团委遵循方向上把握、政策上指导、工作上放手的原则,切实加强了对学生会和社团联合会的指导,增强了两个学生组织的工作活力及在学生中的影响力,巩固了其在学生组

织中的主体地位。多年来,团委牢牢把握学生社团在提升学生综合素质中的关键作用,投入人力、财力,不断加强对学生社团的建设和管理,更好地发挥了学生社团在学校育人中的作用。

团委历来重视团学骨干的培养,始终把对学生干部的培养和管理,当作团的一项重要工作来抓。学院团委长期持续做强"金鹰银雁"学生骨干培养工程,建立了多层次的学生骨干培养机制,培养了类型多样的品牌学生,突显了品牌学生在学生成长中的示范引领作用,促进了学生综合素质的提升和可持续发展能力的培养。

二、2013年浙江省优秀学生会——浙江金融职业学院学生会

浙江金融职业学院学生会在学院党委和省学联正确领导下,在院团委悉心指导和各有关部门大力支持下,高举中国特色社会主义理论伟大旗帜,以邓小平理论、"三个代表"重要思想、科学发展观及习近平总书记系列重要讲话精神为指导,紧紧围绕学院中心工作,自我教育、自我服务、自我管理、自我发展,以更高的平台服务全院学生,以更开放的思维开拓学生会工作新视角,不断总结经验,转变观念,与时俱进,促进了学生的全面进步,扎实有效地推进了学生会工作向前发展,具体表现为:

(一)加强组织建设,强化内部管理,增强团队战斗力与凝聚力,树立学生会前沿标榜风尚

一是完善学生会组织结构。我院学生会下设秘书处、学习部、宣传部、体育部、校友联络部、调研部、文艺部等14个部门,下辖包括金融系学生会、投资保险系学生会在内的7个系学生会。

二是加强学生干部的学习能力,提高自身素质。在新一届学生干部成立初期,固定开展团队素质拓展活动,提高团队合作能力;定期开展学生干部培训课程,学长讲堂等为新任学生干部树立良好的学习榜样,提供工作思路和方法。

三是提高学生干部和系部学生组织的工作战斗力。我院在学生工作中对所有的学生干部和下设组织实施相应的考核制度,对各部门学生干部在活动的开展成效、与会情况、学习情况等方面实施学生干部考核制和淘汰制,对系部学生组织的活力度、影响度、配合度、好评度等开展每年一度的优秀学生会评选制度。

四是进一步推动团学工作顺利、有效地开展,不断提升学生会自我服务的质量。我院学生会建立了行之有效的监督调查机制。通过调研部广泛征求意见,了解学生的所思、所想、所急,为学生工作部门如何更好开展工作提供参考。

(二)大力加强青年学生思想引领和校园文化建设,致力于提高青年学生的素质涵养

我院学生会重视带领青年学生学习邓小平理论、"三个代表"重要思想和科学发展观等马克思主义中国化的最新理论成果。院学生会因地制宜、因时制宜,通过学生干部培训班、中国特色社会主义理论体系读书会等组织,以橱窗板报、宣传栏、校园电视台、广播电台、微博、微信公共平台等校园媒体为宣传阵地,开展各类生动的思想教育活动,引导广大同学自发自觉地学习最新理论成果。以坚持理想信念教育为核心,充分利用重要节日和纪念日,通

过讲座、演讲比赛、主题征文、知识竞赛、培训、座谈会、走访寝室等多样的方式来开展理论学习教育,并充分发挥各系学生会的战斗堡垒作用和学生干部的模范带头作用。

我院学生会始终以"诚信文化、金融文化、校友文化"金院特色三维文化为基础,借助学生千日成长工程和学生素质提升工程,依托大学生科学文化艺术节等载体,以各项推动校园文化建设的活动为平台,努力提升校园文化品位,挖掘校园文化内涵;定期开展"学生干部讨论会"、"校园十佳大学生"评选、"我最喜爱的团学骨干"评选等活动;邀请名师名家与同学们分享为人为学的道理;通过开展职业技能大赛、新生演讲比赛、新生才艺大赛、"校园十佳歌手"大赛、新生辩论赛等活动,使校园文化呈现出多姿多彩、生动活泼的繁荣景象,赢得了全院师生的肯定和好评。

(三)坚持服务于青年学生的成长成才,不断提升学生会自我服务的质量,实现大学生知行统一

为方便广大学生及时了解学院各种信息,院学生会创办了院学生会咨询服务台,五年来为学生提供直接服务1100余次;勤工助学部协助学院勤工助学服务中心开展帮困助学等工作,在后勤社会化的新时期,学生会也不忘加强社区文明的管理和服务。以"文明寝室"建设为抓手,定期开展"文明寝室、创文明寝室"评比、"我爱我家寝室美化大赛"、"我心中最可爱阿姨"评选等十多项活动。

在学院党委领导和团委具体指导下,我院学生会每年寒暑假都组织社会实践,地点涉及淳安县幸福村、宁波余姚等,内容形式多样,支教、社会生存、主题宣传都做到了开好头结硕果,学生在实践中也全面锻炼了自身创新实践能力和吃苦耐劳精神,而在实践中,也更深入地感受到人与人之间的情、善、爱,了解了社会所需及自己需要在这个社会里实现的价值。这些都是"服务社会"这一宗旨的最典型体现,也是我院学生会工作"服务"理念的突出体现。

三、2014年浙江省先进团支部——会展121团支部

浙江金融职业学院会展121班团支部是39位同学组成的大家庭,是一个先进的学生组织,是和谐友爱、充满活力的团体。团支部自成立以来,努力践行社会主义核心价值观,以增强团组织的凝聚力和战斗力为目标,不断开拓创新,努力打造作风硬、学风好、实战型和创新型的团支部。三年来,该团支部在作风建设、学风建设、实践锻炼、社会服务等方面的工作均取得了较好的成绩。

(一)团支部重视作风建设,是一个具有战斗力的集体

1.践行社会主义核心价值观

在团支部带领下,团员们思想上积极上进,以自身的实际行动努力践行社会主义核心价值观。团员们一致认为,学习社会主义核心价值观不应该只局限在理论上,更应该将其应用于实践,真正成为我们的行为准则,在实践中进一步理解其深刻内涵。

2.全体团员思想觉悟建设

团支部十分重视鼓励班级团员在实践中学习知识、增长才干,重视自己团员的政治身份,提高团员的思想觉悟和综合素质。形成了争先创优的良好风气,培养了团员队伍"自我教育、自我管理"的综合能力,充分发挥了团员队伍强有力的战斗堡垒作用。

3.团干班干的带头作用

历届团支部、班委干部都十分重视班级的团结工作。整个班级有强烈的集体观念,也有浓厚的班级情感,团干班干起了很好的表率作用,他们互相配合,把班级事务管理得井井有条。主题班会、团活动、体育活动或者文艺活动,无论是否擅长,班级都会尽力一搏,发挥出最高水平,争取得到最佳成绩。

4.全体团员积极向党组织靠拢

团支部全体团员递交入党申请书 39 人,占班级人数 100%;推优入党积极分子 14 人,占班级人数 35%;党校毕业人数 11 人,占班级人数 28%。

5.全体团员努力从身边小事做起

作为浙江金融职业学院的一份子,团员在日常生活中从小事做起,时刻不忘爱国主义和集体主义。例如在寒假实践活动中,同学们积极响应学校征集有利于学院发展的"金点子"活动,其中曾庆同学所想的构建校园微信平台更是获得了学院领导的肯定。

6.团支部是一个充满凝聚力的集体

团支部经常组织一些富有特色的活动,使班级凝聚力更强;同时加强宿舍文化的交流,使班级男女生之间关系更和谐融洽。在这个充满温馨暖意的团支部大家庭中,每一位团员都能在其中得到快乐和关怀。

7.全体团员时刻做好打硬仗的准备

作为会展专业的学生,平时策划、组织、参与的活动和项目特别多,经常出现时间紧、任务重的情况,这就要求普通团员在团组织的带领下,发扬特别能吃苦、特别能战斗的精神,随时准备迎接各种困难和挑战。

(二)团支部重视学风建设,是一个学习型的集体

1.学风建设始终是团支部的中心工作

学生的天职就是学习,作为一个先进的班集体,全体团员也始终以热情饱满的心态来迎接每天的学习。自从班级成立之初,整个班级在团支部的带领下就形成了良好的学习氛围,班级积极向上的学风始终给人提供源源不断的正能量。

2.以课堂学习为中心的全天候学习

课堂学习是学生学习的中心环节,因为有着一贯的优良学风,班级的课堂纪律、出勤率、课堂师生互动程度及学生听课的认真度和参与度,在任课教师中都是有口皆碑的。同学们在课堂上,各抒己见、激烈辩论;课堂外同学们又互帮互助、互相学习;遇到难题,同学们又共同研讨、共同面对。除了第一课堂,同学们已经把主动学习和学风延伸到了第二课堂、第三课堂甚至融入社会实践环节中。

3.利用众多社会实践进行学习

会展专业的学生参与会展策划、会展项目、会展活动的机会很多,这些会展活动,同时也是班级团支部带领学生在实践中锻炼和学习的好机会。"纸上得来终觉浅,绝知此事要躬行",同学们通过各种实践锻炼的机会,懂得了理论联系实际的道理,而且还会从实践中举一反三,领悟更多,反思更多,同时也学到更多更深。同学们在工作实践中建立起来的项目团队的合作精神,吃苦耐劳的劳动品质,互相支援的优秀品格,对人对事的负责态度,从某种意义上来说,更为重要和可贵。

4.通过请进来的方式进行学习

一种是邀请校外专家来做一个小范围的讲座,这是团支部组织的一个加深理解专业知识、了解行业最新情况的一种学习方式。2014年11月,班级邀请了杭州市西博办会展处的领导来为学生做了题为"国际化视野下会展业的发展"的报告;另外一种是邀请同专业刚刚毕业的学长做面对面的交流,通过这样的交流,同学可能更加能够感同身受,能够有效地提高同学们对专业及职业的认知度和忠诚度。2014年6月班级邀请了刚毕业的三位学长做了工作经验的分享和交流。

5.建立会展微信公众学习平台

为了更好地了解会展行业的一流资讯,更好地学习会展专业知识,班级在2014年9月25日建立了名为"会展微讯(微信公众号:HZWX2011)"的公众微信学习平台。平台的建立有效地提高了同学们的学习热情、兴趣和效果,微信学习平台为同学们共创、共建、共享和共有。截至2015年1月9日,会展微信学习平台共发布了450多条资讯,很好地满足了专业教和学的需要。

6.团支部带动整个会展专业学风建设

2014年是该支部全体同学从大二迈入到大三的时期,身份也随之发生变化,同时也面临毕业和就业的问题。作为专业的学长,团支部不仅重视自身建设,还致力于把自身良好的学风和工作态度薪火相传,为专业着力打造的"雁型"结构的专业学生传帮带贡献力量。无论是志愿者活动,还是创新创业项目,无论是校内自办展会,还是服务社会的真实展会,无论是会展技能大赛,还是会展工作室的人员安排,都注重以"大"带"小"团队培养。在这个"雁型"专业传帮带当中,"领头雁"恰恰就是会展12(1)班的团支部。通过这样的组织活动安排,会展专业大一、大二、大三三个年级关系是最亲密无间的。这种传帮带实际上就是一种基于实际工作需要为纽带的榜样力量,大三学长对于大二特别是大一的学弟学妹们的正面影响是巨大的,是满满的正能量。

7.支部同学全部获得会展策划师(三级)证书

班团学风建设的效果也是明显的,2014年度是班级考证的关键期,无论是专业鼓励性质的外贸单证员、外贸业务员考试,还是作为专业核心技能的会展策划师(三级)证书的考试,班级都取得了很好的成绩,特别是作为核心技能的会展策划师(三级)的考试,班级39名同学全部参加考试,100%通过。

(三)团支部重视实训实践,是一个实战型的集体

这是一个重视实训实践的团队,同时也是充满创造力的集体,是一个实战型的集体,这也是会展专业的职业和行业属性所决定的。

1.国际时尚会展协会

协会是学院重要社团,每年都组织和开展一系列有一定影响的会展活动,是会展专业学生开展校内实训的重要载体。2014年协会的负责人曾庆同学及协会的主要部门负责人均来自会展121班。因此,团支部需要开展的会展实训实践项目或者活动,多是通过与协会合作来完成的,协会成为团支部开展实训实践活动的重要载体和平台。2014年度,会展121班组织并参与了协会20多项会展实训实践活动。

2.国际商务礼仪大赛

国际商务礼仪大赛是有效促进金院学子国际视野的拓展和礼仪素质的养成,培养金院学子的职业礼仪素养,也是两门课程即国际商务文化与礼仪和会展项目管理课程社团化的载体。国际时尚会展协会校内一个重要的实训实践活动就是策划和组织一年一度的国际商务礼仪大赛,第八届国际商务礼仪大赛就是由会展121班全面负责承办的。本届大赛历时一个半月,内容丰富,形式多样。大赛吸引了全院7个系(院)学生共1000余人次参与,仅"国际商务礼仪十佳新秀大赛"就吸引了全院232名同学参加,成为最受学生欢迎,普适面最广的学生第二课堂活动之一。

3. U-Think(优胜)会展工作室

为了更好地培养学生的专业能力和实践动手能力,会展工作室是会展专业着力打造的除国际时尚会展协会以外的第二个校内实践基地。工作室完全按照公司化的模式运行和管理,业务承接全部来自校园外面真实的项目。工作室是在2014年4月份由会展121班张世龙牵头成立的,5名主要成员均来自会展121班。因此,工作室成为团支部开展实训实践活动的第二个重要载体和平台。U-Think(优胜)会展工作室还荣获浙江金融职业学院第八届"挑战杯"创新创业竞赛二等奖。

4. 校内会展技能大赛

会展专业的同学每年大三第一学期都会举办校内会展技能大赛。2014年,会展121班在班级团组织的领导下,班级全体成员完成了6项会展项目实践活动,活动内容丰富,活动形式多样,圆满地完成了各项教学任务。活动把同学们两年半来所学的专业知识和技能从可行性分析、策划、招商招展、项目执行、项目总结等各个环节,从头到尾地进行了一次系统的演练和实战,把这6项实践活动所有环节整理到A4纸上打印成册是300多页的厚厚的一本书。因此,这样的实训实践活动,对学生的锻炼价值非常大,能够让学生有做到查漏补缺,心中有数,这对即将走上工作岗位的同学们而言,尤为重要。6个小组还用办展盈利的结余资金为国际时尚会展协会及工作室购买了6顶展会用的大帐篷。

5. 各项志愿者工作

此外,团支部在老师的指导下,会同国际会展时尚协会,积极联系相关单位,努力创造条件让本班同学多参与一些质量高好、水平高的展会,特别是参加大型的国际性会议和展览,使他们通过一系列的社会实践活动,锻炼会展专业技能,拓宽个人视野,提高个人职业素养和能力。积极指导学生参加服博会、文博会、金博会等一系列全真实践项目实践活动。

(四)团支部重视融入社会,是一个服务型的集体

在团支部开展的各项会展实训实践项目活动中,我们还有目的地把学生的实践环节与服务于当地、服务于社会有机结合起来,使学生既能真正体验展会的真实性、实战性,同时又能服务于当地相关学校、师生、社区及相关部门,另外,也提高了我们学校和专业的知名度和美誉度。

四、连续多年的省级社会实践优秀组织工作奖及优秀实践团队

大学生社会实践工作是加强和改进大学生思想政治教育、促进大学生成长成才的重要途径,是高职院校学生实践教学的有机组成部分。通过引导大学生深入社会、了解社会、服务社会,既是提高高职院校人才培养质量的途径,也是提高大学生实践能力、适应能力、创业

能力和创新能力,促进大学生健康成长的迫切需要。多年来,浙江金融职业学院一直在实践中摸索,逐步探寻出了一条"任务驱动"型的"银领之行"实践之路。近三年来,学院连续两次荣获浙江省大学生志愿者暑期文化科技卫生"三下乡"社会实践活动优秀组织工作奖;连续三次荣获杭州市大学生志愿者暑期文化科技卫生"三下乡"社会实践活动优秀组织工作奖;共有 5 支团队获得浙江省大学生志愿者暑期文化科技卫生"三下乡"社会实践活动优秀团队荣誉称号;有 8 支团队荣获杭州市大学生志愿者暑期文化科技卫生"三下乡"社会实践活动优秀团队荣誉称号。

综观历年的暑期社会实践活动开展,我院的社会实践主要有以下特色:

(一)党政领导重视,组织得力

学院党政领导一直以来高度重视学生的社会实践工作,为各类社会实践活动的开展奠定了坚实的保障基础。早在 2012 年,学院党委就专门出台了《中共浙江金融职业学院委员会关于深化素质教育进一步推进文化育人和实践育人的若干意见》,每年暑假前期,学院学生工作委员会召开专题会议,研究社会实践工作,党委领导亲自参与活动谋划、组织和实施工作,确定实践方案,明确实践主题,并将社会实践活动的主题与大学生思想政治教育有效对接。与此同时,学院还从思想政治理论课教师、专业课教师、辅导员和共青团干部中选择思想政治素质好、责任心强的骨干教师,担任社会实践活动指导工作。各系由分管学生工作的党总支(副)书记亲自抓暑期社会实践活动。学院分管学生工作的领导每年亲自参加大学生暑期社会实践的出征仪式,并为重点团队授旗。

(二)经费保障到位,活动开展顺利

每年暑期社会实践前期,由学院团委牵头,各系、各支部积极申报社会实践项目,团委组织专家对各团队的实践项目予以评审,最终确定若干支团队为学院重点团队,并给予立项资助。团委每年投入暑期社会实践的经费均不低于 7 万元人民币。根据各团队的实践内容、团队人数、实践地归属等因素,采取补助与资助相结合的形式,下拨给每支团队 2000 元—8000 元不等的经费,切实保障了各团队社会实践活动的有效开展。

(三)宣传载体多样,及时展现实践成果

每年的社会实践,学院各团队均开辟了微博和微信平台,以"我在实践现场"为话题,及时发布社会实践的开展情况和队员感想。《浙江教育报》《新浪网》《中青网》《余杭新闻网》《平湖在线》《嘉兴日报》等报刊媒体先后多次对我院的暑期社会实践团队予以了宣传报道。

(四)形式灵活多变,内容丰富多彩

依照任务驱动型的社会实践形式,我院的社会实践内容也相应分为两块,即"个人实践任务"和"团队实践任务"。个人实践任务主要是访校友活动和学院及系部既定的任务表列出的活动,对象涵盖全体一、二年级学生;团队实践任务则是指围绕实践主题,重点资助若干支团队,以"文化、科技、卫生三下乡"为主导,分赴省内外各地,集中开展政策宣讲、彩虹人生、科技支农、教育帮扶、文化宣传、美丽浙江、创业创新等主题的活动。2012 年开始,我院还专门组织学生骨干培养工程当中的部分学生骨干,深入省内有关基层,开展极限生存实践,使得学生骨干在社会实践中充分提高了自己的生存能力,挑战了生活,挑战了自我!

后　　记

　　本书是 2017 年度浙江省哲学社会科学重点研究(培育)基地项目"提升大学生党员党性修养的路径研究"(16JDZD08YB)及中国高教学会大学素质教育研究会课题"以'明理学院'为平台的高职一年级学生人文素质教育案例研究"(CALE201661)的阶段性研究成果,也是浙江金融职业学院"千日成长"工程十周年系列成果之一。由方华提出整体构思、写作大纲和写作思路,由张鹏超、谢峰、吴德银、李佐、许杰主要协助完成,由许杰负责统稿工作。浙江工商大学出版社编辑刘韵为本书出版也付出了心血和劳动。

　　本书出版之际,适逢学校"千日成长"工程十周年。作为学校"千日成长"工程十周年系列成果之一,既是对"千日成长"工程实施十年来学生工作的梳理和总结,也为深入推进学生"千日成长"工程提供理论支撑和现实依据。浙江金融职业学院学生工作者为本书提供了大量学生成长成才的素材和案例,生动鲜活地展示了在学校"千日成长"工程指引下学生工作和素质教育取得的优异成绩。

　　本书在编写过程中,参考了不少专家学者在相关领域的专著、论文。在此,谨向所有给予本书帮助支持的同志表示衷心感谢。由于水平有限,书中不当之处,敬请批评指正。

方　华

2017 年 10 月

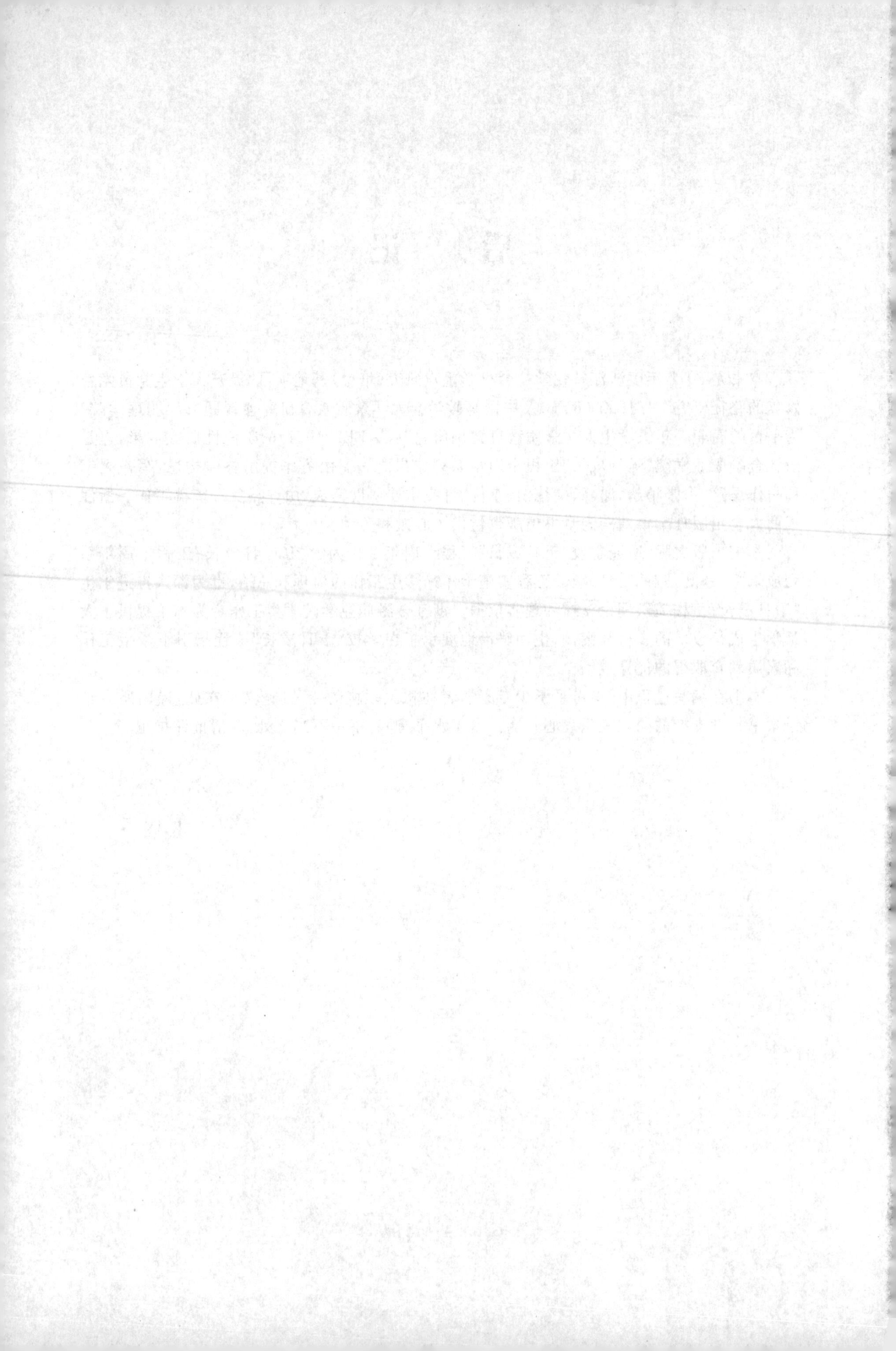